砥砺奋进新时代的天津

2012—2022

中共天津市委党校◎编著

天津社会科学院出版社

图书在版编目（CIP）数据

砥砺奋进新时代的天津 : 2012—2022 / 中共天津市委党校编著. -- 天津 : 天津社会科学院出版社，2022.12

ISBN 978-7-5563-0871-2

Ⅰ．①砥… Ⅱ．①中… Ⅲ．①区域经济发展－研究－天津－2012-2022 Ⅳ．①F127.21

中国版本图书馆 CIP 数据核字 (2022) 第 247207 号

砥砺奋进新时代的天津 : 2012—2022
DILI FENJIN XINSHIDAI DE TIANJIN : 2012—2022
责任编辑：吴　琼、韩　鹏
责任校对：李思文
装帧设计：高馨月
出版发行：天津社会科学院出版社
地　　址：天津市南开区迎水道 7 号
邮　　编：300191
电　　话：(022) 23360165
印　　刷：北京盛通印刷股份有限公司
开　　本：787×1092　　1/16
印　　张：19.75
字　　数：280 千字
版　　次：2022 年 12 月第 1 版　　2022 年 12 月第 1 次印刷
定　　价：78.00 元

目
录

第三章

积极构建新发展格局,在京津冀协同发展中展现天津作为⋯⋯ 41

第四章

以解放思想为先导,改革开放取得新突破⋯⋯⋯⋯⋯⋯⋯⋯⋯ 73

第一章

牢记殷殷嘱托，
扎实推动习近平新时代中国特色社会主义思想
在津沽大地落地生根

党的十八大以来,在以习近平同志为核心的党中央坚强领导下,中共天津市委团结带领全市各级党组织和广大党员干部群众高举旗帜、维护核心、忠诚担当、创新竞进,全面贯彻落实党的十八大、十九大和二十大精神,深入贯彻落实习近平总书记对天津工作提出的"着力提高发展质量和效益、着力保障和改善民生、着力加强和改善党的领导"的"三个着力"重要要求和一系列重要指示批示精神,坚定不移走高质量发展之路,以强烈的政治担当和历史主动,攻坚克难、爬坡过坎、砥砺奋进,解决了许多历史遗留、群众关切的问题,推进了许多固本培元、守正创新的工作,办了一些打基础、补短板、利长远的大事,推动经济社会发展发生了影响深远的重大变化,"一基地三区"功能定位更加凸显,"五个现代化天津"建设取得重大成就,如期全面建成高质量小康社会,奋力开创了全面建设社会主义现代化大都市新局面。

一 习近平总书记四次亲临天津视察和出席活动,为天津发展指明方向

进入新时代,党和国家赋予天津新使命新任务。天津承担着推进京津冀协同发展、服务"一带一路"建设等重大国家战略任务,肩负着建设全国先进制造研发基地、北方国际航运核心区、金融创新运营示范区、改革开放先行区的重

大责任。习近平总书记对天津工作十分关心。党的十八大以来,习近平总书记先后四次视察天津和出席活动,向第三届世界智能大会、首届世界职业技术教育发展大会等重要活动发来贺信,对天津工作发表系列重要讲话、给予有力指导。2013年5月,习近平总书记亲临天津视察,对天津工作提出"着力提高发展质量和效益、着力保障和改善民生、着力加强和改善党的领导"的"三个着力"重要要求,对天津发展给予重托、赋予重责、寄予厚望,为天津发展和各项工作提供了根本遵循和行动纲领。2017年8月,习近平总书记在天津出席中华人民共和国第十三届运动会开幕式并宣布运动会开幕。2017年9月,习近平总书记给南开大学8名新入伍大学生回信,肯定他们携笔从戎、报效国家的行为,勉励他们把热血挥洒在实现强军梦的伟大实践之中,书写绚烂、无悔的青春篇章。2018年6月,习近平总书记与俄罗斯总统普京在天津共同观看中俄青少年冰球友谊赛。2019年1月,习近平总书记在京津冀考察,主持召开京津冀协同发展座谈会并发表重要讲话,对新时代京津冀协同发展作出战略部署,在天津先后考察调研南开大学、和平区新兴街朝阳里社区、梁启超旧居、天津港、天津滨海-中关村

◆ 2018年5月14日,天津市深入贯彻落实习近平总书记"三个着力"重要要求推进大会召开

科技园，对天津工作作出重要指示，在创新发展、发展实体经济、加强生态环境建设、高校建设发展、加强社区治理、深化志愿服务、城市规划建设管理等方面提出重要要求。2019年5月，习近平总书记向在天津举办的第三届世界智能大会发来贺信，强调推动新一代人工智能健康发展，更好造福世界各国人民，为推动人工智能同经济社会发展深度融合指明了方向。2022年8月，习近平总书记向在天津举办的首届世界职业技术教育发展大会发来贺信，深刻阐述了职业教育对促进经济发展和民生改善的重要作用，为深化职业教育国际交流与合作增添了信心和动力。习近平总书记对天津工作的重要要求和指示批示，为天津发展注入了强大政治动力、精神动力、工作动力。

二 以"三个着力"重要要求为元为纲，坚定不移沿着习近平总书记指引的方向阔步前进

党的十九届六中全会指出，党确立习近平同志党中央的核心、全党的核心地位，确立习近平新时代中国特色社会主义思想的指导地位，反映了全党全军全国各族人民共同心愿，对新时代党和国家事业发展、对推进中华民族伟大复兴历史进程具有决定性意义。"两个确立"是在实现第一个百年奋斗目标历史性决战中积累的最大政治成果，也是实现第二个百年奋斗目标的最大政治保证。天津市委坚决维护习近平总书记党中央的核心、全党的核心、人民领袖、军队统帅的地位和权威，始终以习近平新时代中国特色社会主义思想指引航程，坚定不移贯彻习近平总书记重要指示批示精神和党中央重大决策部署。

习近平总书记的重要指示批示是习近平新时代中国特色社会主义思想的重

要组成部分,是党内政治要件,党中央重大决策部署是全党全军全国各族人民统一思想、统一意志、统一行动的依据。坚决贯彻落实习近平总书记重要指示批示精神和党中央重大决策部署,是坚定捍卫"两个确立"、坚决做到"两个维护"的具体体现,是基本的政治纪律和政治规矩,是重要的政治责任、领导责任、工作责任。2013年5月,习近平总书记视察天津后,市委相继召开市委全会和市委工作会议,深入学习贯彻习近平总书记对天津工作提出的"三个着力"重要要求和一系列重要指示批示精神。8月,市委召开十届三次全会,审议通过《中共天津市委关于深入贯彻落实习近平总书记在津考察重要讲话精神 加快建设美丽天津的决定》。2016年10月,市委召开工作会议,深入学习贯彻习近平总书记系列重要讲话精神,特别是对天津工作提出的"三个着力"重要要求,强调要以"三个着力"为元为纲,以纲带目,推动发展。2017年5月,中国共产党天津市第十一次代表大会召开,大会坚持以习近平总书记对天津工作提出的"三个着力"重要要求为元为纲,指导推进全市工作,提出了建设创新发展、开放包容、生态宜居、民主法治、文明幸福的"五个现代化天津"奋斗目标。

党的十九大确立习近平新时代中国特色社会主义思想为党的指导思想,提出了新时代坚持和发展中国特色社会主义的基本方略,确定了决胜全面建成小康社会、开启全面建设社会主义现代化国家新征程的奋斗目标,对新时代推进中国特色社会主义伟大事业和党的建设新的伟大工程作出全面部署。2017年11月,市委十一届二次全会审议通过《中共天津市委关于深入学习宣传贯彻党的十九大精神 奋力推进习近平新时代中国特色社会主义思想在津沽大地生动实践的决定》,强调要坚持不懈用习近平新时代中国特色社会主义思想武装头脑、指导实践、推动工作;坚持和加强党的全面领导,坚决维护党中央集中统一领导,坚决维护习近平总书记的核心地位;始终把人民对美好生活的向往作为奋斗目标,带领全市人民不断创造美好新生活。2019年2月,市委十一届六次全会对认真学习贯彻落实习近平总书记视察天津重要指示和在京津冀协同发展座谈会上重要讲话精神进行全面部署，审议通过《中共天津市委关于认真学习贯彻习近平总书记视察天津重要指示和在京津冀协同发展座谈会上重要讲话精神的实施意见》，切实推动习近平总书记重要指示要求在天津落地生根、开花结果。

奋进新征程、开创新局面，市委要求全市党员干部群众牢记"党之大者""国之大者"，自觉向习近平总书记看齐，向党中央看齐，向党的理论和路线方针政策看齐，向党中央决策部署看齐，以强烈的政治担当、有力的行动举措、务实的工作作风，持续深入推进习近平总书记重要指示批示精神和党中央重大决策部署在津沽大地落地落实、取得成效。

站在"两个一百年"奋斗目标历史交汇点上，党的十九届五中全会明确了2035年基本实现社会主义现代化的远景目标，明确了"十四五"时期经济社会发展的指导思想、基本原则和主要目标，阐述了"十四五"时期经济社会发展和改革开放的重点任务，作出了加快构建以国内大循环为主体、国内国际双循环相互促进的新发展格局的战略抉择。习近平总书记对"把握新发展阶段、贯彻新发展理念、构建新发展格局"的重要要求进行了深刻阐述。天津市坚决贯彻落实习近平总书记重要讲话精神和党中央决策部署，2020年11月，市委十一届九次全会审议通过《中共天津市委关于制定天津市国民经济和社会发展第十四个五年规划和二〇三五年远景目标的建议》。全会提出，天津市到2035年基本建成社会主义现代化大都市的远景目标是：基本建成创新发展、开放包容、生态宜居、民主法治、文明幸福的社会主义现代化大都市。城市经济实力、科技实力、综合实力大幅跃升，经济总量和城乡居民人均收入迈上新的大台阶；"一基地三区"城市功能和优势更加凸显，"津城""滨城"双城格局全面形成；自主创新能力显著提升，核心产业竞争力处于国内第一方阵，建成现代化经济体系；城市治理体系和治理能力现代化基本实现，法治天津基本建成，平安天津建设达到更高水平；城市文明程度达到新高度，文化软实力显著增强；绿色生产生活方式广泛形成，生态环境根本好转；公共服务体系优质均衡，城乡居民生活质量显著提高。全会提出了"十四五"时期天津经济社会发展的指导思想、必须遵循的原则和主要目标，为天津未来发展和下一步工作明确了方向，开启了从全面建成高质量小康社会向全面建设社会主义现代化大都市进军的历史性跨越。

2021年召开的党的十九届六中全会使全党空前一致地认识到"两个确立"的决定性意义，空前紧密地团结在习近平新时代中国特色社会主义思想的旗帜下，空前自信地奋进在习近平总书记指引的全面建成社会主义现代化强国、实现中华民族伟大复兴的康庄大道上。市委带领全市各级党组织和全体共产党员以高度的历史自觉、政治自觉、使命担当，坚决捍卫"两个确立"，坚决做到"两个维护"，始终在政治立场、政治方向、政治原则、政治道路上同以习近平同志为核心的党中央保持高度一致。

◆ 2022 年 6 月 16 日，中国共产党天津市第十二次代表大会隆重开幕

2022年6月，中国共产党天津市第十二次代表大会以坚定捍卫"两个确立"、坚决做到"两个维护"为政治灵魂，绘就了未来五年天津发展的宏伟蓝图，

强调牢记领袖教导,紧跟核心奋斗,践行初心、担当使命,把握新发展阶段、贯彻新发展理念、构建新发展格局,统筹发展和安全,以高质量发展、高水平改革开放、高效能治理、高品质生活为目标导向,以深入推进京津冀协同发展为战略牵引,加快实现"一基地三区"功能定位,促进共同富裕,推动全面从严治党向纵深发展,奋力开创全面建设社会主义现代化大都市新局面。

10月,党的二十大在北京举行。大会主题是,高举中国特色社会主义伟大旗帜,全面贯彻习近平新时代中国特色社会主义思想,弘扬伟大建党精神,自信自强、守正创新,踔厉奋发、勇毅前行,为全面建设社会主义现代化国家、全面推进中华民族伟大复兴而团结奋斗。大会批准习近平代表十九届中央委员会所作的《高举中国特色社会主义伟大旗帜,为全面建设社会主义现代化国家而团结奋斗》的报告,批准十九届中央纪律检查委员会的工作报告,审议通过《中国共产党章程(修正案)》,选举产生新一届中央委员会和中央纪律检查委员会。党的二十届一中全会选举产生以习近平同志为核心的新一届中央领导集体,一批经验丰富、德才兼备、奋发有为的同志进入中央领导机构,充分显示出中国特色社会主义事业蓬勃兴旺、充满活力。11月,市委十二届二次全会召开。全会审议通过《中共天津市委关于深入学习宣传贯彻党的二十大精神 奋力开创全面建设社会主义现代化大都市新局面的决定》,强调认真学习宣传贯彻党的二十大精神是当前和今后一个时期的首要政治任务,要认真贯彻落实习近平总书记关于学习宣传贯彻党的二十大精神的一系列重要指示要求和党中央决策部署,切实把思想和行动统一到党的二十大精神上来,把智慧和力量凝聚到党的二十大确定的各项目标任务上来,斗志昂扬、意气风发地踏上新征程,奋力开创全面建设社会主义现代化大都市新局面。

新时代十年,在习近平新时代中国特色社会主义思想指引下,在以习近平同志为核心的党中央坚强领导下,市委深入学习贯彻习近平总书记对天津工作提出的"三个着力"重要要求和一系列重要指示批示精神,完整、准确、全面贯彻新发展理念,着力提高发展质量和效益,推动经济社会发展全面步入高质量轨道;扎实推进京津冀协同发展,围绕"一基地三区"功能定位,加快把战略势能转化为发展动能;积极承接北京非首都功能疏解,全力支持服务雄安新区建设,京津冀高密度路网对接加快推进,努力打造世界一流的智慧港口、绿色港口,主动融入京津冀世界级城市群建设;大胆闯大胆试,改革开放先行区建设实现新突破;牢固树立以人民为中心发展思想,着力保障和改善民生,办好为民实事;深入践行绿水青山就是金山银山理念,美丽天津建设迈出重大步伐;着力加强和改善党的领导,全面从严治党向纵深推进。天津取得的每一个新进步,津沽大地发生的每一点新变化,最根本原因在于习近平总书记掌舵领航,最根本原因在于习近平新时代中国特色社会主义思想科学指引。奋进新征程,建功新时代。天津市将始终不渝坚定捍卫"两个确立"、坚决做到"两个维护",敢为善为、奋楫笃行,以高质量发展、高水平改革开放、高效能治理、高品质生活为目标导向,坚定不移沿着习近平总书记指引的方向阔步前进,奋力书写全面建设社会主义现代化国家的天津篇章。

第二章

坚决贯彻新发展理念，
经济社会高质量发展取得显著成效

进入新时代,我国经济发展基本特征是经济已由高速增长阶段转向高质量发展阶段。习近平总书记指出,进入高质量发展阶段是新时代我国经济发展的基本特征,高质量发展是做好经济工作的根本要求。推动高质量发展,是保持经济持续健康发展的必然要求,是适应我国社会主要矛盾变化和全面建成小康社会、全面建设社会主义现代化国家的必然要求,是遵循经济规律发展的必然要求。必须围绕解决好人民日益增长的美好生活需要和不平衡不充分的发展之间的矛盾这个社会主要矛盾,坚决贯彻创新、协调、绿色、开放、共享的发展理念,统筹推进"五位一体"总体布局、协调推进"四个全面"战略布局,推动高质量发展,推动新型工业化、信息化、城镇化、农业现代化同步发展,加快建设现代化经济体系,努力实现更高质量、更有效率、更加公平、更可持续的发展。党的十八大以来,国内外经济形势极其错综复杂,面对新情况新挑战,党中央准确把握我国经济发展大势,按照稳中求进的工作总基调,扎实推动我国经济持续健康发展。市委、市政府积极转变发展理念,把战略重点转到拼质量、拼效益、拼结构优化、拼绿色发展上,用"绿色系数"考核发展成效,在津沽大地掀起一场影响深远的质量变革、效率变革、动力变革,坚毅迈向高质量发展之路。

一 完整、准确、全面贯彻新发展理念

　　针对我国经济发展处于增长速度换挡期、结构调整阵痛期、前期刺激政策消化期"三期叠加"阶段的基本特征和工作要求，党中央作出我国经济发展进入新常态这一重大论断。在新常态下，经济增长方式、发展方式、经济结构、发展动力发生显著变化。习近平总书记指出，新时代抓发展，必须更加突出发展理念，坚定不移贯彻创新、协调、绿色、开放、共享的新发展理念。党的十八届五中全会明确提出贯彻新发展理念要求，成为新时代我国发展思路、发展方向、发展着力点的集中体现。新发展理念是我国进入新发展阶段、构建新发展格局的战略指引。习近平总书记强调，贯彻新发展理念是我国发展壮大的必由之路。要深入把握新发展理念对经济社会发展各项工作的指导意义，完整、准确、全面贯彻新发展理念，真正做到崇尚创新、注重协调、倡导绿色、厚植开放、推进共享。市委十届八次全会审议通过《中共天津市委关于制定天津市国民经济和社会发展第十三个五年规划的建议》，提出，牢固树立创新、协调、绿色、开放、共享的发展理念，适应经济发展新常态，以提高发展质量和效益为中心，以改革创新为动力，增后劲、补短板、促均衡、上水平，统筹推进经济建设、政治建设、文化建设、社会建设、生态文明建设和党的建设，加快实现中央对天津的定位，全面建成高质量小康社会，不断开创美丽天津建设新局面，明确了"十三五"时期天津工作的基本思路和重要举措。

　　党的十九大确立习近平新时代中国特色社会主义思想为党的指导思想，实现了党的指导思想的又一次与时俱进。党的十九大后，全面深化改革向纵深发展，开始向加强系统集成、系统高效方向推进，制定《党的十九大报告重要改革举措实施规划（2018—2022年）》，对标到2020年在重要领域和关键环节改革上取得决定性成果。以全面贯彻党的十九大精神和中央经济工作会议决策部署为指导，2018年1月，市委十一届三次全会暨全市经济工作会议召开。会议以习近平新时代中国特色社会主义思想为指导，以习近平总书记对天津工作提出的"三个着力"重要要求为元为纲，加强党对经济工作的全面领导，坚持稳中求进工作总基调，坚持新发展理念，坚持以供给侧结构性改革为主线，推进质量变革、效率变革、动力变革，坚定不移推动高质量发展，全力推进京津冀协同发展，坚决打好防范化解重大风险、精准脱贫、污染防治的攻坚战，推进"五位一体"总体布局、"四个全面"战略布局在天津的实施，促进经济社会持续健康发展。会议指出："必须算清天津发展的大账、政治账、经济账、长远账，从'速度情结''换挡焦虑'中摆脱出来，从落后的发展理念中摆脱出来，从粗放的发展方式中摆脱出来，彻底甩掉单纯追求地区生产总值增速的包袱，下决心推动高质量发展。"天津找准定位、发挥优势，把科技创新摆在核心位置，坚持制造业立市，大力发展智能制造，加快建设有特色、有活力、有温度的国际消费中心城市、区域商贸中心城市，推动发展质量和效益不断跃升。为有效应对国际贸易保护主义抬头对实体经济企业生产经营带来的冲击和影响，持续降低实体经济的成本，5月14日，市政府出台《天津市进一步推进供给侧结构性改革降低实体经济企业成本政策措施》，从降低税费负担、人工成本、融资成本、能源成本、物流成本、制度性交易成本、创新创业成本、生产经营成本和管理费用八个方面提出具体举措。

2020年，面对突如其来的疫情，天津市深入贯彻落实习近平总书记关于疫情防控工作的重要讲话和重要指示批示精神，一手抓疫情防控，一手抓复工复产，尽最大可能降低疫情对经济的影响，切实做到疫情防控和经济社会发展"两战"并重，实现"双胜双赢"。市委、市政府坚持在常态化疫情防控中推动经济社会发展，抓紧抓实抓细常态化疫情防控，扎实做好"六稳""六保"工作，把保市场主体作为"六保"的关键,及时出台《天津市有效应对新冠肺炎疫情影响促投资扩消费稳运行的若干举措》、"惠企21条""支持中小微企业和个体工商户27条"等政策,全力推动复工复产、复商复市、复学复业,做好"接链""促需""护企",营造"安商、护商"的良好营商环境,开展"云招商""云洽谈""云签约",向社会公布重点建设、重点储备项目清单,经济运行企稳回升,发展质量稳步提高,大大提振了投资者信心。2020年全市地区生产总值增长1.5%,固定资产投资增长3%,城乡居民人均可支配收入增长3.4%,一般公共收入1923亿元,新增就业37.1万人,实现了疫情防控和经济社会发展"双胜利"。

2020年底召开的市委十一届十次全会明确提出:构建新发展格局,要坚定不移贯彻新发展理念、推动高质量发展,在拼质量、拼效益、拼结构优化、拼绿色发展上下功夫、见成效。要牢固树立"一盘棋"思想,自觉服从全局、服从大局,在重大国家战略中找准天津位置、构筑天津优势,加快推进京津冀协同发展,积极承接北京非首都功能疏解,主动服务北京、服务河北、服务雄安新区。要推进更深层次改革、更高水平开放,深化放管服改革,实施国企改革三年行动,优化营商环境,加快自贸试验区首创性制度创新。加快补齐滨海新区社会事业短板,高标准实施美丽"滨城"建设。

从2012年到2021年,天津市经济社会高质量发展扎实推进,动能转换步伐加快,市场活力不断释放,人民生活水平持续提升。全市生产总值由12,885.18亿元增加到15,695.05亿元,城镇居民人均可支配收入由29,626元增加到51,486元,农村居民人均可支配收入由13,571元增加到27,955元,城乡面貌焕然一新,人民群众安居乐业,渤海明珠更加璀璨。

"十四五"时期,天津市确立到2035年的远景目标,即基本建成创新发展、开放包容、生态宜居、民主法治、文明幸福的社会主义现代化大都市。2022年6月,市第十二次党代会指出,我们要建设的社会主义现代化大都市是高质量发展的大都市,进一步提出高质量发展、高水平改革开放、高效能治理、高品质生活的发展目标。在市委领导下,天津市坚持把高质量发展作为全面建设社会主义现代化大都市的必由之路,深入实施京津冀协同发展重大国家战略,大力实施创新驱动发展战略、乡村振兴战略、新型城镇化战略、可持续发展战略,加快构建现代化经济体系,努力实现更高质量、更有效率、更加公平、更可持续、更为安全的发展。

二　全方位推进供给侧结构性改革

党的十八大以来,我国经济已由高速增长阶段转向高质量发展阶段,进入转变发展方式、优化经济结构、转换增长动力的攻关期,习近平总书记指出:"在适度扩大总需求的同时,着力加强供给侧结构性改革,着力提高供给体系质量和效率,增强经济持续增长动力。"2015年11月,党中央首次提出以"供给侧结构性改革"适应并引领经济新常态,以"三去一降一补"为抓手,明确宏观政策要稳、产业政策要准、微观政策要活、改革政策要实、社会政策要托底五大政策支柱,供给侧结构性改革取得明显成效,经济保持中高速增长,发展质量和效益不断提升。2015年12月召开的中央经济工作会议提出,把推进供给侧结构性改革,作为完成我国经济转型升级的突破口和着力点,实行宏观政策要稳、产业政策要准、微观政策要活、改革政策要实、社会政策要托底的总体思路,着力加强结构性改革,去产能、去库存、去杠杆、降成本、补短板,推动我国社会生产力整体改善。天津市把握新常态这一重大论断、新发展理念这一总引领,以供给侧结构性改革这个主要抓手,降成本、增活力,从培育发展新动能的角度发力,努力实现新常态新理念新作为。市委十届十一次全会暨全市经济工作会议强调,要牢牢把握供给侧结构性改革这条主线,抓住处置"僵尸企业"这个牛鼻子,果断实施去产能。瞄准高端、创新、绿色,积极培育新技术、新产业、新业态、新模式,大力发展服务业,使战略性结构与稳增长结构相得益彰。推动供给侧结构性改革,通过让市场充分发挥在资源配置中的决定性作用,不断完善市场机制,加快改造传统产业、主动淘汰落后产能,实现了全要素生产率的提高,促进了经济可持续发展。

天津市贯彻落实"巩固、增强、提升、畅通"八字方针,推进"三去一降一补"任务落实,统筹推进去产能、去库存、去杠杆、降成本、补短板工作,在"破""立""降"上下功夫,振兴实体经济,提高供给体系质量和效率。以钢铁行业为重点,实施"消化、重组、改革"组合拳,积极化解过剩产能,2016年提前全面完成压减粗钢产能370万吨目标任务,盘活楼宇420万平方米,政府性融资平台综合成本下降到5.1%,为企业减负560亿元,科技、民生、环保等领域投资大幅增长,有力地促进了新旧动能转换,推动了实体经济持续发展。2017年压减粗钢产能380万吨,处置"僵尸企业"335家,为企业减轻负担近600亿元。2018年过剩钢铁产能压减任务全部完成。天津市继续推进防范已化解产能复产工作,开展8轮大排查大整治,妥善处理"僵尸企业"365家,对全市314个工业园区进行梳理摸底后,共排查出"散乱污"企业5733家,其中关停2174家,搬迁改造1162家,原址提升改造297家。治理完成60家园区,盘活示范工业园区低效闲置土地2679亩。锚定天津"一基地三区"城市定位,着眼天津长远发展,借力工业园区围城治理,天津要把各园区建成战略新兴产业的集中区、智能制造业的集聚区、创新创业的示范区、新旧动能转换的先行区,出台《天津市工业园区(集聚区)围城问题治理工作实施方案》,全面推动天津工业园区(集聚区)围城问题治理工作,到2020年底,全市314个工业园区(集聚区)保留49个,列入整治任务的共有246个(其中整合130个,撤销取缔116个),长期治理19个,全市园区治理工作已基本完成,工业布局更加合理,产业结构更加优化,管理水平进一步提高,实现了工业园区经济发展质量、生态环境质量同步提升。加大房地产调控力度,全年盘活空置楼宇 302.5 万平方米。规范政府举债融资行为,开展隐形债务摸底,新增发行地方债券 696 亿元,比上年增长 37.3%,促进企业负债水平进一步降低,规模以上工业企业资产负债率 57.9%,下降 1.9 个百分点。2016—2018 年先后出台五批降成本政策措施,每年分别为企业减轻负担 600 亿元,实施天津港口岸降费提效优化环境专项行动。在关键领域和薄弱环节加大补短板力度,制定关于进一步促进民营经济发展的若干意见,激发民营经济活力,民营企业达 47.5 万户,增长 13.3%。大力发展创新主体,新增科技型企业 7900 家,规模超亿元科技型企业 7900 家。制定《天津市进一步推进供给侧结构性改革降低实体经济企业成本政策措施》,2019 年出台第二批措施,降低人工、融资、能源资源、物流、制度性交易、创新创业等方面成本费用,切实减轻税费负担,振兴实体经济。企业降成本成效明显,在不折不扣落实好国家各项减税降费举措的基础上,深入实施天津市 6 批降成本政策措施,实施"三个一律免征",2019 年规模以上工业企业百元营业收入成本 84.86 元。投资补短板取得积极进展,教育卫生和社会工作等民生领域投资分别增长 46.9% 和 98.9%。

2020 年天津市供给侧结构性改革持续深化。聚焦发展壮大实体经济,加快转方式、优结构、换动能,推动构建现代产业体系。坚持制造业立市,海河产业基金引导作用充分发挥,积极吸引社会资本跟进投入,37 支母基金认缴规模达到 1238 亿元。推进新型基础设施建设,累计建成 5G 基站 2.4 万个,基本实现全市城镇区域及重点行业应用区域室外连续覆盖。设立滨海产业发展基金,认缴规模 300 亿元。支持优势产业加快转型,中沙新材料园、渤化"两化"搬迁、中石化液化天然气(LNG)等一批重大项目顺利实施。深入实施创新型企业领军计划,制定高成长初创科技型企业专项投资意见和管理办法,促进科技型企业梯次成长,评价入库国家科技型中小企业、市级雏鹰企业[1]和瞪羚企业[2]分别达到8179家、3557家和385家。高标准落实国家减税降费政策,2020年为企业减负650亿元左右,高效率优化行政审批流程,释放企业干事创业热情,为实现高质量发展奠定基础。

◆ 2018年5月,世界智能无人机产业发展论坛在天津市滨海新区中新天津生态城举行

2021年,深入实施创新驱动发展战略,切实增强科技创新对发展的引领力支撑力,聚焦智能科技、生物医药、新能源、新材料等新兴产业,实施一批科技重大专项,建设国家新一代人工智能创新发展试验区。全市技术转移机构达到200家,培育技术转移人才达到1000名,"海河英才"行动计划,全年新引进各类人才10万人。持续深化制造业立市战略,不断提升实体经济核心竞争力,国

---

① 雏鹰企业是指注册时间1年以上5年以下,上一年度营业收入不低于10万元,具有较强的创新能力,技术新、模式新,未来具有较高的发展潜力,按相关办法规定程序入库的初创企业。

② 瞪羚企业是指注册时间不超过20年,上一年度营业收入正增长,申报评价当年往前的第四个年度(以下简称基期)至上一年度营业收入复合增长率达到20%,进入爆发式增长阶段,按相关办法规定程序入库的创新型企业。

家高新技术企业和国家科技型中小企业均突破 1 万家。新增 20 家市级制造业单项冠军企业、260 家市级专精特新中小企业和 60 家国家专精特新"小巨人"企业。深入实施数字化发展三年行动，统筹推进数字经济、数字社会和数字政府建设。国际消费中心城市和区域商贸中心城市建设稳步推进，国家会展中心（天津）投入运营，现代服务业提档升级。积极培育建设国际消费中心城市，着力提高城市全球影响力竞争力，努力打造国际消费目的地、全球消费资源聚集地、全国消费者向往地，不断推进消费国际化、综合化、区域化、智能化发展。

三　大力实施制造业立市战略

进入新时代，立足新发展阶段，天津市完整、准确、全面贯彻新发展理念，高扬"制造业立市"的大旗，深入推进创新驱动发展战略，切实增强科技创新对发展的引领力支撑力，着力构建新型产业矩阵，加速新旧动能转换，聚焦智能科技、生物医药、新能源、新材料等新兴产业，加快培育现代产业体系，在新发展格局中填格赋能，推动天津经济高质量发展之路行稳致远。

产业结构调整成效显著。2014 年，制定《天津市 18 个重点产业发展三年行动计划实施工作方案》，明确全市重点产业发展工作方向，提出建立以智能科技产业为引领的"1＋3＋4"现代工业产业体系[①]。信创产业初步建立自主可控的信创产业完整链条，形成涵盖芯片、整机终端、操作系统、数据库、应用软

---

① "1＋3＋4"现代工业产业体系：1 为智能科技，3 为生物医药、新能源、新材料，4 为航空航天、装备制造、石油化工、汽车工业。

件、信息安全服务、整体解决方案的全产业体系,飞腾 CPU ＋麒麟 OS 构成的"PK"体系成为国家信创工程主流技术路线,软件产业规模突破 2000 亿元,比"十二五"末翻了一番。累计建成 11 个国家新型工业化产业示范基地,国家新一代人工智能创新发展试验区提速建设,人工智能创新应用和车联网先导区成功获批,成为国内唯一双国家级先导区城市。长城基地自主安全电脑整机顺利下线,银河麒麟操作系统 V10 版本正式发布,飞腾 AI 实验室启动试运营,天津(西青)国家级车联网先导区揭牌。信息安全、动力电池入选全国 20 个先进制造业集群。"中国信创谷""细胞谷""生物制造谷""北方声谷"、市数字经济产业创新中心等新增长点正在形成。

新动能引育步伐不断加快。率先举起发展智能科技产业的旗帜,把智能科技作为天津高质量发展的核心驱动力,加快建设国家新一代人工智能创新发展实验区,一大批智能应用场景投入使用。2018 年制定《天津市关于加快推进智能科技产业发展的若干政策》,设立 100 亿元智能制造财政专项资金、1000 亿元智能科技产业基金群。至 2019 年底打造 60 家智能工厂和 100 个数字化车间。打造智慧城市中新天津生态城样板,提出港口智慧化转型"天津港方案",形成智能科技的丰富应用场景。创新平台、行业巨头、初创企业加速聚集,创新创造空间活跃,新业态、新模式不断涌现。连续成功举办六届世界智能大会,打造了天津城市"新名片"。人工智能、生物医药、新材料等重点领域取得一批标志性创新成果,"天津号"纯太阳能车成功研制,国家高新技术企业和国家科技型中小企业均突破 9000 家,全社会研发投入强度达到 3.44%。

产业创新能力持续提升。实施科技创新三年行动计划,编制大学科技园建设指导意见,自主创新和原始创新策源能力明显提升。推进创新平台建设,新一代超级计算机、大型地震工程模拟研究设施、组分中药国家重点实验室、国家合成生物技术创新中心建设实现突破,首批 5 家海河实验室挂牌运行。国家级企业技术中心达到 68 家,技术创新示范企业 22 家,制造业单项冠军 9 家,中科曙光成为国家先进计算产业创新中心。建设现代中药、车联网、先进操作系统等 9 家市级制造业创新中心，建成中国科学院天津工业生物技术研究所、天津药物研究院等一批产业创新平台。突破了"天河三号"超级计算机、"脑语者"芯片、康希诺疫苗、240 吨 AGV 自动运载车等一批关键核心技术。梯次培育科技型企业，国家高新技术企业累计 7420 家，评价入库国家科技型中小企业、市级雏鹰企业、市级瞪羚企业分别达到 8179 家、3557 家和 385 家。加强"项目＋团队"引才，遴选 306 个创新创业团队"带土移植"。

◆ 天河三号超算系统

智能制造深入推进。积极推进"天津智港"建设，努力打造自主创新重要源头和原始创新主要策源地。为发展智能科技产业，天津市出台一系列举措，设立 100 亿元智能制造财政专项资金，支持智能制造产业发展。专项资金累计支持 1726 个项目，财政"输血"52.1 亿元，形成 1：20 的带动效应，建成丹佛斯、海尔第五代移动通信智能工厂等一批全球智能制造标杆，累计创建 102 家智能工厂和数字化车间。以新一代信息技术和制造业融合发展为突破口，为制造赋智，为企业赋值,为产业赋能。信息基础设施建设全国领先,移动宽带、固定宽带下载速率跃居全国第二位,累计建成 5G 基站 3.6 万个,基本实现全市城镇区域及重点行业应用区域室外连续覆盖,5G＋工业互联网深入推进,打造 200 个应用场景,全市超过 6000 家工业企业"上云",重点企业数字化研发设计工具普及率 81.9%,擦亮天津"智慧城市"新名片。2021 年 12 月印发《天津市智慧城市建设"十四五"规划》,为培育建设国际消费中心城市和区域商贸中心城市,打造国内大循环的重要节点、国内国际双循环的战略支点,全面建设社会主义现代化大都市提供有力支撑。

自主创新示范区提质增效。2014 年 12 月,国务院正式批复天津建设国家自主创新示范区。2015 年 2 月 26 日,天津国家自主创新示范区在天津滨海高新技术产业开发区正式挂牌,用地总面积 244.67 平方千米。天津国家自主创新示范区致力于打造京津冀科技干线新节点,主要包括华苑、北辰、南开、武清、"塘沽海洋" 5 个科技园。示范区通过试水"产业＋双创深度融合",探索出天津特色的双创模式;加快政府服务体制改革,推出"创新创业通票"等制度创新成果;建设面向天津全市的创新平台,加快研究特色鲜明的原创政策体系;构建"五新"生态链①,引领高企爆发式增长;加快探索"双自联动"②,强化体制改革协同攻关。2020 年,市人大常委会会议审议通过《天津国家自主创新示范区条例》,明确提出建成具有国际竞争力的产业创新中心和国家重要的区域创新中心的战略定位和示范目标,围绕新经济、新产业、新业态、新模式,加速创新链和产业链深度融合,持续推进创新体系和创新能力建设,成为全市提升自主创新和原始创新能力、加快新旧动能转换的重要战略引擎,为加快建设具有国际竞争力的

---

① 即:新技术–互联网、新力量–第三方、新事物–市级高企、新平台–综合服务、新制度–透明化。

② 即:国家自主创新示范区和自由贸易园区联动发展。

产业创新中心打下坚实基础。

◆ 天津国家自主创新示范区

"十四五"时期,市委、市政府立足新发展阶段、贯彻新发展理念、构建新发展格局,作出"制造业立市"的战略部署,提出天津市制造业增加值占地区生产总值比重达到 25% 的目标。围绕"制造业立市"战略,工信部门不断强化顶层设计,形成"空间布局＋五年规划＋行动计划"的完整推进体系。在这个推进体系下,先后出台《天津市促进智能制造发展条例》《天津市人民代表大会常务委员会关于促进和保障制造业立市推动高质量发展的决定》,强化制造业发展法治保障;相继制定实施《天津市战略性新兴产业提升发展行动计划》《2020 年引育新动能工作方案》《关于强化串链补链强链进一步壮大新动能的工作方案》《天津市制造强市建设三年行动计划（2021—2023 年）》《天津市产业链高质量发展三年行动方案（2021—2023 年）》,用智能赋能制造业,提升产业链、供应链现代化水平,为天津高质量发展提供有力支撑。

为加快建设制造强市,全面增强全国先进制造研发基地核心竞争力,2021 年 6 月,市政府印发《天津市制造业高质量发展"十四五"规划》,以推动高质量发展为主题,以深化供给侧结构性改革为主线,以智能制造为主攻方向,坚定不移走创新驱动之路,大力发展战略性新兴产业,加速制造业高端化、智能化、绿色化发展,打好产业基础高级化、产业链现代化攻坚战,全面提升产业链供应链竞争力,着力构建现代工业产业体系,强化制造业对天津经济发展的引领支撑,加快建设制造强市,打造人工智能先锋城市和全国领先的信创产业基地,成为国家制造业高质量发展示范区,基本建成全国先进制造研发基地。坚持创新驱动、质效优先、融合发展、绿色转型、协同开放、系统推进原则,进一步细化了未来五年全市制造业发展蓝图,形成指标体系和方法路径。提出,到 2025 年,基本建成研发制造能力强大、产业价值链高端、辐射带动作用显著的全国先进制造研发基地;到 2035 年,制造业综合实力大幅跃升,产业创新能力显著增强,重点领域发展取得重大突破,形成一批全球领军企业和世界级产业集群,核心产业竞争力处于国内第一方阵,建成现代工业产业体系,成为具有全球影响力的先进制造研发基地。

2021 年以来,天津市立足全国先进制造研发基地定位,围绕产业基础高级化、产业链现代化,着力构建以智能科技产业为引领,生物医药、新能源、新材料等新兴产业为重点,装备制造、汽车、石油化工、航空航天等优势产业为支撑的"1＋3＋4"现代工业产业体系,立足当前,制造业已经成为天津高质量发展的有力支撑。实现工业经济运行质效稳步提升,2021 年全市规模以上工业总产值突破 2 万亿元,增长 18.4%;制造业增加值增长 8.3%,占全市地区生产总值比重达到 24.1%,比 2016 年提高 1.4 个百分点,对全市经济形成有力拉动。制定出台信创、高端装备、集成电路、航空航天等 12 条重点产业链工作方案,实行市领导挂帅的"链长制",链上抓运行、抓创新、抓项目、抓人才、抓政策,不断提升制造业核心竞争力。2021 年,12 条重点产业链总产值 1.26 万亿元,增长

20.7%，占全市规上工业总产值 63%，产业链带动作用明显。聚力打造创新平台，高水平建设信创、合成生物、细胞生态等 5 个海河实验室，汇聚两院院士、国家杰出青年科学基金和长江学者等人才 3000 余名。国家级企业技术中心达到 71 家，位居全国重点城市第三位，产业创新能力显著提高。"麒麟 OS ＋飞腾 CPU"体系成为国内主流技术路线，"天津号"纯太阳能车等"揭榜挂帅"创新成果落地见效。数字化转型步伐不断加快，制定出台全国首部智能制造法规《天津市促进智能制造发展条例》。4 年来全市共安排财政资金近百亿元，补助各类智能制造项目 3000 余个，打造 200 家数字车间和智能工厂，家庭千兆光纤覆盖率等 3 项指标全国第一。在智慧交通等领域打造 500 多个应用场景，汽车产业大数据应用服务平台等 11 个项目入选工信部 2022 大数据产业发展试点示范项目名单，位居全国第三。坚持"抓大、扶优、育新"并举，国家级单项冠军企业达到 16 家，国家级专精特新"小巨人"企业达到 130 家，培育雏鹰企业 4974 家、瞪羚企业 378 家、科技领军企业 230 家，国家科技型中小企业达到 9196 家，高新技术企业达到 9198 家，全市优质企业活力显著增强。

四　大力发展与现代化大都市地位相适应的服务经济体系

现代服务业是以现代科学技术特别是信息网络技术为主要支撑，建立在新的商业模式、服务方式和管理方法基础上的服务产业。它既包括随着技术发展而产生的新兴服务业态，也包括运用现代技术对传统服务业的改造和提升。现代服务业已成为带动产业转型升级和公共服务体系建设的新引擎，成为改善民生、促进生产生活方式转变的新支撑。

2015 年 4 月印发的《京津冀协同发展规划纲要》确定"一核、双城、三轴、四区、多节点"①的空间格局,明确了北京、天津和河北三地的功能定位。从三地定位以及优势资源分析,天津的发展优势集中在先进制造业和现代服务业。大力发展现代服务业,推动现代服务业成为天津经济乃至京津冀区域经济高质量发展的核心动力和稳定器,天津必须加快发展包括金融业、航运业等在内的现代服务业,提高现代服务业在国民经济中的贡献。

2015 年 12 月召开的市委十届八次全会审议通过《中共天津市委关于制定天津市国民经济和社会发展第十三个五年规划的建议》,明确提出:着力创新发展,推动以科技创新为核心的全面创新,积极培育新产业、新业态、新技术、新模式,促进三次产业融合发展,构筑现代服务经济新体系,建设全国产业创新中心和国际创新城市。

2017 年,市第十一次党代会提出,加快建设创新发展的现代化天津,大力振兴实体经济,加快形成与现代化大都市地位相适应的服务经济体系。要求着眼增强城市综合服务功能,坚持提升传统服务业和培育新兴服务业并举,着力提高发展层次和水平,打造"天津服务"名片。高标准建设金融创新运营示范区,不断壮大融资租赁发展优势,加快建设国家租赁创新示范园区,大力发展科技金融、产业金融和普惠金融,促进各类金融要素集聚。推动旅游休闲、健康养老等生活性服务业向精细化高品质提升,推动科技服务、信息服务、创意设计、现代物流等

---

① "一核"指北京;"双城"指北京、天津,是京津冀协同发展的主要引擎;"三轴"是京津、京保石、京唐秦三个产业发展带和城镇聚集轴,这是支撑京津冀协同发展的主体框架;"四区"分别是中部核心功能区、东部滨海发展区、南部功能拓展区和西北部生态涵养区四大功能区,每个功能区都有明确的空间范围和发展重点;"多节点"包括石家庄、唐山、保定、邯郸等区域性中心城市和张家口、承德、廊坊、秦皇岛、沧州、邢台、衡水等节点城市,重点是提高其城市综合承载能力和服务能力,有序推动产业和人口聚集。

生产性服务业向专业化和价值链高端延伸，打造北方物流中心和"设计之都"。

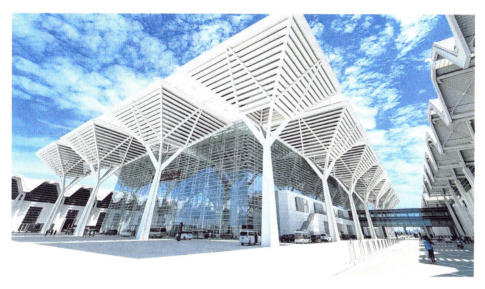

◆ 国家会展中心（天津）

　　2019 年，为落实习近平总书记视察天津和在京津冀协同发展座谈会上的讲话精神，市委十一届六次全会提出加快推动制造业、服务业"两业"优化，做优做强实体经济的具体举措。天津市依托京津冀协同发展战略服务非首都功能疏解和雄安新区建设，进一步提高天津港口服务贸易能力和辐射能力。2019 年 3 月启动建设国家会展中心项目，为发展天津会展经济特色链提供良好环境条件。京津冀（天津）检验检疫综合改革试验区挂牌运营，依托自由贸易试验区的建设，天津市率先落地融资租赁创新政策，提升现代服务业的创新水平和开放水平；积极推进"一带一路"建设，加强与沿线国家在教育、科技、文化、卫生等领域的合作，打造"鲁班工坊"天津品牌；发挥海空两港优势，优化港口营商环境，拓展与沿线国家航线布局，发展海铁联运，推进集装箱班列运营，提高国际航运地位。

为推动构建京津冀世界级城市群,用足用好市内六区区位条件、资源禀赋和产业优势,促进高端服务业创新集聚发展,加快形成与现代化大都市地位相适应的服务经济体系,显著提升区域带动力、全国辐射力和国际影响力,把市内六区建成宜居宜业的繁荣繁华标志区、高端服务集聚区、创新创业活力区,2019年市政府颁布《关于促进市内六区高端服务业集聚发展的指导意见》,聚焦现代商贸、金融服务、设计服务、健康服务、高端商务、智能科技等重点领域,打造"一网、三链、四集群"①的现代服务业产业体系,坚持高位对标先进城市,以资源禀赋、重大功能设施和产业生态引导优化服务业布局,推动功能再造、形态重塑和产业重构,打造"一核、三带、六园区"②的空间新格局,《意见》指出,到2022年,市内六区服务业增加值占全市服务业比重达到30%,金融业增加值占全市金融业比重达到55%,信息服务、租赁和商务服务、科技服务等其他服务业增加值占全市其他服务业比重达到25%,税收亿元楼宇达到100座。

伴随我国制造业高质量发展由"规模扩张"转向"质效提升",在加快推进我国工业化、现代化进程和供给侧结构性改革稳步推进的形势下,生产性服务业对经济增长提质增效的作用愈加重要,开始进入名副其实的"服务经济"时代。作为拉动经济发展的重要力量,天津市第三产业占比由2010年的46%上升到2019年的63%,服务业产值占生产总值比重逐年提高,服务业对地区生产总值贡献率持续十年居于第一位,对天津经济增长支撑强劲。"十三五"时期,从

---

① "一网":打造高能级现代商贸网络体系;"三链":航运服务特色链、会展经济特色链、健康产业特色链;"四集群":金融服务产业集群、商务服务产业集群、设计服务产业集群、智能科技产业集群。

② "一核":提升市内六区核心商务区品质;"三带":海河服务经济综合发展带、南京路高端商务发展带、黑牛城道产业融合发展带;"六园区":和平人力资源产业园区、河西陈塘自主创新示范区、南开环天南大知识创新集聚区、红桥光荣道科技产业园区、河东金贸产业园区、河北文化创意产业园区。

总量上看，天津市服务业增长迅猛，占比连续攀升。自 2016 年，供给侧结构性改革实施以来，天津服务业产值连续 5 年超过制造业。2020 年全市服务业增加值实现 9069.47 亿元，占地区生产总值的比重达 64.4%。2021 年实现金融业增加值 2153 亿元，占地区生产总值比重 13.7%，金融精准服务京津冀产业链、供应链、绿色发展等重点领域力度不断增强。支持京津冀协同发展，发布"京津冀产业链金融支持计划"，设置 125 亿元货币政策资金额度，支持京津冀产业链上的小微企业和民营企业融资。在产融融合方面，天津探索出多个全国第一，全国首笔"人民银行征信系统和排放权交易所系统双质押融资"成为金融服务绿色石化产业的典型案例。在供应链金融领域，国家区块链创新应用试点在津落地，中国中车股份有限公司注册在东疆的金融租赁公司——中车金租，闯出了国内金融租赁业首单定制化租赁项目模式。商业保理稳步发展，截至 2021 年底，天津市商业保理业资产总额 2843 亿元、融资款余额 2308 亿元，跃居全国首位，集聚效应显现。对标"北方国际航运核心区"定位，天津港整合全球资源重点发展集装箱航线，大幅提高通关效率，降低通关成本。2020 年，新华·波罗的海国际航运中心发展指数评价中，天津市综合排名由 2018 年的 30 位上升至 2020 年的 20 位，两年跃升 10 位。航空物流园区正加快建设。空港大通关基地跨境电商产业园项目已竣工，联检服务中心已实现主体封顶，邮政国际互换局入驻大通关基地并正式投入运营。《加快推进中国国际航空物流中心建设工作方案》的出台，将进一步促进航空物流产业聚集、优化航空口岸发展环境、增强服务"双循环""双城""双中心"功能的目标。同时，以小白楼、东疆为代表的五大航运服务集聚区已吸引到中远海运、招商局等航运巨头在津布局，截至 2020 年，拥有航运企业 79 家，国际、国内船舶代理企业分别为 179 家、154 家，国际、国内船舶管理企业分别为 11 家、33 家，国内水路货运代理达 160 家，无船承运企业 1262 家。

围绕中央对天津"一基地三区"城市功能定位，天津市坚持新发展理念，坚持高质量发展，抢抓服务业扩大开放综合试点重大机遇，加快形成与现代化大都市地位相适应的服务经济体系。2021年国务院批复同意在天津、上海、海南、重庆开展服务业扩大开放综合试点,此举有利于将服务业扩大开放综合试点与自贸试验区建设进行总体谋划、统筹考虑,同时进一步服务京津冀协同发展等国家战略,与北京市的国家服务业扩大开放综合示范区形成梯次安排,开展差异化探索,打造生产性服务业发展先行区。试点的获批将助力天津形成高质量发展的新动能、服务业扩大开放的新格局、政策的新叠加以及国际化、法治化的新环境。天津市从产业、区域、体制机制、政策和要素保障四个维度,出台13个方面共116项具体的开放创新举措。

数字产业集成创新,打造数字经济核心区。依托国家超级计算天津中心,建设天津市医疗大数据存储分中心、医疗影像数据第三方托管平台等应用项目;建设国家数据安全治理试验区,集中开展数据安全治理相关政策试点示范工作;建设区块链技术和产业创新应用示范区,加强区块链技术在知识产权交易、金融、贸易等多场景应用。

扩大展会溢出效应,打造会展经济示范区。加快建设天津国家会展中心。依法允许展会展品提前备案,以担保方式放行,展品展后结转进入保税监管场所或海关特殊监管区域予以核销。支持车辆展品依法留购并给予展示交易便利。

加快交易场所建设,打造北方要素市场枢纽。支持天津排放权交易所打造天津碳普惠创新示范中心;支持天津粮油商品交易所成为北方重要的农产品流通定价中心;在现有交易场所开展油气现货交易,推动期现合作;论证依托现有交易场所开展金属交易可行性。

深化放管服改革,营造国际化营商环境。简化高新技术企业认定程序,对从业一年以上的生产研发类规模以上企业认定高新技术企业时,实行"报备即批准";全面推进政务服务综合窗口"区块链+电子证照"应用;放宽境外专业人才执业资格,允许具有经国家认可的境外职业资格的建筑设计、规划等领域的境外专业人才,经备案后在天津提供专业服务,其在境外的从业经历可视同境内从业经历。

拓宽金融领域开放，集聚优质金融资源。开展合格境外有限合伙人（QFLP）试点；支持金融企业开展个人消费贷款不良资产批量转让试点；设立人民币海外投贷基金；支持非金融企业集团在天津设立金融控股公司。同时，通过放宽市场准入、改革监管模式、优化市场环境，努力形成市场更加开放、制度更加规范、监管更加有效、环境更加优良的服务业扩大开放新格局，探索积累可复制可推广经验，着力打造生产性服务业发展先行区，为国家全方位主动开放和服务业创新发展发挥示范带动作用。

五　推进现代都市型农业发展

党的十八届三中全会通过《中共中央关于全面深化改革若干重大问题的决定》，提出健全城乡发展一体化体制机制，形成以工促农、以城带乡、工农互惠、城乡一体的新型工农城乡关系。以此为引领，市委十届四次全会提出加快转变经济发展方式，深化经济结构战略性调整，大力发展现代都市型农业，大力培育发展城市群，加大城乡一体化力度，把发展产业作为新型城镇化的重要任务。2014年，出台《关于加快发展现代都市型农业促进农民增收的意见》和《关于支持500个困难村发展经济的实施方案》，紧紧围绕促进生产、改善民生、增加收入的目标，推动农业转型升级、发展现代都市型农业，进一步增强农村经济实力，提高农民收入，努力开创农村改革发展新局面。2016年，印发《中共天津市委、天津市人民政府关于贯彻落实〈中共中央、国务院关于落实发展新理念加快农业现代化实现全面小康目标的若干意见〉的实施意见》，积极推进农业供给侧结构性改革,打造现代都市型农业升级版,绿色优质农产品供给能力不断增强,推进"互联网+"现代农业,新建农业互联网试验基地10个。为推动京津冀现代农业协同发展,天津市政府与农业农村部签订《共同推进农业供给侧结构性改革落实京津冀农业协同发展战略合作框架协议》,充分运用加速发展都市现代农业带来历史性机遇,积极打造京津冀运河文化休闲观光带和潮白河生态休闲景观廊道。市第十一次党代会提出,大力发展现代都市型农业。围绕建设京津冀绿色精品高档菜篮子产品供给区,大力发展工程农业、种源农业、休闲观光农业,积极培育新型农业经营主体和服务主体,打造国家级现代都市型农业示范区、农业高新技术产业园区、农产品物流中心区、国家农业农村改革试验区,其中,创建蓟州出头岭等产业强镇,打造产业融合载体。宁河区潘庄镇产业融合发展示范园、蓟州渔阳都市农业科技园分别入选第一、二批国家级农业产业融合示范园。

党的十九大明确指出,农业农村农民问题是关系国计民生的根本性问题,必须始终把解决好"三农"问题作为全党工作的重中之重,实施乡村振兴战略。2018年印发的《天津市乡村振兴战略规划(2018—2022年)》,突出党对农村工作的领导、突出农业农村优先发展、突出农民在乡村振兴中的主体地位,提出建立健全城乡融合发展体制机制和政策体系,着力打造现代都市型农业升级版。2020年,市委、市政府制定《关于抓好"三农"领域重点工作 确保如期实现全面高质量小康的实施意见》,强调统筹抓好决胜全面建成小康社会、决战脱贫攻坚的重点任务,把农业基础打得更牢,把"三农"领域短板补得更实,为实现全年经济社会发展目标任务提供有力支撑。

"十三五"时期,在市委、市政府坚强领导下,天津市农业农村现代化建设取得重大进展,乡村振兴实现良好开局。

现代都市型农业升级发展效果显著。农业供给侧结构性改革深入推进,农业产业结构不断优化,农作物品种不断调优,小站稻种植面积由30万亩增加到80万亩,畜牧业和渔业向绿色化、标准化、规模化方向发展。粮食和重要农产品产能建设持续增强，全面完成粮食生产功能区和基本保障型蔬菜生产功能区划定，建成高标准农田370万亩，粮食综合生产能力保持在200万吨以上，蔬菜、肉类、禽蛋、牛奶等"菜篮子"产品自给率在大城市中保持较高水平。大力实施质量兴农和品牌强农战略，具有较高知名度和市场竞争力的市级以上农产品品牌达到170个，地产农产品抽检合格率达到98.68%，全市整建制建成"农产品质量安全市"。农业技术装备和科技创新能力持续提升，农业科技进步贡献率达到68%，农作物耕种收综合机械化率达到90.15%。现代种业创新发展，培育了水稻、花椰菜、黄瓜、肉羊等一批优势品种，认定农作物种子（苗）生产基地24个、畜禽水产良种繁育基地50个。农业信息化水平不断提高，建成3318个益农信息社，智能农业研究院落地天津。农村改革不断深化，3628个村集体经济组织改革全部到位，农村产权流转交易市场体系全面建立，承包土地确权颁证全面完成，多种形式土地适度规模经营比重达到65%以上。

乡村产业融合发展取得新突破。现代农业产业园、优势特色产业集群、农业产业强镇、创新创业园区和基地等产业融合载体建设取得新进展。休闲农业、

◆ 西青区王稳庄镇"大美稻香"生态文化旅游节

农产品加工、流通产业加快发展，培育认定 22 个市级休闲农业示范园区和 258 个市级休闲农业特色村点，休闲农业和乡村旅游接待人数达到 1700 万人，规模以上农产品加工产值与农业总产值之比达到 3.7∶1，京津冀都市圈 1 小时鲜活农产品物流圈加快构建。众筹农业、定制农业、电商农业等农业新业态加快培育。农业经营主体发展壮大，市级以上农业产业化龙头企业达到 146 家、家庭农场总数超过 1 万家、合作社达到 1.13 万家。农业对外合作扎实推进，对口支援工作和一批涉外重点农业项目取得新成效。

乡村人居和生态环境显著改善。村庄规划建设水平明显提高，村庄规划实现应编尽编，创建美丽村庄 1139 个。村庄管护机制健全完善，全部村庄按照村庄总人口数 5‰的比例配齐了管护人员。"百村示范、千村整治"工程成效显著，建成 150 个农村人居环境整治示范村。实施农村全域清洁化工程，农村生活垃圾处理体系全面建立，农村生活垃圾无害化处理率达 97%，农村生活污水处理设施实现全覆盖。农村"厕所革命"深入推进，累计改造提升农村户厕 62.8 万座、农村公厕 4303 座，农村卫生厕所基本实现全覆盖。农业面源污染得到有效治理，化肥、农药使用量逐年下降，化肥、农药利用率均达到 40% 以上，主要农作物秸秆综合利用率达到 98%，农田残膜回收率达到 80% 以上，畜禽粪污综合利用率达到 86.51%。农业资源环境显著改善，落实最严格的耕地保护制度，农业水价综合改革加快推进，地下水超采综合治理力度不断加强，农田灌溉水有效利用系数达到 0.72，处于全国领先水平。

农民生活水平显著提升。农民收入水平不断提高，2020 年农村居民人均可支配收入达到 25,691 元，"十三五"期间年均增长达到 6.8%，收入水平居于全国前列。结对帮扶困难村任务全面完成，帮扶村全部达到美丽村庄建设标准，村党组织全部达到"五好党支部"创建标准，村集体收入全部达到 20 万元以上，农民人均可支配收入接近全市农村居民收入平均水平，实现了村庄、环境、乡风"三美"，产业带动、转移就业、水电供应、户厕改造"四个全覆盖"，教育、医疗、住房、社保、便民服务"五个城乡均等化"的目标。农村基础设施和公共服务持续改善，农村水、电、路、气、通信、广播电视、物流等基础设施全面完善，城乡居民基本医疗、基本养老保障水平显著提高，城乡低保标准实现统筹，农村教育、卫生、文化、体育等公共服务水平全面提升。2021年，农林牧渔业总产值同比增长2.1%，现代都市型农业持续优化。建成高标准农田27.1万亩，新增设施农业20万亩，"津农精品"品牌达到187个，"菜篮子"重要农产品自给率继续位居全国大城市前列，高水平举办中国天津种业振兴大会。蓟州区、宝坻区获评全国休闲农业重点县，8个村镇入选第三批全国乡村旅游重点村镇。

"十四五"时期，以《天津市推进农业农村现代化"十四五"规划》《天津市乡村产业发展"十四五"规划》等为指导，天津市坚持农业农村优先发展，围绕全面推进乡村振兴、加快农业农村现代化，以推动高质量发展为主题，以深化农业供给侧结构性改革为主线，以改革创新为根本动力，统筹发展和安全，夯实农业基础地位，采取多项措施，促进乡村产业稳步推进，现代都市型农业产业体系、生产体系、经营体系更加完善，加快推进乡村产业现代化、生态现代化、文化现代化、治理现代化、生活现代化，促进农业高质高效、乡村宜居宜业、农民富裕富足，推动全市农业农村现代化取得阶段性成果，为全面实现农业农村现代化打下坚实基础。

六 加快打造国际消费中心城市、区域商贸中心城市

《国民经济和社会发展第十三个五年规划纲要》提出要"培育发展国际消

费中心"。随后,国家相继出台《中共中央国务院关于完善促进消费体制机制进一步激发居民消费潜力的若干意见》《国务院办公厅关于进一步扩大旅游文化体育健康养老教育培训等领域消费的意见》,以及《国务院办公厅关于加快发展流通促进商业消费的意见》等文件,进一步明确了培育建设国际消费中心城市的重点任务。2019 年 10 月,经国务院同意,商务部等 14 部门联合印发《关于培育建设国际消费中心城市的指导意见》(以下简称《指导意见》),指导推进国际消费中心城市培育建设工作。《指导意见》提出利用 5 年左右的时间,指导基础条件好、消费潜力大、国际化水平较高、地方意愿强的城市开展培育建设,打造出能辐射周边、影响全球的专业化、特色化、区域性的国际消费中心城市。

2021 年 7 月,商务部在京召开培育国际消费中心城市工作推进会,会议宣布经国务院批准,在上海市、北京市、广州市、天津市、重庆市,率先开展国际消费中心城市培育建设,用 5 至 10 年时间,培育建设若干具有全球影响力、竞争力、美誉度的国际消费中心城市。天津市在深入贯彻落实京津冀协同发展战略的基础上,提出构建"一个中心、多点支撑"的商圈格局,做好河、海、港、洋楼和小镇五篇文章,打造面向东北亚、辐射俄罗斯和中东欧的特色型国际消费中心城市。10 月,制定出台《天津市培育建设国际消费中心城市实施方案(2021—2025 年)》,明确提出培育建设国际消费中心城市的具体目标是:到"十四五"末,全球消费资源集聚特征明显,消费升级新高地效应突出,中心城市引领带动作用增强,形成在更大范围内需求牵引供给、供给创造需求的高水平动态平衡。再经过 3 至 5 年努力,构建起强大消费实现功能,成为具备高知名度和美誉度的国际消费目的地、全球消费资源聚集地、全国消费者向往地和展示国内大市场风范的亮丽名片。方案明确了六方面重点任务:一是打造消费地标。以海河为轴,建设国际级的商业中心,承载国际消费中心城市核心功能。集中力量把天津的商业摇篮,百年历史的金街,打造为彰显国际影响力的地标商圈,同步推进老城厢-古文化街、泰安道-小白楼、六纬路、大胡同等商圈商街提升改造，构建多点支撑格局，并加快塑造亲水游玩、"洋楼"文化、津味美食三张独具魅力的津城消费名片。在"滨城"做强亲海消费、发展邮轮产业，在文化中心形成文化消费引领区、在佛罗伦萨小镇拓展名品消费、赛车消费、时尚消费，环绕海河国际商业中心，建成三个主题鲜明的消费目的地。二是聚焦消费国际化。强化"引进来"，打造全球商品贸易港、跨境电商综合试验区和市内保税展销综合体，推进"买全球""卖全球"。有序放宽健康医疗、教育文化等投资限制，广纳服务消费优质资源。实施总部机构和首店引进专项行动，提升国际品牌聚集度。同时"走出去"，大力培育天津消费制造拳头产品，做强老字号品牌。三是打造引领消费新高地。发展时尚消费和康养消费，促进首发经济和"银发经济"；扩容文旅体消费，打造精品旅游项目，活跃体育赛事活动；做强会展消费，依托国家会展中心（天津），引育品牌化、国际化展会；提升数字消费，打造电商小镇、直播基地、智慧商圈；提质夜间消费，建设意风区夜间消费地标。四是创建国际水准消费环境。开展商业、景区、客运等窗口行业服务质量国际化达标创建活动，提升航空客运组织能力、打造"轨道上的京津冀"，增加24小时商品服务供

◆ 美好生活·水滴仅育佳号我市海河国际消费季的重要组成部分，着力打造津城地标性夜生活潮圈

给,切实提升消费满意度、城市文明度、通达便利度和消费舒适度。五是构建国际消费自由便利制度环境。强化邮轮旅客通关、入境消费支付和多语种服务,在市场促销及新品发布、户外广告、沿街店铺"外摆位"等方面推行包容审慎监管。同时,发展免退税购物,争取设立市内免税店,布局更多退税店。六是构建区域消费联动发展新格局。强化进口汽车口岸服务辐射功能,实施乳品、红酒等商品进口促进计划,打造辐射"三北"的进口消费品平台。同时,积极探索京津冀跨省通办、相互认证、异地就医便利化。

为保障建设国际消费中心城市的顺利进行,市政府成立领导小组,建立工作推进机制,统筹用好扶持政策,做好空间布局、土地利用、公共设施、人才支撑等综合保障。围绕方案落实细化114项具体任务,分解到37个部门和16个区,形成纵向联动、横向协同的培育建设合力。持续优化营商环境,是建设国际消费中心城市的关键举措。为此,天津市持续深化"放管服"改革,以高效便利的政务环境激发市场主体活力;深入实施人才引领战略,打造"海河英才"行动计划升级版,在人才落户、住房、医疗等方面,研究制定突破性政策措施。相继推出海河国际消费季、发展新型消费、活跃假日消费、汽车促销等举措,以佛罗伦萨小镇、V1汽车世界、创意米兰生活广场为代表的新型消费商圈拓展升级,消费潜力进一步释放。

十年奋发笃行,天津市坚决贯彻新发展理念,着力提高发展质量和效益,推动经济社会发展全面步入高质量轨道。主动转观念正导向、调结构换动能,坚决把战略重点转移到拼质量、拼效益、拼结构优化、拼绿色发展上来,动力结构、产业结构、财税结构显著优化。全市生产总值十年年均增长6.1%,人均地区生产总值达到11.37万元;税收收入占一般公共预算收入比重达到75.8%,十年提高13个百分点;城镇和农村居民人均可支配收入十年年均分别增长7.9%、8.9%。

第三章

积极构建新发展格局,

在京津冀协同发展中展现天津作为

　　推进京津冀协同发展，是以习近平同志为核心的党中央在新的历史条件下做出的重大决策部署，是习近平总书记亲自谋划、亲自部署、亲自推动的重大国家战略。2013年，习近平总书记先后到天津市、河北省调研，强调要推动京津冀协同发展。2014年2月，在北京考察工作时发表重要讲话，全面深刻阐述了京津冀协同发展战略的重大意义、推进思路和重点任务。此后，习近平总书记多次亲自赴京津冀三省市调研，多次召开推动京津冀协同发展的重要会议，在京津冀协同发展的每一个重要阶段和关键环节都作出重要指示。天津市牢固树立"一盘棋"观念，以大局意识、担当精神，拼搏奋斗，填格赋能，向时代和人民交上一份京津冀协同发展重大国家战略的天津答卷。

一　贯彻落实习近平总书记关于京津冀协同发展的重要讲话和重要指示

　　2013年5月，习近平总书记在天津考察工作，对天津工作提出"三个着力"的重要要求，并提出要谱写新时期社会主义现代化的京津"双城记"，拉开了推进京津冀协同发展的序幕。2014年2月26日，习近平总书记在北京主持召开座谈会并发表重要讲话，强调实现京津冀协同发展是面向未来打造新的首都经济圈、推进区域发展体制机制创新的需要，是探索完善城市群布局和形态、为优化开发区域发展提供示范和样板的需要,是探索生态文明建设有效路径、促进人口经济资源环境相协调的需要,是实现京津冀优势互补、促进环渤海经济区发展、带动北方腹地发展的需要,是一个重大国家战略。习近平总书记指出,推进京津冀协同发展,要立足各自比较优势、立足现代产业分工要求、立足区域优势互补原则、立足合作共赢理念,以京津冀城市群建设为载体、以优化区域分工和产业布局为重点、以资源要素空间统筹规划利用为主线、以构建长效体制机制为抓手,从广度和深度上加快发展。要增强推进京津冀协同发展的自觉性、主动性和创造性,增强通过全面深化改革形成新的体制机制的勇气,继续研究、明确思路、制定方案、加快推进,这些都为京津冀协同发展指明了方向。

习近平总书记关于京津冀协同发展的重要论述,是习近平新时代中国特色社会主义思想的重要组成部分,是推进京津冀协同发展各项工作的根本遵循。市委、市政府提高政治站位,坚持第一时间学习贯彻习近平总书记重要论述,树立历史眼光,增强大局观念,从全局的高度来认识和做好京津冀协同发展工作。市委成立市京津冀协同发展领导小组,积极参与国家顶层设计,配合国家编制总体规划。2015 年 4 月 30 日,《京津冀协同发展规划纲要》正式颁布,指出推动京津冀协同发展是一个重大的国家战略,核心是有序疏解北京非首都功能,调整经济结构和空间结构,走出一条内涵集约发展的路子,探索出一种人口经济密集地区优化开发的模式,促进区域协调发展,形成新增长极。《纲要》明确指出,天津"一基地三区"的城市功能定位是:全国先进制造研发基地、北方国际航运核心区、金融创新运营示范区、改革开放先行区。以《京津冀协同发展规划纲要》为引领,市委、市政府把推进京津冀协同发展重大国家战略摆在重中之重的位置,作为天津发展的重要历史性窗口期,作为 21 世纪的"平津战役",采取一系列有力有效措施,系统化一体化推进。市委十届七次会议审议通过《天津市贯彻落实〈京津冀协同发展规划纲要〉实施方案(2015—2020 年)》,提出要坚持改革统领、创新驱动,坚持优势互补、一体发展,坚持市场主导、政府引导,坚持统筹推进、率先突破，以承接北京非首都功能、强化京津双城联动、服务河北发展为重点，以资源环境承载能力为基础，以现代城镇群建设为载体，以构建长效体制机制为抓手，着力建设全国先进制造研发基地，着力建设北方国际航运核心区，着力建设金融创新运营示范区，着力建设改革开放先行区，努力形成京津冀目标同向、措施一体、功能互补、共建共赢的协同发展新格局，为打造中国经济发展新的支撑带作出积极贡献。为全面落实推动京津冀协同发展重大国家战略，加快实现中央对天津功能定位的重要任务，2017 年 2 月 24 日，在习近平总书记"2·26"重要讲话发表三周年之际，天津市召开深入推进京津冀协同发展重大国家战略工作会议，围绕服务重大国家战略，聚焦中央赋予的城市定位，研究制定并出台关于进一步加快建设全国先进制造研发基地、北方国际航运核心区、金融创新运营示范区、改革开放先行区的四个专项《实施意见》，通过细化目标措施，明确路线图和时间表，以实际行动落实好党中央决策部署。

2017 年 4 月 1 日，中共中央、国务院决定设立河北雄安新区。设立雄安新区，是以习近平同志为核心的党中央深入推进京津冀协同发展作出的一项重大决策部署，对于集中疏解北京非首都功能，探索人口经济密集地区优化开发新模式，调整优化京津冀城市布局和空间结构，培育创新驱动发展新引擎，具有重大现实意义和深远历史意义，启动了京津冀协同发展新的强大引擎。市委坚决拥护和全力支持雄安新区的规划建设，牢固树立"一盘棋"思想，在京津冀协同发展中定位天津角色、展现天津作为、作出天津贡献。4 月 18 日，天津党政代表团即赴雄安新区考察，签署《关于积极推进河北雄安新区建设发展战略合作协议》，明确 8 个方面合作事项，抓项目、聚人气、优功能，主动承接北京非首都功能和人口疏解，加快"一基地三区"建设，努力打造世界一流的智慧港口、绿色港口，推动重点领域的融合发展。建立合作机制，加强津冀全方位对接协作，多次派党政代表团赴北京、河北学习考察，学习借鉴河北省、北京市城市副中心规划建设经验，深化协同发展对接经验，为共同建设千秋大业、实施国家战略尽好天津责任。

2017年5月,市第十一次党代会进一步明确今后五年的发展思路,明确提出要把天津放在协同发展的大系统中定位,抓产业协同、抓创新协同、抓体制机制协同、抓环境保护协同、抓基础设施协同建设,全力打好21世纪"平津战役"。此后,围绕京津冀协同发展,天津市树立全局观念,敞开津门,紧紧抓住疏解北京非首都功能这个"牛鼻子",主动服务河北雄安新区建设,坚持既协同又提升,既承接再造,以京津冀协同发展为牵引力、内生动力、倒逼动力,推动区域一体化发展取得新成效,实现党中央擘画的宏伟蓝图,实现天津在新时代的新发展。

2019年初,在京津冀协同发展进入到滚石上山、爬坡过坎、攻坚克难的关键阶段,习近平总书记深入河北雄安新区、天津、北京,实地了解京津冀协同发展情况并主持召开京津冀协同发展座谈会,对新阶段京津冀协同发展作出战略部署。他强调,京津冀协同发展是一个系统工程,不可能一蹴而就,要做好长期作战的思想准备。同时针对疏解北京非首都功能、制定雄安新区规划、推动北京城市副中心规划建设、发挥引领高质量发展的重要动力源作用、强化生态环境联建联防联治、促进基本公共服务共建共享6个方面提出要求。市委十一届六次全会深入贯彻习近平总书记重要讲话精神,审议通过《中共天津市委关于认真学习贯彻习近平总书记视察天津重要指示和在京津冀协同发展座谈会上重要讲话精神的实施意见》,强调更加自觉地把天津高质量发展放在京津冀协同发展大局中去定位去谋划去推进,要立足比较优势,更加积极主动地深化对接服务。要牢固树立"一盘棋"思想,自觉服从全局、服从大局,在重大国家战略中找准天津位置、构筑天津优势,加快推进京津冀协同发展,积极承接北京非首都功能疏解,主动服务北京、服务河北、服务雄安新区。要在实践中落实中央部署和市委会议要求、推进天津高质量发展、建设"五个现代化天津"。以全会精神为指导,天津市更新思维理念,以更加开放、国际化的思维,推动天津改革开放在新起点上再出发。一方面全面打通与京冀两地的协同体制机制，主动为北京服务、为河北服务、为雄安新区服务；另一方面在协同发展中，在对接、协同、改革、联动、联通上下功夫，在关键点、难点上求突破、求进展，实现"五个现代化天津"的升级，以更好地发挥区位功能、助推区域协同发展大局。

2020 年党的十九届五中全会审议通过《中共中央关于制定国民经济和社会发展第十四个五年规划和二〇三五年远景目标的建议》，2021 年十三届全国人大四次会议制定《中华人民共和国国民经济和社会发展第十四个五年规划和 2035 年远景目标纲要》，描绘出我国开启全面建设社会主义现代化国家新征程的宏伟蓝图。在加快推动京津冀协同发展方面，"十四五"规划明确提出：要"紧抓疏解北京非首都功能'牛鼻子'，构建功能疏解政策体系，实施一批标志性疏解项目。高标准高质量建设雄安新区，加快启动区和起步区建设，推动管理体制创新。高质量建设北京城市副中心，促进与河北省三河、香河、大厂三县市一体化发展。推动天津滨海新区高质量发展，支持张家口首都水源涵养功能区和生态环境支撑区建设。提高北京科技创新中心基础研究和原始创新能力，发挥中关村国家自主创新示范区先行先试作用，推动京津冀产业链与创新链深度融合。基本建成轨道上的京津冀，提高机场群港口群协同水平。深化大气污染联防联控联治，强化华北地下水超采及地面沉降综合治理"。以此为指导，市委十一届九次全会审议通过《中共天津市委关于制定天津市国民经济和社会发展第十四个五年规划和二〇三五年远景目标的建议》，立足新发展阶段，贯彻新发展理念，构建新发展格局，坚持把推动京津冀协同发展作为重大政治任务和重大历史机遇，主动服务北京非首都功能疏解，主动服务雄安新区建设，将基本实现"一基地三区"功能定位作为天津市"十四五"规划的第一目标，围绕深度融入京津冀世界级城市群建设，优化空间布局和城镇体系，打造"津城""滨城"双城发展格局，增强城市承载力和服务辐射功能，加快构建现代化经济体系，加快完善现代化大都市治理体系，奋力开启全面建设社会主义现代化大都市新征程，以高度的政治自觉和强烈的责任担当在落实重大国家战略中展现天津新作为。

京津冀协同发展九年来,京津冀三地持续增强协同联动,高质量发展稳步推进,各领域工作取得显著成效。京津冀区域经济总量持续扩大,2021年京津冀地区生产总值合计9.6万亿元,是2013年的1.7倍。天津地区生产总值15,695.1亿元,年均增长5.0%。2022年6月,市第十二次党代会对深入推进京津冀协同发展作出新部署,强调立足"一基地三区"功能定位,高质量承接北京非首都功能疏解,支持服务雄安新区和北京城市副中心建设,推动区域生产力布局和功能重构取得更大进展。"十四五"时期,天津坚持系统观念,树牢"一盘棋"思想,充分发挥优势,在京津冀协同发展中实现高质量发展,把落实京津冀协同发展战略作为立足新发展阶段、贯彻新发展理念、服务新发展格局的重大历史机遇,在推进京津冀协同发展中奋力展现天津作为。

二　全力服务北京非首都功能疏解

天津市坚持把推进京津冀协同发展作为政治之责、发展之要,统筹优化承接格局,制定积极承接北京非首都功能指导意见,以唱响"双城记"为首要任务,紧紧抓住疏解北京非首都功能"牛鼻子",引导非首都功能有序转移、精准承接、集聚发展,依靠北京、配合北京、服务北京,有序有效承接北京非首都功能。

加强顶层设计和统筹协调。坚持"一盘棋"思想,建立高层互访机制,各区、各部门相应建立与北京市对口区、对口部门定期互访和交流沟通机制,每年组织党政代表团赴京冀学习考察,拓展深化交流合作。在组织推动方面,坚持以五级清单细化落实,先后制定《承接北京非首都功能考核管理办法》《天津市推进京津冀协同发展工作落实督办制度》，组织对京津冀协同发展和承接北京非首都功能的督察督办。

完善对接机制和推动机制。全面落实《京津冀协同发展规划纲要》，有力推动承接北京非首都功能各项工作。2018年10月，在全面完成第一阶段合作协议基础上，京津两市签署新一轮战略合作协议，对深化对接合作、加强合作平台建设、推动北京创新资源到天津布局发展等进行全面部署。联合印发《加强京津冀产业转移承接重点平台建设意见的通知》，对优化区域产业布局，促进区域产业升级、引导非首都功能转移等做出具体规划；印发《关于抓住天津发展历史性窗口期积极承接非首都功能的指导意见》，确定企业总部、教育医疗机构、科研院所、国际航运资源、金融机构、先进制造业六大重点承接方向，并明确了市级部门和各区的任务分工。

◆ 天津滨海-中关村协同创新示范基地

加快承接格局和承载平台建设。天津市突出功能定位,坚持优势互补合作共赢的"一盘棋"合作导向,主动对接北京非首都功能疏解,协同服务能力明显增强。加快构建以滨海新区为综合承载平台、宝坻京津中关村科技城等专业承载平台为支撑的"1＋16"承接格局,滨海－中关村科技园形成示范效应。与北京市共建的天津滨海－中关村科技园自园区管委会揭牌至 2018 年 9 月,新增注册企业 770 家,百度创新中心、京东云创空间、深之蓝等一批优质项目纷纷落户。宝坻京津中关村科技城总体规划批复实施,市政基础设施和协同发展中心等载体启动建设,30 余家企业签约落地。在市级统筹的基础上,由各区制定各自平台的重点产业,加大政策扶持力度,确保非首都功能来得了、落得下、发展好。

◆ 京企投资项目签约踊跃

密集开展招商引资和推介活动。充分利用举办夏季达沃斯论坛、世界智能大会、国际矿业大会、华博会等国际化平台机会,邀请部委领导、在京知名企业家和专家学者参会,市领导同志亲自出面对接重大项目。京津两市政府成立协调工作领导小组,主动加强与国家部委、中央企业、大院大所和北京市的有效合作,顺应京津冀协同发展大趋势,顺应特大型城市发展、城市群发展的内在演进规律,顺应市场化要求,积极承接北京非首都功能疏解,举办天津市与中央企业落实京津冀协同发展战略恳谈会,统筹推进京津合作示范区规划建设,签约46个央企项目,签约金额2200多亿元;举办"京津冀协同发展产业合作平台推介会"等系列对接活动,加强与大院大所的有效合作,引进中国原子能科学研究院、中科无人机应用研究院等10家国家级科研院所;在第21届中国北京国际科技产业博览会期间,组织16个区参展,对接北京优质项目,举办现场推介活动。市合作交流办、市商务局、市科技局等部门结合各自业务领域,举办了大量务实高效的招商活动。

探索体制机制创新新模式。加快破除市场一体化的体制机制障碍,促进资源合理配置、高效流动。京津冀全面创新改革试验扎实推进。国家批复的18项改革举措中,知识产权运营公共服务平台、药品上市许可持有人制度试点、土地占补平衡、高企认定等举措取得积极成效。"通武廊"小京津冀改革试验不断深化。在社会管理、公共服务等领域实施66项合作协议,北运河生态文化工程等12项重点工程逐步落实。建立高层次人才服务绿卡制度,推进人才互认互准。协同创新平台加快建设。天津市科技成果展示交易运营中心网上服务平台启动运行,建立京津冀科技创新券合作机制,238家实验室入选三地首批互认科技服务资源。拓展同城效应,出台便利化措施。京津城际实行月票制,累计发卡2.5万张、刷卡150万人次。对来津北京牌照小型、微型客车限行实行同城化管理。在首都机场设立"京津冀民航协同发展咨询服务柜台",天津国际邮轮母港至北京首都机场开通直通车。

营造良好营商环境。好的营商环境是重要的软实力,是集聚各类要素的"引力场"。党的十八大以来的十年间,天津市积极承接北京非首都功能疏解,来自北京在津投资项目累计超过6700个,资金到位额1.14万亿元。为优化投资环境,增强对北京企业的吸引力,天津市各区各部门提高政治站位,不断优化载体建设,与北京合作共建的滨海－中关村科技园、宝坻中关村科技城,两个园区累计新增注册企业分别达到 3200 家和 860 家。简化工程建设类项目审批程序,制定《天津市工程建设项目审批制度改革试点实施方案》,将工程建设项目联合审批流程主要划分为立项用地规划许可、工程建设许可、施工许可、竣工验收四个阶段,分别由市发改委、市规划局、市建委等部门牵头,简化办理程序,工程项目审批时间压缩至 100 个工作日以内。中交建京津冀区域总部、中国核工业大学、清华大学高端装备研究院等一批项目落地,国家会展中心加快建设。2020年,北京地区在津投资 1262.27 亿元,占全市利用内资比重达到 43.1%,初步形成以滨海新区为综合承载平台、各区专业承载平台为支撑的"1 ＋ 16"承载格局,滨海－中关村科技园、宝坻中关村科技城、河西区陈塘自主创新示范区、武清产业园区的集聚能力不断增强。出台支持重点平台服务京津冀协同发展的政策措施,为北京转移来津企业在教育、医疗、落户、投融资、住房、税收分享及统计指标分配等方面试行有针对性的支持举措,率先在滨海－中关村科技园、宝坻中关村科技城试行,获得社会的广泛认可。国家会展中心（天津）成功举办首展,亚投行灾备中心、麒麟软件总部、国际传播大厦等一批项目落户天津。2021年引进北京地区投资项目 1076 个,到位资金 1369.80 亿元,增长 8.5%,占全市内资比重超过 40%。与国家开发投资集团、华润集团、中国科学院、中国医学科学院北京协和医学院等 13 家单位签署战略合作协议,中石化、中海油等 51 家央企新设机构 173 家,通用集团机床装备总部、中铁建华北区域总部等落户,引进中国医学科技创新体系核心基地天津基地、中石化天津南港高端新材料项目集群等一批高质量项目,总投资 1621 亿元,为京津冀协同发展赋能加速。新一代运载火箭园区、北京燃气 LNG 等项目加快推进,天津国家会展中心投入使用。京津合作示范区体制机制全面理顺。

三 倾心倾力支持雄安新区建设

设立河北雄安新区是以习近平同志为核心的党中央作出的一项重大的历史性战略选择,是继深圳经济特区和上海浦东新区之后又一具有全国意义的新区,是千年大计、国家大事。天津市积极融入京津冀协同发展大局,在加速承接非首都功能疏解的同时,着力以雄安新区为支点,迈出服务河北转型发展与支持雄安新区建设的新步伐。市委、市政府坚持以世界级城市群重要支点城市的要求重塑城市空间格局,严格对标《北京城市总体规划(2016年—2035年)》和《河北雄安新区规划纲要》,并于 2018 年 8 月印发《天津市城市总体规划(2017—2035 年)编制工作方案》,明确指出:以全球链接、区域协同、共创共享的视野,坚持"四个面向"的工作目标,谋划城市战略定位,统筹天津城市发展的目标时序、空间格局和要素配置。天津市城市总体规划对深入推进京津冀协同发展,探索天津城市健康可持续发展路径,推动质量变革、效率变革、动力变革和实现高质量发展,具有十分重要的战略引领作用。

为服务支持雄安新区,天津市高站位、巧错位,下大力气主动作为,为雄安新区规划建设注入了天津元素、天津力量。积极落实与河北省签署的推进雄安新区建设发展战略合作协议,细化落实支持雄安新区全面深化改革和扩大开放指导意见涉及天津的 8 项任务,推动交通、产业、生态、公共服务等方面交流协作全面深化。2017 年 4 月 1 日,雄安新区成立当天,市委明确指出在服务雄安新区上,需要天津付出、支持、调整什么,天津都坚决服从。4 月 18 日,为学习雄安新区规划工作,全力支持和主动服务雄安新区规划建设,进一步推进京津冀协同发展,天津市委主要负责同志带队赴河北省考察,两省市召开工作交流座谈会并签署《河北省人民政府、天津市人民政府关于积极推进河北雄安新区建设发展战略合作协议》，明确 8 个方面合作事项，充分发挥天津优势，全力支持服务雄安新区规划建设。2018 年 11 月，天津市党政代表团再赴河北考察，明确天津全力支持配合雄安新区建设，为新区规划设计、开发建设、港口交通等提供服务。2020 年 12 月，天津市党政代表团赴河北省唐山市学习考察，提出深化交通网络体系规划建设，全面对接、全力服务雄安新区。天津市与河北省有效对接合作，为共同建设"千年大计、国家大事"尽好天津责任。

◆ 由中建三局天津地区施工人员承建的雄安市民服务中心已建成投用

多维度助力推进雄安新区建设。倾力支持雄安新区规划建设，天津城建设计院、市政工程设计院设立雄安新区分院，在雄安新区规划编制的攻坚阶段，选派城市规划设计研究院、城建设计院、市政工程设计研究院、市园林规划设计院的 14 名骨干规划设计人员加入雄安新区规划研究中心，全面参与城市设计方案国际征集和方案的总结、提升，起步区和启动区规划，外围组团的城市设计国际方案征集和控规编制，配套服务区的建筑设计，参与综合交通、绿色交通等专项规划,为千年大计贡献"天津智慧"。同时,积极推动天津至雄安新区重大交通基础设施项目建设,建立货物快速通关机制,打造雄安新区高效便捷的出海通道。2017 年 4 月,市政府与中国铁路总公司签署《关于推进天津铁路建设发展的会谈纪要》,规划开通津雄铁路,铁路起点是雄安站,终点是于家堡。同时,打造连接雄安新区与天津港的专用货运通道,把天津港建设成为雄安新区的"海上门户"。2019 年 8 月,天津港雄安服务中心揭牌设立,将河北区域总部从石家庄迁至雄安新区。与周边保定、胜芳、白沟等物流服务节点形成联动,初步构建起了"一中心三节点"的前端服务平台,并在京津冀和"三北"地区布局 105 家直营店、加盟店。天津港集团与河北港口集团签署《世界一流津冀港口全面战略合作框架协议》,加快打造以天津港为核心的环渤海支线运输网络。天津港与黄骅港联合推出"天天班海上快线",加大对集装箱中转业务支持力度。2020年,天津港集团主动服务雄安新区建设,天津港雄安绿色通道操作量 9694 标准箱。发挥优势精准服务,参与被列为雄安新区环境治理"一号工程"的唐河污水库污染治理和生态修复工作,支持天津大学、南开大学等单位开展白洋淀污染底泥处理处置及资源化利用、白洋淀周边区域环境友好型种养模式技术等研究;中交天津航道局等企业积极参与"千年秀林"、十万亩苗景兼用林等项目建设。支持静海等区发挥区位优势全面对接服务雄安新区建设,将子牙装配式建筑产业基地打造为天津对接雄安新区装配式建筑的桥头堡,并积极对接服务雄安新区绿色产业。京津冀三地教育部门负责人共同签署并启动《京津冀教育协同发展行动计划(2018—2020 年)》,共同打造国际化高端技术技能人才培养基地,提升雄安新区高端技能人才培养水平。不断发挥教育资源,特别是职业教育资源优势,加速与雄安新区现代职业教育融合发展。积极落实与雄安新区签署的"职业教育战略合作协议",助力职业技能培训体系建设。天津职业大学等近 10 家职业院校,40 家医疗卫生机构等优质资源积极为雄安新区提供技能培训、技术帮扶。2017 年 7 月,天津职业大学与雄安新区管委会签署战略合作协议,共同建设"天津职业大学雄安新区培训基地",以职业教育精准服务雄安新区发展。天津市园林学校面向安新县 120 名失地农民举办园林绿化培训。深化基础教育交流,提升公共教育共享水平。天津市第一中学与雄县中学签署对口援助协议,援助工作全面展开。天津师范大学与雄安新区签署"支教帮扶合作协议",组织两批共 59 名优秀学生赴雄安支教。发挥天津地质调查中心、天津大学、南开大学等资源优势,对接服务河北省特别是雄安新区公共安全、生态文明等领域建设。助力雄安新区发展,开展公共就业和人力资源服务,开设多种职业技能免费培训班,把服务雄安新区工作做到实处。与新区三县人社部门签署"合作备忘录",在三县建立办事处,组织劳务协作对接会、专题招聘会等活动,促进就业 5000 余人次。围绕雄安新区劳动力转移就业的迫切需求,采取"就地就业与转移就业相结合、活动式招聘和常态化运作相结合、组团式招聘与精准对接相结合"的三结合模式,提供多样化就业服务。积极承接了雄安新区人力资源市场供需调查、劳动力状况、产业企业人力资源需求状况和区域人力资源服务特征等相关课题研究任务,陆续开展了安新县、容城县劳动力现状调研,为雄安新区就业工作顶层设计和科学决策提供智力支持。

四 高水平建设"一基地三区"

2015 年发布的《京津冀协同发展规划纲要》,将建设"一基地三区"作为天津市在京津冀协同发展中的定位。天津市按照工程化实施、项目化支撑的要求,制定加快实现"一基地三区"定位的项目化清单化支撑体系实施方案,实施战略招商行动,建立目标企业清单、在建项目清单、议定事项清单"三张清单",秉持大胸怀，融入大战略，务实高效推进"一基地三区"建设。2017年，市委、市政府审议通过加快建设全国先进制造研发基地、北方国际航运核心区、金融创新运营示范区、改革开放先行区的四个专项《实施意见》，着力打造以战略性新兴产业为引领、先进制造业为支撑、十大支柱产业为重点、生产性服务业协同发展的全国先进制造研发基地，提高全社会研发支出占比，增强产业创新能力；突出天津港在环渤海区域的核心枢纽地位，搞好港口协作，增强服务辐射三北地区功能；加大金融创新发展投入力度，扩大金融总量规模，提升服务实体经济水平；以建设改革开放先行区为统筹，把解放思想、更新理念、创新体制机制摆在首位，为实现中央对天津城市定位提供原动力。要确保既要高水平建设四个"模块"，又要注重关联性，形成发展"矩阵"，确保在实施过程中一体把握、统筹推进。市京津冀协同发展领导小组印发全市工作要点，推动178项重点任务落地实施，其中50个重点项目和重大事项实行市领导包联，从聚焦承接非首都功能、完善"交通网"、优化"生态圈"、贯通"产业链"等多方面入手，在协同发展的大局中体现担当、展现作为，打响了一场新时期声势浩大的"平津战役"。

全国先进制造研发基地取得新进展。扎实实施制造业立市战略，以智能科技产业为引领，重点建设信创、集成电路、高端装备、生物医药、航空航天等12条产业链，不断提升服务京冀两地产业承载配套能力。全市工业战略性新兴产业增加值、高技术产业（制造业）增加值占规上工业比重分别达到25.3%、15.5%。出台加快推进智能科技产业发展的政策，成功举办六届世界智能大会，设立100亿元智能制造财政专项资金、1000亿元智能科技产业基金，加快培育智能科技产业，以人工智能为核心的新一代信息技术、生物医药、新能源、新材料重点产业加快发展。实施人工智能"七链"精准创新行动计划，跻身首批国家新一代人工智能创新发展试验区。高端产业集聚格局初步形成，与中电科、中车、华为等9家企业签署投资1400亿元的合作协议。天津经济技术开发区获批国家级战略性新兴产业集群。"中国软件名城"创建进入试点阶段，紫光云总部等 320 多个智能科技项目签约落地，信创产业形成全产业体系，聚集形成 360、紫光云、麒麟软件、TCL 北方总部"新四大"总部，飞腾 CPU ＋麒麟 OS 构成的"PK"体系成为国家信创工程主流技术路线。国家级车联网先导区成功获批。加快建设制造业创新中心，国家企业技术中心达到 56 家，在全国重点城市中位居第 2 位，百亿亿次超级计算机加快研制并已制作出原型机，锂电池隔膜、乙肝体外诊断试剂、高压真空断路器等一批关键核心技术取得重大突破。

北方国际航运核心区加快推进。天津港作为京津冀及"三北"地区的海上门户、雄安新区主要出海口，对内辐射腹地面积 500 多万平方千米，外贸吞吐量接近津冀港口群的一半，集装箱吞吐量占到津冀港口群的 81%，既是天津的核心战略资源，同时也是京津冀的核心战略资源、国家的核心战略资源，是优化整合区域港口资源的主导力量。2019 年 1 月，习近平总书记视察天津港，他指出："要志在万里，努力打造世界一流的智慧港口、绿色港口，更好服务京津冀协同发展和共建'一带一路'。"为贯彻落实习近平总书记重要指示精神，天津市扎实推进天津港建设，研究制定《关于天津港建设世界一流港口的实施方案（2019—2023 年）》，将天津港作为国家的核心战略资源和京津冀、"三北"地区的海上门户，进一步畅通铁路和公路通道，努力打造完备的港口集疏运体系，强调加大对外开放力度，优化港区服务辐射功能，提升港口能级，改善营商环境，深化国际港口航运合作。制定《天津港建设世界一流港口支撑指标和工作目标体系》和《天津市推动天津港加快"公转铁""散改集"和海铁联运发展政策措施》，全方位推动天津港"公转铁""散改集"和海铁联运发展，海铁联运吞吐量突破 80 万标准箱。成立推进天津北方国际航运枢纽建设领导小组，以国家出台《关于加快天津北方国际航运枢纽建设的意见》为契机，研究提出我市《实施方案》，制定出台支持政策，全力推进世界一流智慧港口、绿色港口建设，不断提升通关和服务效率，完成天津港集团对天津港"一港六区"统一运营管理和非经营性资产移交，天津港发展成效显著。持续优化口岸营商环境，深入开展天津港口岸降费提效治乱出清优化环境专项行动，对标国际一流水平，推动港口费用全国最低、价格最规范透明、最优质高效。全球首次集装箱传统码头无人自动化改造全流程实船系统测试取得成功，外贸集装箱船舶整船换装功能实现突破。全力打造全国示范绿色港口，实现绿电100%自产自用，自有港作船舶靠泊100%使用岸电，船舶低硫油使用率达到100%。扎实推进港口运营管理体制改革，6个港区实现统一规划、统一管理、统一运营。天津港集装箱年吞吐量突破2000万标准箱，世界一流的智慧港口、绿色港口建设取得显著成效，津冀港口合作持续深化，连续3年增速位居全球十大港口前列。出台《天津市推进北方国际航运枢纽建设条例》，从规划与基础设施建设、智慧创新发展、安全绿色发展、现代航运服务体系建设、航运营商环境建设等方面，对积极推进北方国际航运枢纽建设具有重要意义。制定加快北方国际航运枢纽建设实施方案，港口基础设施提升、集疏运体系优化等重点工作进展顺利，天津港集疏运专用货运通道建设方案获批，辐射能力不断加强，港口集疏运体系加快完善，滨海新区绕城高速公路，南港港铁物流公司铁路专用线等公、铁集疏港项目加快推进。航运服务新生态加快形成，搭建集疏港智慧平台，拓展"船边直提""抵港直装"等业务模式，外贸集装箱船舶直靠率达到96%，作业效率居全国领先水平。海铁联运量突破100万标准箱，天津港北疆港区C段智能化集装箱码头成为全球首个"智慧零碳"码头。高水平打造京津冀"海上门户"枢纽，设立京津冀营销网点38家，2021年服务雄安新区运输货物1.1万标准箱。高质量打造共建"一带一路"开放平台，海向集装箱航线达到138条，陆向布局超120家直营店加盟店，2021年集装箱海铁联运首次突破100万标准箱，跨境陆桥运量稳居全国沿海港口首位。在加快世界一流港口建设的同时，推进国家综合交通枢纽建设，推动天津机场提升改造，着力提升天津机场的辐射带动能力，持续建设"轨道上的京津冀"。天津境内联通北京、河北省的所有"瓶颈路"已全部打通，交通运输服务质量明显提升。天津滨海国际机场总体规划和三期改扩建工程前期工作启动，建成后将具备年旅客吞吐量5500万人次。天津空港型国家物流枢纽入选"十四五"首批国家物流枢纽建设名单,国际航空物流中心建设取得阶段性成效。

◆ 天津港北疆港区C段智能化集装箱码头

金融创新运营示范区建设全面展开。《京津冀协同发展规划纲要》出台后,围绕金融创新运营示范区建设,天津市出台《关于进一步加快建设金融创新运营示范区的实施意见》,全面提升金融创新运营能力、增强服务辐射功能、发挥引领示范作用。在全国率先探索出保税租赁、融资租赁出口退税、离岸租赁、售后回租、联合租赁、委托租赁等多种业务模式,飞机、船舶、海洋工程钻井平台的租赁业务分别占全国的90%、80%和100%,吸引来一大批行业龙头企业形成租赁业聚集区。到2016年末,天津融资租赁法人机构1174家,注册资本4941亿元,资产总额直奔万亿元关口。为进一步发挥金融在资源配置和宏观调控方面的工具作用,更好地服务实体经济,2017年4月,天津设立海河产业基金,以政府引导基金的方式,进行投资、招商,更好服务优势主导产业和实体经济发展，2020 年海河产业基金在"中国政府引导基金 30 强榜单"中名列第四，连续三年跻身十强。截至 2020 年，39 支母基金稳步运营，规模 1282.6 亿元，共带动项目落地 185 个，实际返投金额 1269.8 亿元。中电科材料子集团、爱旭科技、华熙生物、砺铸智能、瑞博生物等一批重点产业项目相继落地。发挥融资租赁业优势，不断探索创新模式，融资租赁继续保持全国领先水平。租赁标的物从飞机、船舶、海工，向轨道交通、医疗健康、电力、新能源、教育文化、汽车农机等领域延伸，形成了显著的集聚优势。截至 2020 年底，天津总部法人融资（金融）租赁公司已有 1713 家，飞机、国际航运船舶、海工平台租赁跨境资产占全国 80% 以上，商业保理公司资产总额、保理融资余额居全国第一。紧扣"金融创新示范区"功能定位，大力推动制度创新任务落地实施和复制推广。持续探索深层次改革试点，进一步优化营商环境。聚焦服务国家发展战略，制定实施服务京津冀协同发展 8 项措施，在增强天津口岸服务功能、助推产业升级、搭建企业"走出去"服务平台等方面持续发力。发起召开首届京津冀自贸试验区联席会议，成立京津冀自贸试验区智库联盟，推动京津冀自贸政务服务通办。推动与韩国仁川经济自由区域厅签署《进一步深化合作备忘录》。落实《区域全面经济伙伴关系协定》（RCEP），在原产地声明制度、边检互认等方面积极对接高水平国际经贸新规则。

加快建设改革开放先行区。深入推进区域要素市场一体化、投资贸易便利化等改革，136 项个人服务和企业生产经营高频事项实现"跨省通办"。深入实施审批制度改革，大力推进滨海新区高质量发展，推行企业化市场化管理，激发体制机制活力。围绕建设改革开放先行区，出台加快推进新时代滨海新区高质量发展的意见，一次性下放市级权力事项 622 项，全面实施各开发区法定机构改革。聚焦影响承接北京非首都功能的主要问题，制定印发《天津市深入推进京津冀协同发展重点改革任务工作方案》，着力优化产业环境、提升人居环境、增强城市活力和吸引力。出台深入推进京津冀协同发展重点改革任务工作方案,坚决破除制约要素自由流动的体制机制障碍,京津冀异地住院联网结算实现全覆盖,医学临床检验结果互认项目增至36项;"通武廊"人才一体化示范区提速建设,静沧廊合作积极推进。2020年围绕建设改革开放先行区,深入落实国家和市级支持滨海新区高质量发展意见,天津出口加工区、东疆保税港区、天津保税物流园区转型升级为综合保税区。跨境电商进出口规模处于全国前列,"放管服"改革持续深化,行政审批事项精简到253项,制定承诺制标准化智能化便利化审批制度改革实施方案。连续开展"双万双服促发展"活动,累计帮助企业协调解决2.3万个问题。出台营造企业家创业发展良好环境的"天津八条",营商环境不断改善。《进一步深化中国(天津)自由贸易试验区改革开放方案》获国家批复,截至2022年底,天津自贸区累计实施544项制度创新措施,38项试点经验和实战案例在全国复制推广。成功举办夏季达沃斯论坛、"一带一路"国际港口城市研讨会、第二届金砖国家文化部长会议和卫生部长会议等重要会议。

"十四五"时期,天津市把建设"一基地三区"作为全市第一目标,引领新时期高质量发展,进一步提升天津的辐射带动能力,基本实现"一基地三区"功能定位:全国先进制造研发基地基本建成,自主可控、安全高效的产业链更加健全,形成若干具有国际竞争力的产业集群,战略性新兴产业比重大幅提升。北方国际航运枢纽地位更加凸显,智慧港口、绿色港口建设实现重大突破。金融服务实体经济、防控金融风险、深化金融改革的能力和水平显著增强,形成更加健康良性的金融生态环境。改革开放迈出新步伐,适应新发展理念和高质量发展要求的体制机制更加完善,更高水平开放型经济新体制基本形成,市场主体更加充满活力,营商环境处于全国领先水平。

五　推进重点领域融合发展

天津市牢牢把握"一基地三区"功能定位，积极承接北京非首都功能疏解，全力服务雄安新区建设，参与其中、受益其中，在落实重大国家战略中不断推进高质量发展迈向新境界。

交通互联互通加快推进。"轨道上的京津冀"加快形成，铺就协同发展的"高速路"。津秦、津保等高铁建成通车，京唐、京滨城际开工建设，京津城际实行月票制，京津保核心区 1 小时通勤圈初步形成。2018 年 2 月 22 日起，取消北京牌照小型、微型客车在津早晚高峰限行的规定。打通一批高速公路"断头路"、国省干道"瓶颈路"，京台、京秦高速天津段建成通车，津围公路北二线建成通车。天津港大港港区 10 万吨级航道建成，天津港与曹妃甸港开通首条环渤海内支线。天津港集团与河北省港口集团共同组建的渤海津冀港口投资发展有限公司投入运营，天津港集团与唐山京唐港组建的津唐国际集装箱码头公司正式揭牌。天津机场持续改进 20 座异地候机楼服务，京津冀机场一体化运营机制初步形成。"轨道上的京津冀"提速发力，津兴高铁加快建设，津静线市域（郊）铁路首段开工，津石高速天津东段、塘承高速滨海新区段主体完工。京津通勤便利化 12 项措施全面落实，高铁天津南站至北京南站实现"预约＋直刷"乘车模式，京津两市地铁应用程序（App）支付互认，同城化更加明显。雄安新区至天津港货运快速通关机制进一步完善，京唐铁路、京滨铁路（宝坻至北辰段）建成运营，实现京津冀主要城市间 1—1.5 小时通达。

◆ 在"一张蓝图"的统领下，天津市与北京市、河北省的普通国省道基本实现同标准对接，消除了省际间"瓶颈路段"。图为京秦高速天津段

　　产业升级转移持续加强。产业协同是京津冀协同发展重大国家战略中率先突破的重点领域之一，也是牵住疏解北京非首都功能"牛鼻子"的关键。自京津冀协同发展重大国家战略实施以来，三地密切协作，资源共享，优势互补，产业疏解转移和对接协作步入快车道。天津发挥先进制造研发优势，主动向河北延伸产业链条。滨海新区与唐山、沧州两市签署"一区两市"合作协议，宁河区与唐山市、东丽区与沧州市共建津冀协同发展示范园区，静海区与沧州市、廊坊市签署深化静沧廊（3＋5）协同发展合作协议。天津医药集团在沧州设立生物医药产业园，北京企业投资的西青电子城大数据中心等项目加快推进，京津冀大数据协同处理中心正式启动。在自贸试验区设立总规模100亿元的京津冀产业结构调整引导基金，重点服务实体经济发展和产业转型升级。天津国际邮件互换局新场地启用，作为承接北京货运功能疏解、建设国际航空物流中心的关键节点，

主动对接首都资源，对标国家疏解清单。在构建跨区域成果转化体系、大力推动央企与天津战略合作项目落地等方面，利用世界智能大会等平台以及落实"海河英才"行动计划等政策，实施"项目化、清单化"精准招商和成果转化，通过组织产学研用对接会等系列活动，搭建成果转化供需信息交互平台。2021年上半年持续完善市场化企业对接机制，接力北京科技创新优势带动传统产业改造升级，市级层面策划24场主题对接活动，各区举办300场以上"链接"对接活动。三地共同开展"面向'十四五'京津冀产业协同布局"课题研究，不断推动产业链、供应链、创新链深度融合。

深化生态环保联防联控。出台《天津市碳达峰碳中和促进条例》，为实现区域"双碳"目标提供法治保障。加强大气污染治理协作，强化环境执法和应急处置联动。分类整治2.2万家"散乱污"企业，天津港取消集港煤炭公路运输，散货物流中心清理和搬迁基本完成。2021年，天津市空气质量改善成效取得历史性突破，全市 $PM_{2.5}$ 年均浓度39微克/立方米，重污染天数7天，首次控制在个位数。推进京津冀生态"双屏障"建设。将京津冀区域生态屏障建设与天津市"871"重大生态建设工程一体推进，在中心城区和滨海新区之间规划了736平方千米的生态走廊，建设"大水、大绿、成林、成片"的双城生态屏障、津沽绿色之洲，初步实现天津北部与北京通州生态公园和湿地公园相呼应、南部同河北雄安新区生态公园和湿地公园的有机串联，连同升级保护875平方千米湿地自然保护区、稳步提升153千米渤海近岸海域岸线生态功能一道，成为协同推进京津冀区域生态一体化建设的重要阵地。编制《天津市"蓝色海湾"整治修复规划（海岸线保护与利用规划）（2019—2035）》，推进陆源污染治理、海域污染治理、生态保护修复和环境风险防范等取得积极进展，生态环境联防联控成效显著。

积极开展公共事业合作，区域公共服务共建共享实现新提升。深入开展医疗合作，京津冀异地就医医保门诊联网直接结算覆盖我市医院数量增至1064

家,医学临床检验结果互认项目达到 43 项。天津肿瘤医院、承德肿瘤医院等近 20 家医院通过建立分院、医联体和专科联盟等方式开展合作。启动京津冀医用耗材联合采购,三地公立医院年医用耗材费用整体降幅达 15%。推进京津冀异地就医门诊直接结算试点,天津市 168 家医院实现京津冀异地就医门诊联网直接结算,京津冀社会保险待遇资格认证结果实现互认。三地高校组建 8 个创新联盟,天津 14 所职业院校与河北省 78 所职业院校开展合作办学,成立京津冀现代制造业职教集团等一批联盟。组建创新联盟,推进院校"结对子"合作,积极引进教育资源开展合作办学,北京师范大学静海附属学校通过评估验收。社会保障协同机制不断深化。在京津冀地区推出整建制引进企业职工异地社保"同城化"认定机制。三地共同印发《京津冀人才一体化发展规划（2017—2030 年）》,深入落实京津冀专业技术人员职称资格、外籍人才流动资质等互认协议。搭建人力资源交流协作平台,与河北省承德市、张家口市等 6 个地区签署劳务协作对接协议。协同推进文化旅游事业,成立京津冀公共文化服务示范走廊发展联盟和京津冀图书馆联盟、博物馆联盟,连续举办京津冀非物质文化遗产联展等活动。整合三地旅游资源,联合推介一批京津冀精品旅游线路。天津蓟州、北京平谷和河北兴隆、遵化、三河共同打造"京东休闲旅游示范区",滨海新区、唐山、沧州共建"滨海休闲旅游带"。三省市联动实施 53 个国家外国人 144 小时过境免签政策。对口帮扶工作升级加力,与河北省政府签署对口帮扶一揽子合作协议,建立"一对一"结对帮扶机制,投资 2 亿元支持建设中德应用大学承德分院,对口帮扶河北承德市 5 个贫困县全部脱贫摘帽,超额完成对口帮扶河北省承德市脱贫攻坚任务。构建京津冀历史文化名城保护体系,印发实施《天津市大运河文化保护传承利用实施规划》《天津市大运河文化保护传承利用行动方案》《大运河天津段核心监控区国土空间管控细则（试行）》。

大力推进体制机制改革和协同创新,向改革创新要动力,发挥引领高质量发展的重要动力源作用。以重大机制带动协同推进，区域协同创新工作形成新格局，京津冀三地科技部门签署两轮合作协议，协同创新深入开展，引进清华大学高端装备制造研究院、中科智能识别产业技术研究院等高水平研发机构，与北京大学、中国工程院建立了院市合作机制，与中国工程院共建新一代人工智能发展战略研究院，国家级院所和国内高水平研发分支机构总数超过 150 家。以重大平台带动资源集聚，打造国际战略科技力量取得新成效，实现重大科技基础设施"零突破"，"天河三号"、国家合成生物技术创新中心、组分中药国家重点实验室等国家级创新平台落地，中国核工业大学破土动工，中科院北京国家技术转移平台等转化平台落户。天津市国家重点实验室达 14 家，成功突破高端 CPU芯片、自主可控操作系统等核心关键技术。5G 基站建设基本实现天津市城镇区域及重点行业应用区域市外连续覆盖，通武廊地区"小京津冀"试验示范作用初显，在社会管理、公共服务、科技人才、乡镇协同等领域实施 60 项合作协议，北运河生态文化工程等 12 项重点工程逐步落实。实施高层次人才服务绿卡制度，推进人才互认互准。启动建设"通武廊"人力资源网站，组建了 10 个基础教育共同体。协同推进"通武廊运河旅游带"建设，北运河部分河段已实现通航。三省市联合设立基础研究合作专项，围绕重点领域和项目开展联合攻关。以创新要素带动开放融合，三地科技资源共享呈现新态势，共同出资设立"国投京津冀协同创新科技成果转化创业投资基金"，建立京津冀科技创新券合作机制，鼓励三地中小企业跨区域利用科技资源。国家批复京津冀的 18 项改革举措，已有知识产权运营公共服务平台、药品上市许可持有人制度试点、高企认定等 15 项举措取得积极成效。天津自主推动的 16 项改革举措全部启动实施，在探索新型产业技术研发机制、人才引进制度、创新跨境电子商务海关和检验检疫监管模式等 14 个方面取得积极成效。

六 构建"津城""滨城"双城发展格局

为推进京津冀协同发展、打造世界级城市群,天津市以新发展理念优化完善城市布局,构建"津城""滨城"双城发展格局。2021年11月27日,市委十一届九次全会通过《中共天津市委关于制定天津市国民经济和社会发展第十四个五年规划和二〇三五年远景目标的建议》(以下简称《建议》),《建议》将"'津城''滨城'双城发展格局初步形成"列入今后五年经济社会发展要努力实现的主要目标之一并明确指出:"十四五"时期,"津城""滨城"双城发展格局初步形成;到二〇三五年,"津城""滨城"双城格局全面形成。

全面形成"津城""滨城"双城格局,是天津市在构建新发展格局背景下,坚定不移贯彻新发展理念、推动高质量发展,优化城市空间布局的重要举措。双城发展格局一方面有助于"津城""滨城"各自发挥比较优势,实现中央赋予天津"一基地三区"的战略定位,是更好融入和促进京津冀协同发展战略、助力世界级城市群形成的必然选择;另一方面,打造双城发展格局,把"津城""滨城"双城之间736平方千米的"生态屏障",与京津冀的生态涵养区连接起来,形成"双城紧凑、中部生态"的新发展格局,为推进京津冀区域生态环境改善发挥重要作用。双城之间合理分工、功能互补、高效协同,有助于提升"津城"公共服务能力,补齐"滨城"民生短板,化解城市发展碎片化、城区蔓延式发展以及职住分离等问题。"津城""滨城"双城格局符合天津自然地理格局特征和城市发展脉络,延续了"一条扁担挑两头"的城市结构。

◆ 津城、滨城空间结构规划图

　　为加快构建"双城"发展新格局,天津市实施多项举措,明确功能定位,建设紧凑活力津城和创新宜居滨城。津城重点优化产业布局,提升服务业发展能级:制定国际消费中心城市实施方案和区域商贸中心城市行动方案,深化落实促进市内六区高端服务业集聚发展的指导意见,围绕现代商贸、金融服务、设计服务、健康服务、高端商务、智能科技、数字经济、总部经济、平台经济、律师会计师事务所等重点领域,持续推动生产性服务业向专业化和价值链高端延伸、生活性服务业向高品质和多样化升级。建设产业发展载体:深度挖掘资源禀赋,充分用好中心城区经济基础优良、交通条件便利、公共服务完善、科教资源密集、优秀人才聚集、文化底蕴深厚等优势,主动适应产业要求,精准把握发展机遇,集中力量建设若干城市功能区,形成特色鲜明、业态高端、功能集成的发展标志区。增强城市发展活力:加快建设地标商圈,着力打造意式风情区、金街、五大道等8大地标商圈和万达-爱琴海、大悲院等14个目标商圈。支持发展首店、首发、首秀经济,国图文创空间、蓝将、雅格狮丹等200余家国内外知名品牌进驻天津。为激发消费市场活力,连续举办两届海河国际消费季,连续3年发放消费券,每年围绕汽车、家电、零售、餐饮等主题推出500余场促销活动。大力发展夜间经济,培育摩天轮、水滴、奥城等30余个夜市,增添津城"烟火气"。努力发展会展经济,国家会展中心(天津)一期投入运营,一年多来已举办绿色建筑展、国际汽车展、全国糖酒会等大型展会60余场;每年举办世界智能大会、亚布力企业家论坛等大型活动,津城吸引力和影响力不断增强。面向年轻群体,挖掘具有天津文化特色的沉浸式体验文旅项目,策划"邂逅·天津"系列创意艺术项目,争创正能量"网红城市"。打造"海河灯光秀""海河音乐节"等丰富多彩的主题活动,市民、游客竞相打卡。

　　滨海新区坚持创新驱动,建设开放包容"滨城"。加快发展实体经济:实施制造强区战略,建成信创、高端制造、航空航天等8个国家新型工业化产业示范基地,形成石油化工、汽车及机械装备制造、新一代信息技术、新能源新材料等

4 个千亿级产业集群，2021 年工业总产值突破 1 万亿元，培育发展战略性新兴产业经验做法连续 4 年获得国务院办公厅督查激励。作为北京非首都功能的集中承接地之一，累计承接北京非首都功能重点项目 3919 个，滨海-中关村科技园注册企业达到 3200 家。加快推进改革创新：实施改革活区战略，率先推行"一企一证"综合改革，开展开发区法定机构改革，政府部门实行企业化管理，推行全员竞聘和绩效薪酬，得到中央深改委充分肯定并在全国推广。实施创新立区战略，加快建设国家自主创新示范区，国家高新技术企业达到 3922 家，入选"科创中国"创新枢纽城市。加快提升基础设施功能：加大交通基础设施建设力度，"5 横 3 纵 1 环"高速公路网基本形成，绕城高速、塘承高速滨海新区段、津石高速天津东段全线贯通；连续 5 年实施交通畅通工程，打通一批断头路、瓶颈路，加快建设轨道交通 B1、Z4 线，开工建设 Z2 线。累计建成 5G 基站 6800 个，基本实现 5G 网络全区覆盖。加快补齐公共服务短板。加快建设教育基础设施，两年多来新建中小学校、幼儿园 17 所，累计达到 500 所。不断提升医疗服务能力和水平，新建滨海新区肿瘤医院、中医医院和天津医科大学总医院滨海医院，三级医院达到 10 家，21 家医院建成智慧门诊。完善"一老一小"服务体系，新增养老服务总床位近 2000 张，累计达到 9000 张，"未成年人保护工作站"实现全覆盖。深入推进老旧房屋改造，改造老旧小区 70 个，2697 户农村困难群众危房彻底清零。2021 年 12 月，滨海新区美丽滨城"十大工程"正式启动，标志滨海新区落实"双城"发展战略、加快新时代高质量发展进入新阶段，到"十四五"末，滨海新区城市综合承载能力、公共服务能力、基础配套能力显著增强，城市品质大幅提升，生态环境、创业环境、营商环境明显改善，数字城市、智慧滨海基本成形，生态、智慧、港产城融合的宜居宜业美丽滨海新城基本建成。

十年拓展深化，天津市扎实推进京津冀协同发展，围绕"一基地三区"功能定位，加快把战略势能转化为发展动能。积极承接北京非首都功能疏解，全力支持服务雄安新区建设，京津冀高密度路网对接加快推进，努力打造世界一流的智慧港口、绿色港口,主动融入京津冀世界级城市群建设,在同城化差异化发展中增进协同、优势互补、良性互动。

◆ 美丽滨城

第四章

以解放思想为先导，改革开放取得新突破

习近平总书记指出,改革开放是党在新的历史条件下领导人民进行的新的伟大革命,是党和人民大踏步赶上时代的重要法宝,是坚持和发展中国特色社会主义的必由之路,是决定当代中国命运的关键一招,也是决定实现"两个一百年"奋斗目标、实现中华民族伟大复兴的关键一招。党的十八大以来,以习近平同志为核心的党中央,站在历史新的更高起点上,不断推动全面深化改革向广度和深度进军。2013 年 11 月,党的十八届三中全会作出《中共中央关于全面深化改革若干重大问题的决定》(以下简称《决定》),站在中国特色社会主义发展全局的战略高度,对全面深化改革作出顶层设计和总体规划,明确全面深化改革的指导思想、目标任务、重大原则,科学制定全面深化改革的战略重点、优先顺序、主攻方向、工作机制、推进方式和时间表路线图,开启了党和国家全面深化改革、系统整体设计推进改革的新时代。2013 年 12 月 30 日,中央全面深化改革领导小组成立,习近平总书记担任组长,加强党中央对全面深化改革的集中统一领导。党的十九大后,随着深化党和国家机构改革全面启动,全面深化改革进入了一个新阶段。习近平总书记作出新阶段全面深化改革开放的战略部署。为加强和改善党对全面深化改革统筹领导,中央全面深化改革领导小组改为中央全面深化改革委员会,紧密结合深化机构改革推动改革工作。统筹两个大局,坚定不移扩大开放,加快推动形成全面开放新格局,迈向更高水平对外开放新境界。市委、市政府认真贯彻习近平总书记关于全面深化改革重要思想和党中央关于改革开放的重要部署,全面落实中央提出的各项改革开放任务,坚决与中央的决策部署保持高度一致,坚持以改革开放为根本动力,坚持把中央精神和天津实际紧密结合起来,坚持问题导向,突出改革主线,紧抓推动高水平对外开放重大机遇,深化改革扩大开放双向发力,坚定不移推进新一轮改革开放,为助推高质量发展,加快全面建设社会主义现代化大都市提供更加强劲的发展动力和更加完善的制度保障。

一　全面深化改革的统一部署与贯彻落实

迈入新时代,天津站在新的历史起点,经济社会发展既面临难得的历史机遇,也需面对不可回避的重大挑战。天津面临京津冀协同发展、自由贸易试验区建设、自主创新示范区建设、"一带一路"建设、滨海新区开发开放等难得的机遇,发展潜力巨大。同时,发展中的短板和矛盾问题也比较突出,面临诸多风险挑战,主要是综合实力还不够强,经济总量不大,产业结构不够优化;创新能力亟待提升,民营经济发展不充分,全社会创新创造创业活力有待进一步释放等诸多问题。无论是抓紧抓好历史机遇还是破除风险矛盾都迫切需要更大的担当、勇气和智慧深化改革、扩大开放,掀起天津新一轮改革开放的历史实践。面对新时代新任务新要求,天津对标对表中央工作要求,切实加强对全市全面深化改革的统一领导。2013 年 11 月 14 日,市委召开常委扩大会议,传达学习贯彻党的十八届三中全会精神。按照中央要求,成立市委全面深化改革领导小组,统一部署全市性重大改革,督促检查全市改革措施的贯彻落实。12 月,为认真贯彻党的十八届三中全会和习近平总书记的重要讲话精神,全面落实中央《决定》提出的各项改革任务,市委十届四次全会通过《中共天津市委关于贯彻落实〈中共中央关于全面深化改革若干重大问题的决定〉的意见》(以下简称《意见》)。《意见》与中央的决策部署保持高度一致,并把中央精神和天津实际紧密结合起来,突出改革主线,坚持问题导向,提出天津市全面深化改革的总体要求、主要目标和重点任务,强调要以经济体制改革为重点,牵引和带动其他领域改革,深化农村、国有企业、财税金融土地体制、文化体制、社会体制、科技体制、生态文明体制改革,使各方面改革相互配套、协同推进,加快推进重点领域改革步伐。此后,市委全面深化改革领导小组围绕经济体制、民主法制、文化体制、社会体制、生态文明体制、党的建设制度和纪检监察体制等重大领域改革任务制定年度工作要点,设立专项小组,由市领导同志领衔全程负责、挂图作战,各级党政主要负责同志要亲自抓、带头干,推动取得实质性突破,确保各项改革举措在天津落地生根、开花结果。2017年5月,市第十一次党代会明确提出,坚定不移推进新一轮改革开放,加快建设开放包容的现代化天津。强调:"现代化的天津一定是一个领风气之先的天津,是一个更加开放的国际化天津。要把改革开放先行区作为城市第一定位,以敢于领先之魄力、敢闯敢试之作为,争当改革开放先行者、排头兵。"向全市党员群众发出推进新一轮改革开放的动员令,吹响以改革开放引领加快建设开放包容的现代化天津的冲锋号。

◆ 2019年4月,外交部天津全球推介活动在京举行

党的十九大后，市委坚持以习近平新时代中国特色社会主义思想为指引，深入学习贯彻习近平总书记全面深化改革重要思想，紧密结合天津实际，推动全面深化改革任务落实。市委指出，改革是新时代赋予天津的使命任务，是推动高质量发展的"必选项"，要勇担使命坚决执行到位。要求全市增强"四个意识"，坚决做到"两个维护"，聚焦中央改革部署，咬定目标、强力推进；指出必须打开脑袋上的"津门"，立志走在前，创新体制机制，以全面深化改革挖掘发展潜力；要求要吃透中央精神，紧密结合天津实际，创造性地谋划改革举措；提出增强自我革命精神、斗争精神、担当精神，刀刃向内，勇于推进重大利益调整；突出项目化和可操作性，强化督办实效，确保干一件成一件。2018 年 11 月，成立市委全面深化改革委员会，制定《市委全面深化改革委员会工作规则》《市委全面深化改革委员会专项小组工作规则》《市委全面深化改革委员会办公室工作细则》，进一步加强对全市改革工作的统一领导，切实把接续推进改革同服务党和国家工作大局结合起来，把深化改革攻坚同促进制度集成结合起来，把推进改革同防范化解重大风险结合起来，把激发创新活力同凝聚奋进力量结合起来，全力推动全市全面深化改革向纵深发展，绘就全面深化改革的天津实践。

二 全面完成全市党政机构改革

全市党政机构改革全面完成。深化党和国家机构改革，是以习近平同志为核心的党中央从党和国家事业发展全局高度作出的重大政治决策，是加强党的全面领导的重大举措，是推进国家治理体系和治理能力现代化的一场深刻变革。市委以习近平新时代中国特色社会主义思想为指导，深入学习党的十九大和十九届二中、三中全会精神，明确指出，地方机构改革是深化党和国家机构改革的重要组成部分，要求全市提高政治站位，从落实"两个坚决维护"的高度，提升对深化机构改革政治性原则性的认识；从巩固加强党的领导的高度，提升对深化机构改革全局性战略性的认识；从上层建筑只有适应经济基础才能更好地解放和发展生产力这一马克思主义基本原理的高度，提升对深化机构改革根本性长远性的认识；从建设"五个现代化天津"的高度，提升对深化机构改革现实性紧迫性的认识，切实把思想认识和行动统一到党中央的部署要求上来，不断增强推进机构改革的政治责任感和历史使命感，自觉推进全市党政机构改革，讲政治、顾大局、守纪律、尽职责，做讲政治的知行合一者，坚定同以习近平同志为核心的党中央保持高度一致，全面落实党中央关于深化党和国家机构改革各项部署。2018 年，市委、市政府全面贯彻党中央关于深化党和国家机构改革的部署要求，成立天津市机构改革领导小组。9 月，市委十一届四次全会审议通过《天津市机构改革方案（送审稿）》。中央批准后，天津市紧凑有序推进市级机构改革，着力构建系统完备、科学规范、运行高效的党和国家机构职能体系。改革后，市级党政机构设置 64 个。其中，中共天津市委机构设置 18 个，包含纪检监察机关 1 个，工作机关 14 个，工作机关管理的机关 3 个。天津市人民政府机构设置 46 个，包括市政府办公厅和组成部门 26 个，市政府特设机构 1 个，市政府直属机构 10 个，市政府部门管理机构 9 个。市级党政机构比改革前减少 4 个，市级党政部门内设机构比改革前减少 73 个。机构设置坚持总体上与党中央和国家机关机构职能基本对应，突出优化协同高效。2019 年初，印发 16 个区机构改革方案，压茬推进区级机构改革，加大区委统筹力度和执行落实职责，构建简约高效的基层管理体制。

在胜利完成全市党政机构改革后，根据中央工作要求，天津抓实机构改革的"后半篇文章"，巩固机构改革成果。以坚持和加强党的全面领导为统领，以推进党和国家机构职能优化协同高效为着力点，把机构职责调整优化同健全完善制度机制有机统一起来、把加强党的长期执政能力建设同提高国家治理水平有机统一起来，巩固机构改革成果。要求各部门要严格依照"三定"规定履职尽责，自觉做到"两不误、两促进"，确保各项工作平稳运转。积极推进相关配套改革，按照加快推进政事分开、事企分开、管办分离的原则，深化事业单位改革，着力加强综合行政执法队伍建设，强化基层社会管理和公共服务职能，完善机构改革配套政策，以钉钉子精神抓好工作落实。2019 年 11 月，市委十一届七次全会审议通过《中共天津市委关于贯彻落实〈中共中央关于坚持和完善中国特色社会主义制度、推进国家治理体系和治理能力现代化若干重大问题的决定〉的实施意见》，加强系统治理、依法治理、综合治理、源头治理，切实把制度优势转化为治理效能。通过实施党政机构改革，党的全面领导的制度更加巩固，为坚持和完善中国特色社会主义制度，推进治理体系和治理能力现代化，为全面建成小康社会和开创全面建设社会主义现代化大都市新局面建立制度和体制保证。

滨海新区各开发区法定机构改革全面实施。滨海新区各开发区设立以来坚持改革开放、聚焦经济发展，为全市发展作出了突出贡献，但也累积了一些深层次的矛盾和问题。为持续发挥滨海新区各开发区功能作用，打造天津新时代全面深化改革新高地，2019 年 2 月，市委常委会审议通过《关于在滨海新区各开发区全面推行法定机构改革的有关意见》，决定实施滨海新区各开发区法定机构改革，坚持问题导向，从存在的突出问题着手，向制约发展的体制机制障碍开刀，用改革的方式推动开发区结构重塑，实现功能、效能提升。7 月，法定机构改革在天津经济技术开发区、东疆港保税区、天津港保税区、滨海高新区、中新天津生态城落地实施。按照市委的部署，滨海新区推进各开发区法定机构改革，出台《关于在滨海新区各开发区全面推行法定机构改革的指导意见》和系列配套管理办法，推动法规修订、班子选聘、全员竞聘、绩效评价等改革任务落地。法定机构改革是一场"刀刃向内"的自我革命，力图在破与立之间，找到持续高质量发展的原动力和新引擎，通过先行先试，积极创新人才选聘机制、绩效考核机制、服务创新机制，转变职能、放权赋能，以提升各开发区发展质量效益。坚持通过创新选人用人机制，变革薪酬分配体系，完善考核激励机制，大力推动放权赋能，放大改革效应。经过改革攻坚，滨海新区各开发区以及天津自贸区法定机构改革取得阶段性成效。在全面实施开发区法定机构改革后，五个开发区内设机构总数由改革前的 190 个降至改革后的 156 个，招商引资和服务企业类部门占比超过 80%。法定机构改革实现了各开发区功能重塑，在培育创新生态、推动产业发展、完善激励机制等方面体现出新的体制优势和制度效能。随着功能区法定机构改革的系统性、整体性、协同性全面增强，各功能区经济社会发展取得新进展，以改革牵引发展效果初步显现，法定机构改革成果在海河教育园区复制使用。在全国率先落地企业经营许可一址多证、融资租赁特殊目的公司外债便利化等创新政策，多项创新经验和案例在全国复制推广。

三 打造一流营商环境新高地

优化营商环境是不断解放和发展社会生产力，加快建设现代化经济体系，推动高质量发展的必然要求。习近平总书记强调，要"瞄准最高标准、最高水平，优化政务服务，打造国际一流营商环境"的重要指示。天津市贯彻落实党中央、国务院关于深化"放管服"改革、优化营商环境的决策部署，持续深化"一制三化"审批制度改革，提高政府治理能力和治理水平，进一步明晰政府和企业责任，全面清理涉企经营许可事项，全面落实"非禁即入"要求，分类推进审批制度改革，完善简约透明的行业准入规则，创新和加强事中事后监管，激发微观主体活力，努力打造办事方便、法治良好、成本竞争力强、生态宜居的一流营商环境,助推全市经济社会高质量发展。

简政放权,提高政务效率,释放创新创业活力。分批推动市级审批和服务事项下放。2013年12月,按照党的十八大关于深化行政审批制度改革、继续简政放权的总体要求和国务院关于再取消和下放一批行政审批事项的部署,取消市级行政审批事项23项,调整行政审批事项由30项合并为11项,向区县下放行政审批事项及权限44项、下放行政职权事项7项。2015年4月,天津市16个区县和5个功能区都成立行政审批局,建立起市、区、街(镇)三级政务中心和市、区、街(镇)和社区四级服务体系。2017年3月,取消和下放33项市级行政许可事项。其中,取消25项,向区级下放行政审批权限8项。优化政务服务质量与水平,政务服务提质增效。深入推进"互联网+政务服务"建设,建成天津网上办事大厅。加快推进天津"政务一网通"一体化政务服务平台建设,推动建设全市集中统一、业务经办互联互通、社会保障卡应用广泛的信息系统,实现同人同城同库、线上线下场内场外服务一体化。"承诺审批""无人审批""一网通办""最多跑一次""马上办""证照分离"等落地实施,创业环境便利化得到明显提升。

全面实施"一制三化"审批制度改革。2018年,制定《加大职能转变切实简政放权推动"一制三化"改革深入进行的通知》,启动"一制三化"改革升级版,推进承诺制标准化智能化便利化审批制度改革。2019年继续取消下放125个政务服务事项,取消954件材料、747项证明、218个环节、21个证照。推进企业登记全程电子化,在全市范围内推行简易注销登记改革。推动"津云"计算存储基础平台、全市信息资源统一共享交换平台、信息资源统一开放平台、应用支撑平台建设,推进政务服务事项办理全过程信息要素共享。建立实时和定期调整相结合的市场准入负面清单动态调整机制。2020年,852项政务服务事项实行承诺审批,企业开办时间压缩至1个工作日以内,实现"32证合一",一般社会投资工程建设项目从项目备案到取得施工许可证的平均用时压缩到63.5天,除特殊事项外政务服务事项全部实现"一网通办"，564 项实行"不见面"办理，网上实办率达到 98%，"证照分离"实现涉企经营许可事项和改革实施范围全覆盖。"津心办"上线服务事项 1700 余项，实现企业开办等业务"掌上办"，政务服务效率大幅提升。行政审批效率大幅提升，有效降低了企业创办和维护成本。

放管结合营造公平市场环境。以推进行政审批制度改革为牵引，推动行政管理体制改革创新，构建审批与监管相分离的体制机制，强化政府事中事后监管职能。2019 年，制定实施《天津市优化营商环境条例》，持续深化承诺制、标准化、智能化、便利化审批制度改革。召开企业家大会，着力构建亲清新型政商关系，建立常态化联系机制。2020 年，出台进一步优化营商环境更好服务市场主体的若干措施，制定实施《天津市优化营商环境三年行动计划》，实施市场准入负面清单（2020 年版），清理准入不合理限制和隐性壁垒。推动出台社会信用条例，开展区域信用和市级部门诚信建设状况监测。加强监管创新。健全事前事中事后全链条全流程的监管机制，积极运用大数据、区块链等数字化手段，探索形成市场主体全生命周期监管链。推动"双随机、一公开"[①]监管，发挥信用监管重要作用，探索按风险分级分类管理模式，推动医疗、工程建设等重点行业建立执业诚信体系。

释放政策红利，营造创业创新政策环境。"十三五"时期，出台实施"津八条""民营经济 19 条"及 32 项配套措施、"海河英才"行动计划、《天津市优化营商环境条例》等一系列政策措施，形成支持民营经济发展的政策体系。坚持"两个毫不动摇"，实施新一轮民营经济发展行动计划。出台《关于进一步促进民营经济发展的若干意见》，着力破解制约民营经济发展的突出问题，激发民营

---

① "双随机、一公开"是国务院办公厅于 2015 年 8 月发布的《国务院办公厅关于推广随机抽查规范事中事后监管的通知》中要求在全国全面推行的一种监管模式。即在监管过程中随机抽取检查对象，随机选派执法检查人员，抽查情况及查处结果及时向社会公开。

经济活力,推动天津高质量发展。推进万户民企转型升级行动,搭建政企互动平台,为企业解决困难问题。完善公共服务平台网络,做好中小企业公共服务平台网络建设。财税体制改革深入推进,大幅减税降费累计超过 2800 亿元。在降低企业成本方面,2018 年,天津市在降低用地成本、税费成本等方面为企业减负约 600 亿元。2019 年推出取消城市基础设施配套费等政策措施,扩大减税降费力度。

◆ 推动各项政策落地生效,优化营商环境。图为天津市税务局第四稽查局与和平区小白楼街开封道社区共同组织税务人员深入社区,向楼宇企业宣传减税降费政策和税收违法"黑名单"制度,提高纳税人依法诚信纳税意识,努力构建良好的营商环境

统筹疫情防控和经济社会发展,采取有力举措助企纾困。新冠肺炎疫情发生后,天津统筹疫情防控和经济社会发展,围绕服务支持市场主体克服疫情影响,激发发展活力、竞争活力和创新活力,天津先后出台系列政策措施助企纾困。一是采取措施减税降费。包括认真落实好国家各项减税政策、进一步降低

企业用电等要素成本、减免房屋租金等政策。二是采取措施援企稳岗。包括阶段性降低失业保险费率、返岗复工补贴、重点群体创业就业税收扣减等政策。三是支持稳定物流运输。包括高速公路差异化收费、规范海运口岸收费、加大物流项目资金支持等政策。四是提供金融支持。发挥"信易贷"作用加大对中小微企业融资支持、保障防疫保供骨干企业信贷供给、支付手续费减费让利等政策。五是提供专项奖励补助。包括落实高新技术相关企业各项补贴政策、智能制造支持资金、研发投入后补助等政策。六是提供办事便利化支持。包括市场主体登记"网上办零见面"、推行"用地清单制"等政策。2020年出台"27条措施"，2021年9月出台"16条措施"，持续支持中小微企业和个体工商户克服疫情影响，保持健康发展。坚决落实减税降费各项举措，为企业减负超过300亿元，为制造业中小微企业办理缓缴税费29.8亿元，广泛开展"我为企业减负担"行动，大力清理整治乱收费行为，惠及企业1.3万余家，有效缓解了中小微企业和个体工商户经营困难，促进了企业研发和制造业高质量发展，对稳定市场主体、保障就业和民生、稳住经济基本盘发挥了重要作用。民营经济和中小微企业活力进一步增强。

营商环境改善促进市场主体较快增长，市场主体由2015年末的70.58万户增加到2020年末的139.68万户，年均增长14.6%；2020年全市新登记市场主体25.62万户，是2015年新登记市场主体的1.8倍，年均增长12.3%；2020年日均新登记市场主体700户，比2015年增加308户。2021年新增市场主体26.8万户。天津营商环境综合排名位居全国前列。

深化国资国企改革与壮大民营经济

国资国企改革深入推进。国有企业是中国特色社会主义的重要物质基础和政治基础,是党执政兴国的重要支柱和依靠力量。天津市国有企业是全市经济发展的重要引擎和战略支撑。党的十八大报告指出:"要毫不动摇巩固和发展公有制经济,推行公有制多种实现形式,深化国有企业改革,完善各类国有资产管理体制,推动国有资本更多投向关系国家安全和国民经济命脉的重要行业和关键领域,不断增强国有经济活力、控制力、影响力。"十八大以来,天津市深入贯彻落实习近平总书记关于国有企业改革发展和党的建设重要论述精神,坚决贯彻党中央、国务院重要部署,结合天津国企实际,深入推进国资国企改革。

党的十八届三中全会通过的《中共中央关于全面深化改革若干重大问题的决定》强调,要"积极发展混合所有制经济。国有资本、集体资本、非公有资本等交叉持股、相互融合的混合所有制经济,是基本经济制度的重要实现形式",为国企改革进一步指明正确方向。针对天津国企存在的产业结构偏重、资本结构偏独、组织结构偏长、产品结构偏同、体制机制僵化、经济效益下滑、债务风险高企等突出问题,天津国资国企改革以国企混改为突破口,与供给侧结构性改革、完善国有资产监管、加强国企党的领导和党的建设相结合,推动天津国资国企高质量发展,为全市经济带来发展活力和内生动力。

2014 年,天津市下发《关于进一步深化国资国企改革的实施意见》。在加大国有资本布局结构战略性调整、完善资本运营主体、深化公司股份制改革、落实国企创新驱动发展战略、完善国有资产监管机制等方面提出系列改革举措。2015 年,按照"宜控则控、宜参则参、控则有为、参则有序"的原则,引入战略投资者，推进市属国企混合所有制改革。2016 年，天津市制定进一步深化国有企业改革实施意见，处置僵尸企业 164 家，出让低效企业 50 家，完成 80 家国企混改，推动 6 家优质国企上市。推行职业经理人和市场化选聘经营管理者制度改革，在 58 家国有企业进行改革试点。2017 年，市委、市政府确立"一二三"的国企改革思路①。同年，天津市建立国有企业改革清单管理制度，制定实施国有企业改革和混改任务清单、效益清单、债务风险管控清单、国资监管清单、"红线"清单、国有股东代表分类评价清单，蹄疾步稳地推进国企改革。

党的十九大明确提出"深化国有企业改革，发展混合所有制经济，培育具有全球竞争力的世界一流企业"。发展混合所有制经济是新时代深化国企改革的关键抓手和重要突破口。2020 年 6 月 30 日，习近平总书记主持召开中央深改委第十四次会议，审议通过《国企改革三年行动方案（2020—2022 年）》，该方案是面向新发展阶段我国深化国有企业改革的纲领性文件，是落实国企改革顶层设计的具体"施工图"。天津市积极贯彻党中央、国务院工作部署，加大国企混改力度。至 2020 年底，天津市已累计实现 20 家市管企业集团层面混改。从完成数量看，市管竞争类企业的混改完成率达 83%；从资产体量看，完成率达 97%，具备混改条件的竞争类市管企业已基本完成混改。2020 年，全市市管企业利润总额同比增长 4.6%，净利润同比增长 12.1%。国有企业干部能上能下、员工能进能出、收入能增能减的"三项制度"改革全面推开，国企管理层市场化改革取得实效。2021 年 4 月，市委、市政府对天津市进一步深化国企改革作出部署安排，强调把坚持党的领导、加强党的建设作为国有企业的"根"和"魂"，建立和完善现代企业制度，坚持市场化改革方向，坚持制造业"天津＋"的工作原则，

---

① 即一个总要求、两大块工作、三个一批重点改革任务。一个总要求是指，除涉及国家安全领域的国有企业全部进行混改。两大块工作是指，推进改革和稳妥安置职工。三个一批重点改革任务是指，稳妥推进公益性国企改革、全面推进竞争性国企混改、统筹推进要素剥离重整混改。

以国企改革推动制造业立市,推动天津国企加快发展、再创辉煌,切实发挥国有经济战略支撑作用。2021年,国企改革三年行动扎实推进,在国家中期评估中获评A级。

大力发展民营经济。民营经济是社会主义市场经济发展的重要成果,是推动社会主义市场经济发展的重要力量。党的十八大以来,习近平总书记就非公经济发展发表一系列重要讲话,作出"两个毫不动摇""三个没有改变""构建亲清新型政商关系"等一系列重要论述,为推进民营经济健康发展提供根本遵循。2012年,天津市民营经济市场主体44.6万户,从业人员323.91万人,注册资本金12,207.16亿元,外贸出口额80.23亿美元,实现国税地方收入855.51亿元,民营企业增加值占全市地区生产总值的40.2%,国地税收入总额占全市的36.5%。上述数据说明天津民营经济发展取得重要成就,民营经济成为全市经济发展的重要力量,民营经济在稳定增长、促进创新、增加就业、改善民生等诸多方面发挥了重要作用。与此同时,与先进省市相比,与天津经济社会发展内在要求相比,天津民营经济发展还存在较为突出的短板弱项,集中表现在经济总量规模、质量效益、产业结构、发展环境等方面存在突出的制约因素。天津亟待为全市民营经济发展创造更加优秀的发展环境,更好释放民营经济发展动能,更好发挥其服务全市经济社会发展的功能。不断加大对民营经济发展的政策支持力度。

党的十八大后,天津市把支持民营经济发展摆在更加重要的位置,不断加大对民营经济发展的支持力度,推动天津民营经济实现高质量发展。2017年,天津市制定《中共天津市委、天津市人民政府关于大力推进民营经济发展的意见》(以下简称《意见》),提出到2020年全市民营经济市场主体达到110万户以上,其中民营企业达到50万户以上,民营科技型企业达到10万户以上等发展目标。《意见》围绕激发创新创业活力、扩大民间投资领域、增强民企核心竞争力等方面共提出25条具体措施。11月,为营造企业家创业发展良好环境,弘扬优秀企业家精神,更好发挥企业家作用,市委、市政府出台《关于营造企业家创业发展良好环境的规定》,制定包括依法保护企业家财产权、依法保护企业家自主经营权、激发企业家创新创业活力、优化对企业家的服务等八项内容(被称作支持民营经济发展的"津八条"),努力构建更加有利于民营企业发展的营商环境、搭建更富激励性的政策环境,促进民营企业发展。2018 年 12 月,为认真落实习近平总书记在民营企业座谈会上的重要讲话精神,有效激发民营经济活力,着力破解制约民营经济发展的突出问题,充分发挥民营经济在推动全市高质量发展中的重要作用,市委、市政府制定《关于进一步促进民营经济发展的若干意见》(被称作"民营经济 19 条")。"民营经济 19 条"在减税降费、实施企业用地优惠政策、加强金融政策支持、落实市场准入领域"非禁即入"、持续改善营商环境等方面进一步完善政策支持。2020 年,制定《关于营造更好发展环境支持民营企业改革发展的措施》,全面贯彻落实党中央、国务院对支持民营企业改革发展的部署要求,进一步提升完善天津市支持民营企业改革发展的政策体系,形成 8 个方面 26 条支持政策包,被称作"支持民营企业改革发展 26 条"。"支持民营企业改革发展 26 条"以更大气力优化天津民营经济市场环境、政策环境和法治环

◆ 2021 年 9 月 15 日,中国(天津)非公有制经济发展论坛开幕

境,确保权利平等、机会平等、规则平等,大力促进民营经济市场主体数量大幅度提升,进一步提高民营经济发展质量和效益。与支持政策同向发力,天津市开展"双万双服促发展"等一系列活动,努力构建亲清新型政商关系,破除歧视性限制和隐性障碍,深入实施新一轮民营经济发展行动计划,推进民营企业家培育和"百千万"工程,办好全国民企贸易投资洽谈会,鼓励民营企业参与国有企业改革、进入更多领域。

持续深入优化营商环境,加大市场准入改革力度,为民营经济发展创造良好市场环境。优化政务服务,建立"单一窗口、单一表格"受理平台;实施"一制三化"改革、"马上就办"工作法以及推进企业开办便利化、企业经营便利化、企业监管简便化;取消企业家创业限制性许可;探索企业投资项目承诺制等措施。坚决破除制约民营企业参与市场竞争的各类障碍和隐性壁垒,切实消除在准入许可、经营运行等方面的不平等待遇。全面实施市场准入负面清单制度,负面清单以外的行业、领域、业务等,各类民营市场主体均可依法平等进入。鼓励民间资本以参股、控股、独资等多种方式,参与可实行市场化运作的民用机场、轨道交通、高速公路、能源站等城市基础设施建设和运营,编制发布城市机会清单。进一步向民营经济开放更大的资源要素市场,推动石化、电力、天然气等产业的竞争性业务领域向社会资本释放更大发展空间。

积极拓宽民营经济成长空间。健全促进对外投资政策和服务体系,鼓励大型民营企业率先"走出去",中小民营企业"抱团走出去"。用足用好外经贸发展资金,支持民营企业进一步积极开拓多元化国际市场。鼓励行业组织服务民营经济对外开放,试点建设境外产业园区,扶持有能力的民营企业自建"独立站",拓展"海外仓",开展企业并购、海外上市融资,提升国际竞争力。鼓励支持民营企业依托天津意大利中小企业产业园、中日(天津)健康产业发展合作示范区等中外合作产业园区,深度开展国际合作。

加速民营经济科技赋能。天津市将坚持引育并重,实施国家高新技术企业倍增行动计划;建立国家高新技术企业培育库,遴选符合标准的科技型企业入库精准培育;大力发展科技型中小企业,着力培育科技领军企业,跟踪服务高新技术企业创新发展,形成"遴选一批、入库一批、培育一批、认定一批"工作机制。实施中小企业梯度培育专项行动,积极培育民营"雏鹰""瞪羚""独角兽"企业。打造一批细分行业、细分市场、细分领域的"隐形冠军"和"单项冠军"。实施中小企业信息化推进工程,提升中小企业信息化应用水平,实施"互联网+""智能+"专项行动,鼓励企业向智能、绿色、服务、高端方向转型,促进传统企业高质量发展。支持民营企业加快向新一代信息技术、生物医药、新能源和新材料等战略性新兴产业聚集,做精信息技术应用创新、集成电路、生物医药、新能源和新材料五大特色新兴产业链。引导民营企业以特色新兴产业链为抓手,融入集成电路、中药与天然药物合成、氢能新能源、焊接新材料等重点产业链的支链子链,坚持产业链上下游联动、产供销一体。深入实施撮合对接活动,推动解决中小企业技术、设备、资金、原辅料等方面实际困难,补短强弱、延链补链,提升协作配套水平,畅通产业链循环。

到 2020 年,民营经济实现新的发展成绩。全市民营经济增加值 5053.91 亿元,占全市比重为 35.9%。规模以上民营企业工业增加值增长 2.0%,快于全市平均水平 0.4 个百分点,占比为 26.5%,比上年提高 4.8 个百分点。限额以上民营企业批发和零售业商品销售额增长 7.1%,快于全市平均水平 6.7 个百分点,占比达到 59.1%。民营企业出口增长 21.0%,快于全市出口 19.1 个百分点,占比为 43.5%,提高 6.8 个百分点。

以规划引领民营企业新发展蓝图。2021 年 8 月,《天津市民营经济"十四五"规划》(以下简称《规划》)正式印发实施。《规划》提出,"十四五"期间,天津市将落实壮大民营经济总量规模、巩固提升民营优势产业、加速民营经济科技赋能、持续深入优化营商环境、拓宽民营经济成长空间、增强民营企业管理能力六项主要任务,全面提升民营经济发展活力。《规划》明确了一系列发展目标。

到 2025 年,天津市民营经济市场主体达到 202 万户以上,其中,民营企业达到 81 万户以上;民营经济增加值占全市生产总值 40% 以上;民间投资占全社会投资 40% 以上。在经济社会贡献方面,民营经济税收占天津市税收总额 53% 以上,从业人数占全市总体从业人数比重达到 80%;在企业竞争力方面,年营业收入超 100 亿元民营企业达到 60 家以上,其中超 500 亿元企业达到 10 家以上,超千亿元企业至少达到 2 家,上市企业达到 50 家;在创新驱动方面,国家高新技术民营企业达到 8000 家,国家科技型民营中小企业达到 9000 家,"专精特新"企业达到 1000 家,为全市民营企业发展描绘出新的发展图景。随着民营经济支持政策的系统化、科学化、法治化提升完善,市场化、法治化、国际化营商环境的日益成熟,天津民营经济将实现更大的发展,在全市经济社会发展中也发挥更加重要的作用。

五　积极融入"一带一路"建设

党的十八大以来,以习近平同志为核心的党中央把中国发展与世界共同发展有机结合起来,创造性提出"一带一路"倡议。2013 年,国家主席习近平在出访中亚和东南亚国家期间,先后提出共建"丝绸之路经济带"和"21 世纪海上丝绸之路"的重大倡议。共建"一带一路"是参与全球开放合作、改善全球经济治理体系、促进全球共同发展繁荣、推动构建人类命运共同体的中国方案。2014 年,党中央、国务院印发《丝绸之路经济带和 21 世纪海上丝绸之路建设战略规划》,对推进"一带一路"建设作出全面部署。2015 年 3 月,国务院授权发布《推动共建丝绸之路经济带和 21 世纪海上丝绸之路的愿景与行动》,推进实施"一带一路"。至 2020 年 12 月,中国政府与 138 个国家、31 个国际和区域组织签署了 203 份"一带一路"合作文件。天津市认真落实习近平总书记关于"一带一路"建设的重要讲话精神,以"和平合作、开放包容、互学互鉴、互利共赢"的丝绸之路精神为指引,不断推进"一带一路"建设任务落地实施,在服务国家战略的同时助力城市发展。

积极对接国家战略部署,推进"一带一路"节点城市建设,拓展高质量发展新空间。2016 年 12 月,天津市成立以市政府主要负责同志为组长的推进"一带一路"建设工作领导小组,组织推动全市融入"一带一路"建设工作。按照党中央、国务院的战略规划、国家各有关部门的分领域合作实施方案、分国别双边合作规划、政策措施等,结合天津实际,研究制定天津"一带一路"工作重大规划、重大政策、重大项目、重大问题、重点工作安排和行动计划,制定重点工作任务时间表和路线图,建立工作台账,组织推进实施,督促检查落实情况。天津把城市高质量发展与国家"一带一路"建设对接,以政策沟通、设施联通、贸易畅通、资金融通、民心相通为重点,先后出台《天津市参与丝绸之路经济带和 21 世纪海上丝绸之路建设实施方案及目标任务分工》《天津市推进国际产能和装备制造合作实施方案》《天津市"一带一路"科技创新合作行动计划(2017—2020 年)》《天津市推进共建"一带一路"教育行动计划》等系列政策文件,落实重点领域工作,推进"一带一路"节点城市建设,提升天津对外开放水平,拓展天津高质量发展空间。

深化与有关国家产业合作。参与"一带一路"周边国家的经济交流合作,推动中巴产业合作试点项目,协调推动双方能源、化工等领域项目合作;参与中蒙俄经济走廊建设,深化津蒙交流合作,推动实施《关于津蒙东疆物流园项目合作框架协议》;中埃·泰达苏伊士经贸合作区提档升级有序推进,2019 年天津市人民政府和埃及苏伊士运河经济特区管理总局签署《关于共同推动中埃·泰达苏伊士经贸合作区加快发展谅解备忘录》,累计吸引国内外 84 家企业入驻投产,吸引实际投资超 10 亿美元;加快建设中欧先进制造产业园;深化中意战略合作,2019 年签署《中国(天津)与意大利推动产业合作建设中意中小企业产业园框架协议》,扩大天津与意大利经贸合作。经贸投资规模不断扩大,2019 年天津市备案在沿线国家投资新增中方投资额 4.6 亿美元,对外承包工程新签合同额 43.7 亿美元,实现进出口贸易 1757.4 亿元。

发挥海港优势,持续提升与有关国家、地区的互联互通水平。加强通道建设,优化综合枢纽功能,强化航运枢纽管理。完善天津港集疏运体系,解决海铁联运瓶颈问题,加快发展海铁联运。实施天津港口岸降费提效优化环境专项行动,提升天津港在跨境贸易中的竞争力。成立天津港无水港建设工作领导小组,建立健全无水港工作机制。建设中国国际航空物流中心,拓展天津机场国际航线网络,2019 年与"一带一路"沿线国家和地区的通航城市达到 17 个。新冠肺炎疫情发生后,为保障中欧班列稳定运行,天津海关对出口转关操作业务进行优化,通过线上申报,启动自动审核、自动放行操作模式,帮助企业减成本、提效

◆ 2016 年 8 月,中蒙俄货运在天津港试运行,打造国际道路运输新示范

率,确保中欧班列通关"零延时"。天津海关等部门建立"一带一路"国家疫情动态分析研判工作机制,开展国际关注重大传染病疫情专题风险评估,保障贸易道路安全顺畅。持续提升跨境贸易便利化水平。

深化金融改革,提升金融服务能力。天津自贸试验区金融创新改革持续深化,"金改30条"准予实施政策全部落地,11项改革创新措施在全国复制推广,人民币跨境交易稳步推进。在全国率先开展飞机离岸租赁对外债权登记业务和共享外债额度便利化试点,出台国内首个融资租赁监管指导意见、首个保税租赁业务管理办法和首个商业保理行业监管办法,率先实施"数字仓库+可信仓单+质押融资+大宗商品市场+风险管理"的供应链金融创新模式。2019年天津市与67个沿线国家完成人民币跨境结算364.6亿元;国家租赁创新示范区建设加快,推动开展跨境租赁业务,服务共建"一带一路",金融机构支持"一带一路"建设水平不断提升。国家开发银行天津分行推动与中美洲国家金融机构开展跨境人民币贷款合作,进出口银行天津分行支持设施联通、经贸合作以及进出口贸易,至2019年在沿线国家和地区的贷款余额达147.8亿元。

加强人文交流合作,打造人文合作天津标志性品牌。习近平总书记指出:"要坚持经济合作和人文交流共同推进,注重人文领域精耕细作,尊重各国人民文化历史、风俗习惯,加强同沿线国家人民的友好往来,为'一带一路'建设打下广泛社会基础。"天津推进与沿线国家在教育、科技、文化、卫生、中医药等领域交流合作,深化与意大利、保加利亚、捷克等欧盟国家共建"一带一路"务实合作。发挥天津作为国家现代职业教育改革创新示范区的优势,积极与"一带一路"有关国家开展职业教育合作。2016年,天津渤海职业技术学院在泰国大城府建立的"鲁班工坊"正式挂牌成立,是我国在海外设立的首个"鲁班工坊"。2018年,"鲁班工坊"上升为国家项目,天津加大推动优质职业教育走出去,树立中外人文交流知名品牌。至2021年,天津市在亚非欧三大洲建成20个"鲁班工坊",国际友好城市增至96个,服务国家总体外交的作用进一步凸显。

天津充分发挥国际展会平台作用,举办夏季达沃斯论坛、亚布力论坛夏季峰会、外交部天津全球推介等展会,促进天津与"一带一路"沿线国家人文交流合作,展示天津城市发展活力与国际影响力。打造"丝路津韵"文化品牌,促进与沿线国家交流互访、文明互鉴。

至 2021 年底,天津融入"一带一路"建设成效显著。中埃·泰达苏伊士经贸合作区、天津意大利中小企业园等重点项目加快推进。天津港中蒙俄经济走廊集装箱多式联运项目,成为国家级多式联运示范工程。全年新设境外企业机构 100 家,中方投资额 22.87 亿美元,增长 38.8%。对外承包工程新签合同额 66.5 亿美元,完成营业额 59.4 亿美元,分别增长 12.4% 和 4.9%。外贸进出口总额 8567 亿元,增长 16.3%,进出口额创历史新高,实际直接利用外资超 50 亿美元,实现较快增长。服务业扩大开放综合试点获国务院批准,合作交流持续深化,围绕重要产业、重点区域、重大活动开展精准招商,实际利用内资 3378.2 亿元,增长 15.5%。

六 加快推进中国(天津)自由贸易试验区建设

加快推进中国(天津)自由贸易试验区建设。设立中国(天津)自由贸易区是党中央、国务院在新形势下深化改革、扩大开放的战略举措,是适应我国经济发展新常态、加快构建开放型经济体制的重大决策。2014 年 12 月 31 日,国务院批复设立中国(天津)自由贸易试验区。2015 年 4 月 21 日天津自贸试验区正式挂牌运行。天津自贸试验区是北方第一个自由贸易试验区,涵盖天津港东疆片区、天津机场片区以及滨海新区中心商务片区 3 个功能区。天津港东疆片区是北方国际航运中心和国际物流中心的核心功能区，重点发展航运物流、国际贸易、融资租赁等现代服务业。区内赋予国际船舶登记制度、国际航运税收政策、航运金融、租赁业务4大类22项创新试点政策。天津机场片区是天津先进制造和科技研发转化的重要聚集区，重点发展航空航天、装备制造、新一代信息技术等高端制造业和研发设计、航空物流等生产性服务业，构建优势产业集群。滨海新区中心商务片区是天津金融改革创新聚集区，重点发展以金融创新为主的现代服务业。市委、市政府高度重视天津自贸试验区建设，认真贯彻落实习近平总书记重要指示批示精神，坚持以制度创新为核心，以可复制、可推广为基本要求，以风险防控为底线，瞄准京津冀协同发展高水平对外开放平台、全国改革开放先行区和制度创新试验田、高水平自由贸易园区的战略定位，大胆先行先试，深入推进重点领域改革，着力培育国际竞争新优势，积极服务和融入京津冀协同发展战略、"一带一路"建设及双循环格局的高水平对外开放平台。

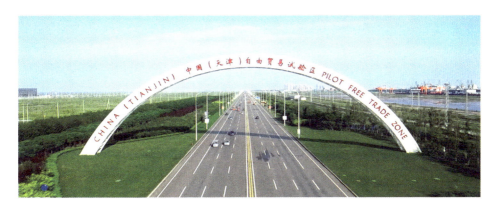

◆ 中国（天津）自由贸易试验区

　　大力推进自贸区制度创新。制度创新是赋予自贸试验区建设的核心任务。2015年4月国务院批准实施《中国（天津）自由贸易试验区总体方案》，赋予天津自贸区90项创新任务。2018年5月24日，国务院批复《进一步深化中国（天津）自由贸易试验区改革开放方案》，又赋予天津自贸区128项创新任务。

按照国务院方案要求,天津自贸区在更广领域和更高层次积极全面深化改革、扩大开放的新路径、新模式,进一步厘清政府与市场的关系,着力构建与国际接轨的高标准投资贸易规则体系。2019年9月30日,天津市印发《关于支持中国(天津)自由贸易试验区创新发展的措施》《中国(天津)自由贸易试验区创新发展行动方案》,提出并实施一批"突破性""创新性""差异性"改革措施。《行动方案》100条改革创新措施中有48条全国首创,具体包括构筑开放合作的先进制造研发和现代服务产业体系、打造陆海空联动的国际航运资源配置枢纽、增强产业金融和创新金融的服务辐射功能、建设京津冀协同开放的高水平国际合作平台等改革创新事项。天津自贸区承担的改革创新事项按改革领域分类,"放管服"改革95项,贸易便利化152项,对外开放和投资便利化43项,财税制度创新8项,金融开放创新114项,服务国家战略创新33项。2021年,在全国率先挂牌建设联动创新示范基地,成功设立滨海高新区、中新生态城部分区域作为自贸试验区联动创新区,积极推动滨海新区实现"全域自贸"。自贸试验区改革创新引领作用突出,法定机构改革全面落地,66项自主创新措施全面实施,10项试点经验向全国推广,有效发挥了全国改革开放先行区和制度创新试验田的引领作用。至2022年底,天津自贸试验区累计实施544项制度创新措施,先后向商务部上报了7批201项改革试点经验和4批62项"最佳实践案例",已有38项改革试点经验和6个"最佳实践案例"被批准在全国范围内复制推广。在全市范围内,自行复制推广改革试点经验五批次共118项及创新实践案例7个,发布金融专项创新案例114个。

"放管服"改革与投资贸易便利化改革协同发力,建设营商环境提升先行区。自贸区率先构建起同国际投资和贸易通行规则相衔接的制度体系,形成法治化、国际化、便利化营商环境。至2019年底天津市累计向自贸区下放实际权限近900项,实现应放尽放。创新行政审批制度改革,在全国率先实现"一个部门、一颗印章"管审批和企业设立一天办结。在全国率先实施企业名称自主申报、经营许可"一址多证"和税务"综合一窗"等创新举措。全面实施"证照分离"改革措施，深化"一制三化"改革，推进"无人审批超市"、承诺制审理、建设项目联合审批，实现环境影响评价"零审批"管理。设立对外投资合作"一站式"服务平台，实现3亿美元以下境外投资项目由核准改备案，探索口岸通关和物流流程综合优化改革，率先试运行"全国电子仓单系统"。法制环境全面提升。制定《中国（天津）自由贸易试验区条例》，成立北方地区首个自贸区法院，设立自贸区仲裁中心，成立自贸区监察室。自贸区成为天津和国家重要的优化营商环境试验区、先行区。

推动投资贸易、金融开放等领域先行先试，实现高端产业集聚发展。金融创新运营示范区核心区建设加快，要素市场建设加快推进，天津租赁资产交易中心挂牌，大宗商品交易中心业务创新取得新进展。国家租赁创新示范区建设成效显著，飞机、船舶、海工平台等跨境租赁业务总量占全国80%以上，成为全球第二大飞机租赁聚集地。顶层制度设计、服务国家战略、服务全市经济发展等方面取得了新的进展和突破。高端制造也聚集效应凸显。在空客、中航直升机、大火箭

◆ 创新行政审批制度改革，在全国率先实现"一个部门、一颗印章"管审批。图为庆祝改革开放40周年大型展览上展出的滨海新区封存的109枚公章

等龙头项目带动下，航空航天产业链不断拉长筑厚，航空制造、航空维修、航空租赁等航空产业继续做大做强。跨境电商市场规模不断扩大，京东、菜鸟等龙头

企业落户自贸区。自贸区建成天津主要、北方重要的跨境电商聚集区。2019 年，自贸区新增外资企业 278 家，实际利用外资 22 亿美元。2020 年，天津自贸试验区新设立企业 10,832 家，新增内资企业注册资本 3004.40 亿元；中方协议投资额 9.13 亿美元。自贸区引领产业开放发展的作用持续增强。

发挥高水平改革开放平台作用，积极服务国家战略需要。天津自贸区围绕增强口岸服务辐射功能，促进区域产业转型升级，推动区域金融市场一体化，构筑服务区域发展的科技创新和人才高地，推进京津冀通关一体化改革，发挥"一带一路"建设支点作用。实施通关便利化，实施京津冀区域通关一体化和物流流程综合化改革，构建京津冀国际贸易通道，完善中欧班列跨境电商、中转集拼、国际海铁联运功能，开展保税买断出口集拼业务。北京、河北等地企业通过天津港口岸进出口货物通关时间缩短 3 天，通关成本大幅降低。打造"一带一路"支点城市服务功能，设立自贸区"一带一路"企业综合服务中心和境外办事机构，加强与沿线国家战略合作关系，开展国际产能合作，打造"京津冀＋一带一路"海外工程出口基地。制定并实施天津自贸区服务京津冀协同发展工作方案，总结推出 178 项区域联动发展的经验案例，融资租赁收取外币租金、税务"综合一窗"等创新改革成果在京津冀推广。到 2020 年，天津自贸区基本率先建立同国际投资和贸易通行规则相衔接的制度体系，形成法治化、国际化、便利化营商环境，构筑起开放型经济新体制，形成国际竞争新优势，已经成为京津冀协同发展示范区。

通过实施新一轮改革开放，以改革促进开放，以开放倒逼改革，天津成为开放带动战略更鲜明、开放层次更高、营商环境更优、辐射作用更强的改革开放新高地。

第五章

坚持以人民为中心，民生福祉达到新水平

　　习近平总书记指出，人民对美好生活的向往，就是我们的奋斗目标。党的十八大以来，以习近平同志为核心的党中央坚持以人民为中心，把增强民生福祉作为发展的根本目的，着眼于在发展中补齐民生短板，在幼有所育、学有所教、劳有所得、病有所医、老有所养、住有所居、弱有所扶上取得一系列开创性成就，实现改革发展成果更多更公平惠及全体人民，推动全体人民共同富裕取得更为明显的实质性进展。2013 年 5 月，习近平总书记在天津考察时对天津工作提出要着力保障和改善民生的重要要求。强调，保障和改善民生是一项长期工作，没有终点站，只有连续不断的新起点，要实现经济发展和民生改善良性循环。市委、市政府坚持以习近平总书记对天津工作提出的"三个着力"重要要求为元为纲，紧密团结在以习近平同志为核心的党中央周围，在全面建成高质量小康社会，开创全面建设社会主义现代化大都市新局面新征程中着力保障和改善民生，让群众共享发展成果。2017 年，市第十一次党代会提出，使改革发展成果更多更公平惠及全体人民，让老百姓有更多获得感、幸福感。2022 年，市第十二次党代会提出，以打造共同富裕先行区为目标，做大做好"蛋糕"，切好分好"蛋糕"，不断促进社会公平正义、促进人的全面发展，使教育更优质、工作更稳定、收入更满意、保障更可靠、就医更便利、住房更舒适、环境更优美、精神文化生活更丰富，让每个人都共同享有勤劳致富的机会，共同享有发展进步的机会，共同享有人生出彩的机会，共同享有梦想成真的机会。天津市坚持践行以人民为中心的发展思想，坚持共享的发展理念，用心用情用力保障和改善民生，促进社会公平，增进民生福祉，激发全市人民积极性、主动性、创造性，实现收入、就业、医疗、住房等各项社会保障能力持续增强，人民群众获得感、幸福感、安全感更加充实、更有保障、更可持续。

一 积极促进就业创业

就业是民生之本,也是经济发展和富民增收最基本的支撑,就业关乎人民群众的切身利益,关乎经济发展和社会和谐稳定。党的十八大以来,市委、市政府把就业创业工作作为践行以人民为中心的发展思想重点工作来抓紧抓实,贯彻劳动者自主就业、市场调节就业、政府促进就业和鼓励创业的方针,把促进就业放在经济社会发展的优先位置。2016年制定的《天津市国民经济和社会发展第十三个五年规划纲要》中提出推进实现更高质量就业的工作任务。2017年,市第十一次党代会提出"健全就业服务体系,实施终身职业技能培训计划,落实重点人群和困难群众就业帮扶措施,多渠道增加居民收入,大力推动创新创业,使人人享有人生出彩、梦想成真的机会"的工作要求。党的十九大对就业工作提出更高要求,把提高就业质量和提高人民收入水平的目标并列在一起提出,突出提高就业质量。为贯彻落实好中央有关精神,2021年制定的《天津市国民经济和社会发展第十四个五年规划和二○三五年远景目标纲要》,进一步提出:"实施更加积极的就业政策,坚持经济发展就业导向,扩大就业容量,提升就业质量。"天津在坚持就业优先战略和实施积极就业政策、着力解决结构性就业矛盾等突出问题、鼓励创业带动就业等方面推进改革、完善制度、完备政策,努力实现更充分更高质量的就业。

坚持就业优先战略和积极就业政策,健全促进机制,推动实现更充分和更高质量就业。党的十八大以来,天津实施就业优先战略,建立并完善经济发展与扩大就业联动机制。积极应对产业结构调整和万企转型升级,深入挖掘重大项目、科技小巨人、中小微企业、楼宇经济蕴含的就业空间和就业机会,把就业服务融入区域经济发展,大力发展公共就业服务机构与项目单位的岗位开发联盟,促进人力资源与就业岗位的供需对接。加强对灵活就业等新型就业形态的政策支持,促进就业政策的公平和公正。统筹推进高校毕业生、退役军人、农民工等重点群体就业。畅通就业渠道,围绕重点企业、民营经济、新兴产业,加大岗位开发力度,积极开发更多适合高校毕业生的就业岗位。健全高校毕业生到基层工作的服务保障机制,支持大学生到城乡基层和中小企业就业。依托互联网发展,创新就业信息服务方式方法,加强就业指导和就业见习。各级关爱退役军人协会登门入户常态化制度化,全国示范型退役军人服务中心(站)达到 263 个,助力退役军人实现就业。2013 年至 2018 年,城镇新增就业人口每年保持在 48 万以上。2019 年首次突破 50 万人,达到 50.2 万人。城镇登记失业率控制在 4% 以下。市第十一次党代会后的 5 年,累计新增就业超 220 万人。

强化职业培训,开展就业帮扶。天津借助职业教育强市优势,发挥政策对培训的引导作用,建立和完善职业培训补贴和津贴政策、"双轨制"培训政策和学徒制培训政策。创新职业培训模式,实施百万技能人才培训福利计划。探索推进职业培训 PPP(政府和社会资本合作)发展模式。开发"互联网+"职业培训平台,构建网络化、数字化、个性化、终身化的职业培训体系,达到年在线职业培训 60 万人次能力。2019 年出台《天津市职业技能提升行动实施方案(2019—2021 年)》,开展职业技能提升行动,用 3 年时间,开展各类职业技能培训 60 万人次以上。到 2021 年底,技能劳动者占就业人员总量的比例超过 28%,高技能人才占技能劳动者比例超过 31%。实施再就业计划、就业援助计划,完善就业援助制度,帮助结构调整中的下岗失业人员、就业困难人员和长期失业者就业。

打造便利化创业环境,推进创业带动就业。天津围绕打造便利化创业环境,通过深化改革,完善创业扶持政策,鼓励大众创新创业。通过深化改革,降低市场准入门槛,减少垄断、放宽管制、强化扶持,优化中小企业创业兴业环境,着力解决劳动者创业过程中融资难、税负重、门槛高等问题。加强创业教育和创业培训,扩大创业担保贷款规模。加大创业资金支持,整合发展高校毕业生就业创业基金。加强创业载体建设,建设一批市级大学生创业孵化基地(园)。2020年,市创业服务机构示范引领作用得到充分发挥,各区创业服务机构全部建立,形成以市级机构为龙头、以区级机构为主干、以社会机构为补充的创业服务体系。不断升级创业政策,搭建孵化平台、出台扶持政策,助力创业者创业。实施"名师带培计划""留学人员回国创业启动支持资金"项目。支持举办系列创业大赛,2020年成功举办首届"海河英才"创业大赛,扶持大学生和留学回国人员创业,推动优质项目落地孵化。

加强人力资源市场体系建设,优化就业制度环境。破除人力资源市场的城乡、地区、行业分割和身份歧视,促进形成有利于人力资源平等有序流动的市场环境。加快推进市场整合,鼓励支持人力资源服务产业发展。完善人力资源市场监管制度,进一步加强人力资源市场管理制度建设,推进人力资源市场诚信体系和标准体系建设,不断完善市场准入、市场行为监管、市场退出等制度和机制,逐步形成功能完善、机制健全、运行有序、服务规范的人力资源市场体系。加强公共就业服务,开发基于互联网及移动互联的人力资源服务平台,推出微媒体招聘、在线测评、远程培训及在线课堂、社会保障信息查询、在线咨询等公共就业服务产品,形成"线上+线下"并行服务模式,开展基于"大数据"分析的人力资源行业动态、人才流动、市场供求状况研究等数据分析并形成报告向社会发布,推动传统公共就业服务模式转型升级。

统筹疫情防控与稳定就业。2020年,新冠肺炎疫情发生后,天津陆续出台多项稳就业政策,实施稳就业"32条"、应对疫情保就业"76条"、"高校毕业生就业40条"和"支持灵活就业22条"等就业优先政策,促进高校毕业生、退役军人、农民工等重点群体就业。牢牢守住就业底线,妥善安置化解过剩产能企业职工,零就业家庭、低保家庭至少有1人实现就业,实现零就业家庭动态清零,其他就业困难群体安置率达到85%以上。2020年,开发1.4万个政策性岗位，推动退役军人培训就业一体发展，促进大学生、退役军人、农民工等重点群体"好就业、就好业"，全年新增就业 37.62 万人，稳就业成效显著。

积极实施群众增收工程，实现收入稳定增长。坚持动态调整职工福利待遇，宏观调控企业工资，发布全市企业工资指导线和部分行业工资指导线，连年提高最低工资标准，引导职工工资合理增长。连续提高退休人员和城乡居民基本养老金及老年人生活补助，2019 年落实 18 项增收措施，退休人员基本养老金月人均增幅 5% 左右，城乡居民基础养老金标准由 295 元调整为 307 元，老年人生活补助标准每月上涨 12 元。深入开展根治欠薪专项行动，全面推动各项保障工资支付制度落地落实，维护农民工合法权益。城镇和农村居民人均可支配收入十年年均分别增长 7.9%、8.9%。2021 年，全年全市居民人均可支配收入 47,449 元，位居全国前列。城镇居民人均可支配收入 51,486 元，增长 8.0%；农村居民人均可支配收入 27,955 元，增长 8.8%，快于城镇居民增速 0.8 个百分点。城乡居民收入之比为 1.84，连续 3 年缩小。

二　加快率先实现教育现代化

习近平总书记强调，教育是民族振兴、社会进步的重要基石，是功在当代、利在千秋的德政工程，对提高人民综合素质、促进人的全面发展、增强中华民族创新创造活力、实现中华民族伟大复兴具有决定性意义。教育是国之大计、党之大计。党的十八大以来，天津市认真贯彻习近平总书记重要论述精神，全面贯彻党的教育方针，深入落实国家中长期教育改革和发展规划纲要，牢固树立新发展理念，坚持立德树人，以促进教育公平、提高教育质量为主线，以推进教育治理体系和治理能力现代化为主攻方向,深化教育领域综合改革,加大教育领域投入,激发教育发展活力,全面提升教育现代化水平,不断满足经济社会发展和人民群众对优质教育日益增长的需求,为实现中央对天津定位、全面建成小康社会、开创全面建设社会主义现代化大都市新局面提供强有力的智力支持和人才保障。

全面加强党对教育事业的领导。坚持新时代党的教育方针,市委落实主体责任,坚决把党的政治建设摆在首位,切实增强"四个意识",坚定"四个自信",坚决做到"两个维护"。成立市委教育工作领导小组,健全党领导教育工作的体制机制。召开天津市教育大会,高起点谋划教育现代化蓝图,编制并实施《天津市教育事业发展"十三五"规划》《天津市教育现代化"十四五"规划》,全面深化学前教育、基础教育、高等教育、职业教育、继续教育、教师队伍、信息化建设等方面教育领域综合改革,将全国教育大会精神转化为天津教育实践。

扎实落实立德树人根本任务。持续开展学习宣传贯彻习近平新时代中国特色社会主义思想,把社会主义核心价值观纳入学生发展核心素养和学业质量标准。2018 年天津入选国家首批"三全育人"综合改革试点省市,探索形成全员全过程全方位育人格局,着力培养德智体美劳全面发展的社会主义建设者和接班人,着力培养担当民族复兴大任的时代新人。2019 年市委制定《关于以习近平新时代中国特色社会主义思想统领教育工作的实施意见》,2020 年制定《关于深化新时代学校思想政治理论课改革创新的若干措施》,坚持以习近平新时代中国特色社会主义思想统领教育工作,从构建大中小学思政课一体化育人体系、加强思政课教师队伍建设、提高思政课质量、加强党对思政课建设的领导等方面,出台系列具有较强操作性、实用性和创新性的具体举措。2020 年,天津 56 所高校率先实现高校专职思政课教师和辅导员配置"双达标"。天津将价值塑造、知识传授、能力培养融为一体,全面推进课程思政建设。通过深化新时代思政课改革创新,加快大中小幼思政一体化育人体系建设,形成了天津经验。

◆ 天津市构建大中小学思政课一体化育人体系。图为天津师范大学南开附属小学的同学们来到平津战役纪念馆开展爱国主义实践课程学习

教育现代化水平加快提升。实施《加快推进天津教育现代化实施方案（2018—2022 年）》和《天津教育现代化 2035》，大力推进教育理念、体系、制度、内容、方法和治理现代化，加快发展具有天津特点、中国特色、世界水平的现代一流教育。在率先完成《天津市学前教育提升计划（2013—2015 年）》任务目标的基础上，2016 至 2020 年继续加快学前教育资源建设，新增幼儿园学位 16.2 万个，十年累计新增学前教育学位 21 万个，学前教育三年毛入园率达到 92.3%，普惠园在园幼儿占比 80%，公办园在园幼儿占比达到 50%；推进义务教育学校现代化标准建设工程和提升工程，完成三轮义务教育学校现代化标准建设，开展义务教育优质均衡发展三年行动，推进城乡义务教育一体化改革发展。2020 年，全市义务教育巩固率超过 99%，高中阶段毛入学率超过 98%，义务教育优质均衡发展水平全面提升，基础教育发展水平保持全国前列，十年累计新增义务教育学位 32.6 万个；全面完成国家现代职业教育改革创新示范区建设任务，高水平举办全国职业院校技能大赛，挂牌成立我国首个本科层次的应用技术大学，7 所高

职院校、10个专业群入选全国"双高"计划,大力推进"1 + X"证书制度改革试点,获批17个教育部现代学徒制试点单位;高等教育毛入学率超过65%,5所高校、12个学科进入国家"双一流"建设行列,111个本科专业和111门本科课程入选首批国家级一流本科专业和课程建设点,全国新工科教育创新中心落户天津大学。2021年,新增中小学学位5.9万个,提升改造学校体育运动场馆52.2万平方米,配置中小学教学仪器设备91万台。天津市与教育部共建新时代职业教育创新发展标杆,成为国家首批产教融合试点城市。高校"双一流"建设成效明显,52个学科入选市级"顶尖学科培育计划"。全域科普扎实推进,公民科学素质指数居全国前列,滨海新区、南开区、宝坻区入选"科创中国"试点城区。加强学校体育工作,大力发展校园足球,深化综合防控儿童青少年近视"六大工程"。改进学校美育工作,广泛开展劳动教育,率先将生态文明教育纳入国民教育体系。

教育领域综合改革深入推进。出台考试招生制度改革、教育体制机制改革、学前教育深化改革规范发展、提高义务教育质量、普通高中育人方式改革、教师队伍建设改革等系列实施方案和实施意见。与教育部共建教育国际化综合改革试验区,建成国家汉语培训基地,成为全国第二批高考改革试点省市,新高考改革平稳落地。"双减"工作扎实推进,全面规范校外培训,全市义务教育学校课后服务实现全覆盖。公办小学100%实现免试就近入学,初中99%实现免试就近入学,对报名人数超过招生计划的民办学校采取随机派位方式确定学生入学。深化教育领域"放管服"改革,普通高校和部分市属高职院校实施人员总量管理,全面落实高校专业技术职称自主评审权。全市大中小学基本实现"一校一章程"。实施民办学校分类管理改革。推进教育行政审批制度改革,落实"权责清单"和教育公共服务清单制度。

教育服务经济社会发展能力得到进一步提升。实施"2011计划",到2020年,建成2个国家级、14个市级、20个校级协同创新中心。高校成果转化中心成为国家级技术转移示范机构。加大科技创新平台建设，新增 2 个省部共建国家重点实验室，建成 6 个省部共建协同创新中心，获批 2 个高等学校科技成果转化和技术转移基地，新增合成生物学前沿科学中心，地震领域首个国家重大基础设施落户天津大学。启动高校人工智能创新行动，支撑服务信创产业发展。推出 21 个高校社科实验室和 43 个高校智库。高校专利授权量年增长 14%。高校获得国家自然科学奖、技术发明和科技进步奖占全市比例分别达到 100%、71% 和 34%。

三 社会保障制度体系进一步完善

习近平总书记指出，保障和改善民生、维护社会公平、增进人民福祉的基本制度保障，是促进经济社会发展、实现广大人民群众共享改革发展成果的重要制度安排，发挥着民生保障安全网、收入分配调节器、经济运行减震器的作用，是治国安邦的大问题。党的十八大以来，党中央把社会保障体系建设摆上更加突出的位置，推动我国社会保障体系建设进入快车道。天津市在构建社会保险为主体，包括社会救助、社会福利、社会优抚等制度在内，功能完备的社会保障体系基本建成的基础上，加力健全覆盖全民、城乡统筹、权责清晰、保障适度、可持续的多层次社会保障体系，形成社会保险全民共有共享共建共谋的发展局面。

不断完善社会保障，推进实现应保尽保。全面实施全民参保计划，扩大全民参保覆盖面，推动实现城镇职工基本养老保险由制度全覆盖到法定人群全覆盖，积极促进有意愿、有经济能力的灵活就业人员、新就业形态从业人员等参加企业职工养老保险。城乡居民养老保险基本实现适龄参保人员应保尽保。重点推动中小微企业单位积极参加失业保险、实现工伤保险政策从企业职工向职业劳动者的广覆盖。做好参保资源比对排查,实现全民参保数据动态精准管控。"十三五"时期,天津市基本养老保险参保人数达到 900.6 万人,完成"十三五"规划制定目标的 107%。2021 年,全市参加城镇职工基本医疗保险人数 637.64万人,参加城乡居民基本医疗保险人数 537.38 万人;参加城镇职工基本养老保险人数 765.14 万人,参加城乡居民养老保险人数 171.96 万人,分别比上年增长4.7% 和 1.3%;参加城镇职工工伤保险人数 408.41 万人,增长 0.7%;参加城镇职工失业保险人数 372.30 万人,增长 6.6%;参加城镇职工生育保险人数 366.05万人,增长 3.5%。

健全完善社会保障制度体系。完善养老保险制度,积极推动落实企业职工养老保险全国统筹制度。健全养老保险制度体系,构建以基本养老保险为基础,企业年金、职业年金为补充,与个人储蓄性养老保险和商业养老保险相衔接的"三支柱"养老保险体系。贯彻落实有关法定退休年龄、最低缴费年限等方面的调整政策,建立健全职工基本养老保险遗属待遇制度和病残津贴制度。不断完善城乡居民基本养老保险制度和被征地农民社会保障政策。健全社会保障财政投入制度,积极推进财政对养老保险的补贴制度和财政补贴的正常增长机制,完善国有资本收益充实养老保险基金制度,积极推动国有资本充实社保基金,促进养老保险基金长期平衡。

织密筑牢民生保障网,推动保障水平稳步提升。在全国率先建立省级城乡统筹的社会保险制度,深入实施全民参保计划,完善基本养老保险制度,深化医疗保险制度改革。实施"筑基"工程,全面开展城乡困难群众排查解困专项行动。加强特殊困难群体精准帮扶,建成"救急难"服务平台,提升失业保险金待遇、城乡低保、低收入家庭救助、特困供养等标准。建立职工大病保险制度,提高职工和居民医保门诊报销限额。积极构建机构、社区、居家互为补充的养老服务体系,实现居家养老补贴城乡统筹,建成一批养老机构和老年日间照料中心,医养结合覆盖 95% 以上养老机构,推进老年人助餐、公共交通出行优化等服务,优化养老服务供给,着力解决老年社会问题。河西区居家养老服务改革试点经验在全国推广。落实增收措施,退休人员基本养老金、城乡居民基础养老金、老年人生活补助继续提高。

持续改善群众住房条件。坚持每年将改善群众住房条件列入 20 项民心工程,不断加大投入力度、扩大保障性住房建设规模、深入推进棚户区改造,住房保障体系日臻完善,住房保障覆盖面在全国居于领先水平。健全完善"发放三种补贴、建设三种住房"的制度框架,向不同层面困难家庭提供住房保障,构建"低端有保障、中端有支持、高端有市场"住房供应体系。陆续出台《天津市公共租赁住房管理办法》《天津市住房保障监督管理办法》《天津市住房保障档案管理办法》《关于政府购买棚改服务的指导意见》等一系列规范性文件,为保障房建设提供有效支撑。"十三五"时期,全市完成 148 万平方米棚户区改造和 8624 万平方米老旧小区及远年住房提升改造,完成 2.1 万户农村困难群众危房改造任务,新建棚改安置房 11.37 万套,发放租房补贴 19.65 亿元。高质量推进老旧小区更新改造,2016 年开始连续 6 年提前和延长供暖期,群众居住品质得到提升。市十一次党代会后的 5 年,为 36 万户居民解决了历史遗留的房产证难题。

四　全面推进健康天津建设

健康是促进人的全面发展的必然要求,是经济社会发展的基础条件,是民族昌盛、国家富强的重要标志。党的十八届五中全会把推进健康中国建设提高到国家战略高度。2016 年 8 月,中共中央政治局审议通过《"健康中国 2030"规划纲要》,健康中国建设全面实施。天津市认真落实党中央、国务院决策部署,坚持以人民为中心的发展思想,把人民健康放在优先发展的战略地位,加快建设健康天津。

坚持目标导向,实施健康天津行动。2016 年 11 月,天津市制定发布《关于推进健康天津建设的实施意见》,明确健康天津建设的总体要求、重点任务、支撑保障、组织领导,旨在加快推进健康天津建设,持续提升全市人民健康水平。和平区被确定为全国首批 38 个健康城市建设试点。2017 年,市第十一次党代会把"坚持以'大健康'理念为引领,打造健康城市,全方位、全生命周期保障人民健康"写进工作报告,健康天津建设进入加速建设期。2019 年,市政府印发《健康天津行动实施方案》,将 2022 年和 2030 年健康天津建设任务目标、政策举措等各项工作进一步具体化,坚持以人民健康为中心,坚持以基层为重点,以改革创新为动力,针对生活行为方式、生产生活环境以及医疗卫生服务等健康影响因素,坚持政府主导与调动社会、个人的积极性相结合,推动人人参与、人人尽力、人人享有,落实预防为主,推行健康生活方式,减少疾病发生,强化早诊断、早治疗、早康复,实现全民健康。坚持以"大健康"理念为引领,打造健康城市,全方位、全生命周期保障人民健康。加强重大疾病防控,突出解决好妇女儿童、老年人、残疾人、流动人口、低收入者等重点人群的健康问题,推动中医药传承创新。持续开展爱国卫生运动,加强卫生防疫、计划生育、心理健康服务。积极应对人口老龄化,加快建设以居家为基础、社区为依托、机构为补充、医养结合的多层次养老服务体系。"十三五"期间,居民期望寿命连年超过 81 岁,从 2015 年的 81.33 岁提高到 2019 年的 81.79 岁。孕产妇死亡率、婴儿死亡率分别从 8.1/10 万、4.76‰下降到 5.12/10 万、2.69‰,主要健康指标位居全国前列,达到发达国家水平,顺利实现健康天津建设任务目标。

加快实施医疗卫生体制改革。药品耗材供应改革首轮"4 + 7"国家药品集中采购和使用试点工作超额完成国家任务,建立以京津冀为基础、东北华北地区加盟的区域化耗材招采联盟。基层综合改革进一步巩固和完善，深化家庭医生签约服务内涵，有效签约居民 400 余万人，分级诊疗模式初步形成。不断提升基本公共卫生服务均等化水平，免费向全市人民提供 19 大类基本公共卫生服务项目。全市甲乙类传染病及 3 种重大传染病报告发病率均居全国最低行列。全市儿童免疫规划疫苗接种率始终保持在 95% 以上。在全国率先完成第二类疫苗集中采购管理体系建设，率先将水痘疫苗纳入免疫规划。2020 年，系统推进"三医"联动改革，建立优化分级诊疗模式，推广"互联网＋医疗"服务，率先启动医用耗材跨区域联合带量采购。居民对天津卫生体制改革满意度持续提升。

卫生健康体系建设不断推进。"十三五"期间，天津医院改扩建、环湖医院新址扩建、中医二附院迁址新建等 12 个项目竣工、11 个项目投入使用。不断推进基层医疗机构标准建设，截至 2019 年，全市共布设 267 家社区卫生服务中心和乡镇卫生院，15 分钟健康服务圈基本建成。2020 年，卫生健康体系建设完善升级，全市共有各类卫生机构 5836 个，其中医院 423 个；卫生机构床位 6.84 万张，其中医院 6.15 万张；卫生技术人员 11.40 万人，其中执业（助理）医师 4.92 万人，注册护士 4.27 万人；医疗卫生机构诊疗人数 9841.6 万人次，其中医院诊疗人数 5536.7 万人次。建立健全疫情监测机制，开展新冠病毒疫苗接种，加强医疗救治保障，全年接种 3054.3 万剂次，12 岁以上人群首针接种率达 95.9%。2021 年，加快优质医疗资源扩容和区域均衡布局，一中心医院新院区、海河医院四期配套工程项目竣工，协和天津医院一期主体封顶，空港医大总医院二期开工建设，筹建协和医学院天津校区、国家医疗健康大数据研究院，批准成立天津医学健康研究院，在打造高水平医疗服务中更好增强人民群众健康福祉，基本形成与人民健康需求相匹配，与全面建设社会主义现代化大都市目标相一致的卫生健康体系。

抗击新冠肺炎疫情取得重大战略成果。2020 年初，新冠肺炎疫情暴发。面对突如其来的疫情，天津作为抗击新冠肺炎疫情人民战争、总体战、阻击战的一个战区,坚决贯彻落实习近平总书记和党中央的决策部署,按照"坚定信心、同舟共济、科学防治、精准施策"的总要求,统筹疫情防控和经济社会发展,用一个多月的时间基本遏制住本地疫情蔓延势头,用不到两个月的时间实现本地确诊病例清零,取得了抗疫斗争的重大战略成果,交出了一份非同寻常、努力奋斗的"天津答卷"。在抗疫斗争中,天津第一时间启动一级响应,全力应对"海陆空"疫情冲击。把人民群众生命安全和身体健康放在第一位,最大限度提高收治率和治愈率、降低感染率和病亡率。充分发挥党建引领基层治理的独特优势,构筑起疫情防控的钢铁防线。坚持"全国一盘棋",驰援湖北保卫战,支援武汉,对口帮扶恩施,参与京津冀联防联控大会战有效承接北京分流航班入境检疫。扎实做好"六稳"工作、全面落实"六保"任务,奋力夺取疫情防控和经济社会发展"双战双赢"。在党的领导下,抗疫工作涌现出以张伯礼院士为代表的一大批先进典型。2020 年 9 月,市委对在抗击疫情斗争中表现突出的优秀共产党员和先进基层党组织予以表彰,授予于洪志等 150 名共产党员"天津市优秀共产党员"称号,授予天津市海河医院党委等 101 个基层党组织"天津市先进基层党组织"称号,激励引导全市各级党组织和广大党员坚定信念、忠诚履职、担当作为。深入学习领会贯彻落实习近平总书记关于疫情防控的一系列重要讲话精神,深刻、完整、全面认识党中央确定的疫情防控方针政策,毫不动摇坚持"外防输入、内防反弹"总策略和"动态清零"总方针,坚持不懈落实好各项防控举措,坚持早发现,早排查,早报告,早隔离,从严从紧科学处置疫情,持续做好常态化疫情防控和应急处置,以快制快扑灭每一起疫情,切实筑牢疫情防控屏障,持续巩固疫情防控成果。2022 年 1 月初,天津出现国内首例奥密克戎感染病例,又一次面对新冠疫情阻击战。市委、市政府深入贯彻落实习近平总书记重要指示精神,坚持人民至上、生命至上,采取迅速果断措施,坚定信心、迎难而上,面对严峻复杂的局面,强化应对措施,封管区域迅速划定,同步展开病例转运救治、流行病学调查、核酸检测筛查,仅用 14 天,就实现了社会面"清零"。再次打赢应对奥密克戎变异毒株疫情硬仗，切实履行首都疫情防控"护城河"的政治职责，为全国疫情防控作出天津贡献。在抗击新冠疫情中，天津大力弘扬伟大抗疫精神，统筹疫情防控和经济社会发展，充分发挥基层党组织优势。无论是"一船两机三楼"遭遇战还是进口冷链阻击战，无论是"首战"奥密克戎还是筑牢免疫屏障，无论是守护首都疫情防控"护城河"还是驰援兄弟省市，努力做到统一高效指挥、有力有序保障，科学精准、以快制快，倾心倾力守护人民群众的生命安全和身体健康。2020年春节期间，在疫情最胶着的关键阶段，市委一声号令，市级机关单位1.3万余名党员干部两天内报名下沉到社区、村，党旗在抗疫一线高高飘扬。2022年1月，面对奥密克戎疫情，市、区两级部门先后派往津南主战场的党员干部超过1.1万人。医务工作者、党员、干部、志愿者第一时间到社区、村疫情防控网格入队入列，控疫情、保民生，夜以继日投入战斗。集中全市力量办大事、办难事、办急事，科学统筹疫情防控和经济发展，以天津实践诠释了我国社会主义制度优势。

◆ 天津市坚持"全国一盘棋"，驰援湖北保卫战，支援武汉。图为战斗在武汉疫情防控一线的天津援鄂医疗队

新冠肺炎疫情发生后,天津市从关键点和薄弱点入手,推进健康天津行动。为深入扎实推进健康中国行动,结合天津实际,天津市制定健康天津行动实施方案,在健康中国行动 15 项专项行动的基础上,增加行动内容,形成 19 个专项行动,建立 40 项考核指标和 152 项监测指标,开展了各具特色专项工作。一是以深入开展爱国卫生运动,创建国家卫生区镇为重点,持续推进健康环境促进行动。二是围绕疫情防控,持续推进传染病、地方病、慢性病、癌症等防控行动。天津市甲乙类传染病及 3 种重大传染病报告发病率居全国最低行列,肺结核报告发病率全国最低;率先将水痘疫苗纳入免疫规划,全市达到碘缺乏病消除标准。三是以促进健康素养提升,普及健康知识为重点,开展健康知识普及、健康细胞培育和全民健身行动。天津市居民健康素养水平达 26.29%,位于全国前列。四是聚焦重点人群健康,以"一老一小一急一投诉"为切入点,开展妇幼健康、老年健康、心脑血管病防治、中小学健康等促进行动。强化考核监测评估,将健康天津行动纳入市委、市政府督查检查考核计划,依托高校和专家团队,经过调研论证,结合各区经济社会发展水平,区分市内六区、环城四区和滨海新区、远城五区三个区域的不同情况确立考核和监测评估体系。每年组织相关领域专家对各区、各部门开展考核和监测评估,同时根据考核监测情况,进一步完善评估标准,更加科学有效地监测工作进展情况。2020 年,制定实施健康天津行动计划,出台促进中医药传承创新发展的实施方案。出台促进 3 岁以下婴幼儿照护服务发展实施细则,实施妇女儿童健康促进计划。加强院前急救能力建设,6 个急救分中心建成投入运行,接报至到达现场平均时间降至 10 分钟以内,全市急救站点达到 204 个。2021 年,加强全人群全生命周期健康管理和公共卫生服务。启动实施妇女儿童健康提升计划,覆盖 320.4 万人次。

五 用心用力用情解决群众"急难愁盼"问题

实现好、维护好、发展好最广大人民根本利益是党一切工作的出发点和落脚点。习近平总书记要求着力解决人民群众最关心最直接最现实的利益问题。党的十八大以来,以习近平同志为核心的党中央坚持以人民为中心的发展思想,着眼于在发展中补齐民生短板、兜牢民生底线,聚焦基层的困难事、群众的烦心事,中共中央、国务院印发《国家积极应对人口老龄化中长期规划》,适时修订《中华人民共和国未成年人保护法》,事关"一老一小"的法规政策日趋完善,服

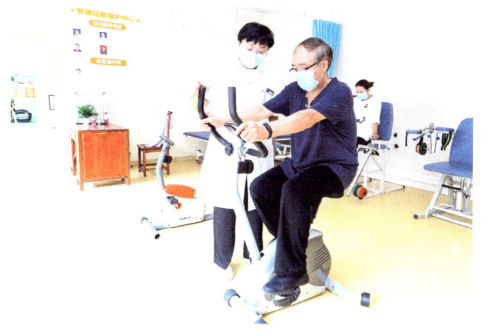

◆ 天津市探索将社区日间照料中心与养老机构服务功能进行有机融合,提升社区养老服务水平。图为河北区民心天使养老服务中心——宁园街富园社区养老服务中心

务体系不断建立健全,有力促进群众的民生福祉。天津认真学习习近平总书记有关重要论述,认真贯彻党中央、国务院有关工作部署,从全市人民群众最关心最直接最现实的利益出发,着力贯彻新发展理念办实事,不断提高基本公共服务均衡化、优质化水平,大力发展学前教育和养老体系建设,补齐"一老一小"民生短板,解决好发展不平衡不充分的问题,把群众切身利益问题解决好,持续深化"我为群众办实事"实践活动,形成"和平夜话""五常五送"等典型经验做法,得到人民群众的认可和拥护。

着力解决"一老"问题。2019年,为积极应对人口老龄化,加快建立与现代化大都市地位相适应的健康养老服务综合保障体系,天津市制定《促进养老服务发展三年行动方案(2019—2021年)》,开展促进养老服务发展三年行动。加快完善以居家养老为基础的养老服务体系,全面提升居家养老综合服务能力,进一步推动健康养老服务全面协调可持续发展,更好地满足人民群众多层次多样化养老服务需求。推动养老供给侧改革,在全市逐步构建"7＋5"①养老模式,构建以社区为支撑的居家养老服务体系。2019年,医养结合覆盖95%以上养老机构,实现了居家养老补贴城乡统筹。至2021年,全市老人家食堂达到1701个,190万人次老年人享受助餐服务,养老机构396家。老年日间照料服务中心(站)1357个,床位数1.4万张。街道综合养老服务中心和嵌入式养老服务机构试点达到70个。河西区多管齐下着力满足老年人养老需求经验做法在全国推广。推动残疾人"两项补贴"资格认定申请"跨省通办",建设低收入人口动态监测信息平台,强化"救、急、难"兜底保障,持续改善困难群众生活条件。

加快补齐"一小"短板。"全面二孩"政策实施后,天津市着力新建改扩建和

---

① 即居家养老上门服务、社区日间照料服务、智能呼叫应急服务、入户上门延伸服务、专业机构养老服务、短期托老照护服务、社会组织养老服务7种服务,以及由政府、社区、养老机构、社会组织、社会力量组成的"五位一体"养老服务网络。

提升改造幼儿园，不断增加学位，不断满足学前教育需求。2019 年，天津市出台《关于学前教育深化改革规范发展的实施意见》和《大力发展学前教育两年行动方案（2019—2020 年）》，开展住宅小区配套幼儿园建设专项整治，建立市、区两级财政对普惠性民办幼儿园分级补助机制，鼓励社会资源投入学前教育，当年实现新增幼儿园学位 6.97 万个。2020 年，"一小"问题继续得到有效缓解，新建改扩建幼儿园 672 所，新增学位 16 万个，学前教育三年毛入园率达到 92.3%。解决儿科医疗资源不足问题是补齐"一小"短板的另一项重要工作，天津围绕加强儿童医疗服务，提升儿童就医服务水平重点发力。完善二级以上综合服务类医院儿科建设，到 2018 年，全市医院有 45 家开设了儿科门诊，33 家开设了儿科急诊，22 家开设了儿科住院服务。加快儿医人才队伍建设，经过几年儿医人才队伍建设，2019 年，全市儿科医生 1870 人，每千名儿童医师数 0.726 人，提前实现国家卫健委规定的"到 2020 年每千名儿童医师数 0.69 人"的发展目标。探索优化医疗资源配置，2019 年，天津市儿童医院作为全市核心与牵头单位，与 12 家

◆ 天津市连续几年延长集中供暖时间，满足群众供暖需求。图为供暖企业控制室值班现场

医疗机构成立"天津市儿科医联体",优化全市儿科医疗资源配置与供给。

切实解决群众特别是困难群体现实问题。2016年以来,连续提前和延长供暖时间,满足群众供暖需求。2020年,完成148万平方米棚户区改造和8624万平方米老旧小区及远年住房提升改造,完成2.1万户农村困难群众危房改造任务,新建棚改安置房11.37万套,发放租房补贴19.65亿元,群众居住品质得到提升。社会保障网进一步织密筑牢,建立职工大病保险制度,养老、工伤、失业、生育保险待遇以及医保门诊报销限额、住院报销比例稳步提高,城乡低保、低收入家庭救助、特困供养、优抚对象抚恤补助等标准连续提升,"救急难"服务平台实现全覆盖。2021年,社会救助体系进一步健全发展。全市低保对象12.76万人,特困供养人员1.21万人,各类福利机构年末收养人员2.6万人。开展全市残疾人职业技能培训、农村实用技术培训,完成培训4229人,全年新增残疾人就业5581人。全年社会救助总支出23.63亿元。全年医疗救助总人数16.06万人,医疗救助支出3.88亿元。

六 高质量打赢脱贫攻坚战

2013年11月,习近平总书记来到湖南湘西十八洞村调研,提出"实事求是、因地制宜、分类指导、精准扶贫"扶贫工作重要要求。党的十八大以来,以习近平同志为核心的党中央把消除贫困摆在治国理政更加突出的位置,明确了到2020年我国现行标准下农村贫困人口实现脱贫、贫困县全部摘帽、解决区域性整体贫困的目标任务,提出精准扶贫、精准脱贫方略,建立起"五级书记"抓脱贫的工作机制,坚决打赢脱贫攻坚战。2017年,党的十九大把精准脱贫作为三大攻坚战之一进行全面部署，决战决胜脱贫攻坚。2021 年 2 月，习近平总书记庄严宣告，经过全党全国各族人民共同努力，在迎来中国共产党成立一百周年的重要时刻，我国脱贫攻坚战取得了全面胜利，区域性整体贫困得到解决，完成了消除绝对贫困的艰巨任务，创造了又一个彪炳史册的人间奇迹。

党的十八大以来，市委、市政府深入贯彻落实习近平总书记关于扶贫工作的重要论述，坚持把东西部扶贫协作、支援合作和全市结对帮扶困难村工作摆在战略和全局高度，以空前的工作力度全力投入，在打赢全国脱贫攻坚战中展现天津之为、彰显天津力量、作出天津贡献。

东西部扶贫协作和支援合作成效显著。按照党中央统一部署，天津承担甘肃、河北、新疆、西藏、青海、重庆、陕西、吉林 9 个省（市、区）82 个县（市、区）及新疆生产建设兵团的东西部扶贫协作和支援合作任务，其中包括 5 省区 50 个贫困县 4395 个贫困村。市委、市政府把做好东西部扶贫协作和支援合作工作作为重大政治任务，坚决扛起中央交给天津的政治责任，确立"升级加力、多层全覆盖、有限无限相结合"工作总思路，举全市之力，尽锐出战，不折不扣，满怀真情做好东西部扶贫协作和对口支援各项工作；坚持多层全覆盖，发挥天津优势，全方位开展人才、产业、劳务、消费、教育、卫生、结对认亲等各方面帮扶，助力结对地区改善民生，不断提高贫困群众的幸福感、获得感，教育引导贫困群众听党话、感党恩、跟党走；坚持智志双扶、鱼渔兼授，加大劳动技术和职业教育培训力度，提高贫困群众劳动就业能力，提升结对地区内生动力和自我发展能力；坚持有限无限相结合，注重完善社会动员机制，搭建社会参与平台，创新社会帮扶方式，形成政府、市场、社会共同参与协同推进的大扶贫格局。

面对新形势新任务新要求，市委、市政府整合全市资源力量，完善帮扶工作体系，形成"四个体系"保障力量，用心用情用力助力帮扶地区打赢精准脱贫攻坚战。一是完善高位推动体系。坚持党政主要领导亲自抓经常抓，切实履行脱贫攻坚政治责任。2019 年初，将市对口支援工作领导小组名称调整更改为市扶贫协作和支援合作工作领导小组,确定了以市委书记为组长,市长为第一副组长,市委副书记、常务副市长、市委组织部部长及2名分管副市长为副组长的领导架构。充分发挥科技、教育、医疗、人才等方面优势,调动整合全市企业、市场和社会力量,积极推动全市党政机关、企事业单位党委开展结对扶贫,深入推动社会力量参与,全力推动脱贫攻坚天津实践,体现天津作为、天津担当。二是完善规划政策体系。自2018年以来,印发实施《天津市推进东西部扶贫协作和对口支援三年行动方案》《天津市关于助力受援地区解决"两不愁三保障"突出问题的实施方案》,出台涉及产业、就业、消费扶贫等方面支援政策20余项,推动形成政府引导、企业主体、社会各界广泛参与的帮扶格局。三是完善目标责任体系。2020年,市扶贫协作和支援合作工作领导小组成员单位扩展至39家。聚焦人才支援、资金支持、产业帮扶、社会动员、劳务协作、消费扶贫等重点帮扶工作,成立11个专项工作组。领导小组与各成员单位、各区、各前方工作机构分别签订年度目标责任书,构建领导小组统一领导、专项工作组专责推动、各部门各区跟进落实的责任传导机制,推动形成全市上下积极响应,全力投入,尽锐出战的攻坚态势。四是完善监督保障体系。开展扶贫助困领域专项巡视,针对存在问题制定整改措施462条,健全完善制度47项。结合"不忘初心、牢记使命"主题教育,全市扶贫系统开展对群众关心的利益问题漠然处之、空头承诺、推诿扯皮以及办事不公、侵害群众利益问题的专项整治工作,取得明显成效。"十三五"时期,累计安排财政帮扶资金126.22亿元,年均增长26.3%,实施帮扶项目3651个,帮扶资金占一般公共预算收入比重和增幅位居全国前列,精准扶贫政策落实力度、人力物力投入强度均超出中央对天津的工作要求。以教育领域为例,2016年至2020年,全市927所中小学校与受援地区2081所中小学校建立结对帮扶关系,选派帮扶干部和支教教师1700余名,完成5100余名新疆、西藏、甘肃等地区骨干教师在津培训任务,组织1550名大学生赴新疆和田地区实习支教,教育帮扶精准有效。

◆ 天津高标准打造照壁成堡垒，图为天津企业与甘肃省庆阳市镇原县共建美丽乡村示范项目聚德小镇

到 2020 年，积极推进东西部扶贫协作和对口支援，累计投入财政帮扶资金 126 亿元，实施帮扶项目 3651 个，消费扶贫超过 33 亿元。2020 年，天津市结对帮扶甘肃、河北承德、新疆和田、西藏昌都、青海黄南 5 省区共 50 个贫困县、4395 个贫困村全部退出贫困序列，建档立卡贫困人口 335.65 万人全部脱贫。受援地区义务教育、基本医疗、住房安全有了保障，贫困地区群众出行难、上学难、看病难等长期没有解决的老大难问题得到有效解决，"两不愁三保障"全面实现，为受援地区全面完成脱贫攻坚目标任务、确保全面建成小康社会贡献了天津力量。

扎实开展结对帮扶困难村工作。2013 年，市委、市政府启动为期四年的市级机关、市属企事业单位联系群众结对帮扶困难村工作。组织 12 个涉农区，采取倒排方式确定 500 个困难村，从市级机关、市属企事业单位分两批抽调选派 1998 名优秀党员干部，组成 342 个驻村工作组，开展驻村帮扶工作。2017 年，在完成上一轮结对帮扶困难村工作的基础上，在全市开展新一轮结对帮扶困难村工作。针对天津部分农村地区依然存在村级组织软弱涣散、集体经济薄弱空壳、农民收入水平偏低、基础设施建设滞后、治理机制不够完善、群众矛盾纠纷多发等突出问题,确定将 1041 个相对困难村作为帮扶对象,深入开展结对帮扶困难村工作。全市选派 2095 名优秀干部组建 688 个驻村工作组,驻村帮扶 1000 个困难村和 41 个经济薄弱村。

天津市建立健全责任、动员、政策、资金、督导、管理"六大体系",扎实推动困难村结对帮扶工作。一是完善责任体系,突出抓党建促结对帮扶,健全完善"市负总责、区抓落实"的工作机制。2017 年 8 月,成立结对帮扶困难村工作领导小组,切实做好新一轮结对帮扶困难村统筹协调和组织推动工作。制定出台新一轮结对帮扶困难村工作分工方案,分解量化 5 个方面 29 项具体措施,明确 48 家市级有关部门的任务分工。各区、镇逐级建立专门领导机构,各帮扶单位党政主要负责同志亲自抓、负总责,形成市、区、镇、村上下协调、五级书记抓帮扶的工作体制和党委统一领导,组织、农业、民政部门牵头抓总,职能部门密切协作的运行机制。二是完善工作动员体系,广泛组织动员市区两级机关、企事业单位、驻津单位和民营企业参加帮扶工作。抽调全市 410 名副高级以上职称的农业科技人员,组建 10 个技术帮扶组和 1 个专业支持组,开展技术帮扶工作,增强困难村科技发展驱动力。深入开展"万名党员联万户"活动,切实解决生产生活中的实际难题。三是完善政策保障体系,制定出台"十项帮扶行动""三年行动方案"等 14 个政策指导性文件,组织 48 家市级职能部门围绕加强党建、就业培训、产业带动、科技教育、金融服务、生态补偿、基础设施、住房安全、医疗救助和社会保障 10 个方面,制定产业帮扶、就业援助、金融帮扶、饮水安全、党建帮扶等 30 多项务实管用的配套政策,各区制定出台"1 + N"的系列政策文件;完善教育资助、医疗救助、住房安全、社保兜底四保障工作措施,确保低收入困难群体应保尽保;制定精准救助政策,市和各涉农区全部建立以财政投入为主的社会救助基金,做好救急救难工作,打好政策集合、项目集中、资金集聚、措施集成的帮扶工作组合拳。四是完善资金投入体系,持续加大投入力度。坚持政府投入的主体和主导作用，累计投入各类帮扶资金 220 亿元，其中市财政三年累计拨付产业帮扶和基础设施帮扶专项补贴资金 25.34 亿元；各级相关职能部门将各项支农惠农政策向困难村倾斜，累计投入 180 多亿元；各帮扶单位从资金、项目、技术、人才等方面给予困难村大力支持，累计投入 10 亿多元。五是完善督导指导体系，建立健全领导小组联系点制度，组建暗查暗访组，开展常态化明察暗访。六是完善干部管理体系，制定加强驻村干部管理的规章制度，明确驻村工作组 9 项职责、5 项制度、3 项纪律；加大驻村干部教育培训力度，建立并落实市、区、乡镇三级教育培训制度。注重党建引领，充分发挥驻村工作组组长"第一书记"作用，组织开展党员集中学习 5 万次，开展党日活动 3.2 万次，新发展党员 2483 人，1040 个村达到"五好党支部"创建标准，夯实了党在农村的执政根基。至 2020 年 10 月，新一轮结对帮扶困难村工作各项任务目标全面完成，有效助力全市全面建成小康社会目标顺利实现，切实提升了农村治理能力和治理体系现代化水平，全面提升了困难村党员群众的获得感、幸福感和安全感。

◆ 天津市开展结对帮扶困难村党群服务中心达标建设，图为新落成的静海区蔡庄子村党群服务中心

    2021 年,脱贫攻坚成果进一步巩固。东西部协作和支援合作工作取得新进展,全年投入财政资金 28.41 亿元,实施帮扶项目 1202 个,选派干部人才 3378 人。"津企陇上行""民族团结一家亲·百行百业交流行"等活动影响力不断扩大。帮助结对地区 8.12 万名农村劳动力实现就业增收,其中脱贫人口 7.08 万人。全年实现消费帮扶金额超过 37.29 亿元。同时,天津市乡村振兴全面升级加力。坚持农业农村优先发展,不断提高农业供给质量,积极改善农村环境,加快实现农业农村现代化。现代都市型农业持续优化。建成高标准农田 27.1 万亩,新增设施农业 20 万亩,粮食播种面积和产量稳定增长。"津农精品"品牌达到 187 个,"菜篮子"重要农产品自给率继续位居全国大城市前列,农业科技贡献率明显提升,种业创新能力明显增强,水稻、黄瓜、生猪、肉羊等优势种业在全国处于领先地位,高水平举办中国天津种业振兴大会。蓟州区、宝坻区获评全国休闲农业重点县,8 个村镇获评第三批全国乡村旅游重点村镇。第二批 150 个农村人居环境整治示范村启动建设。蓟州区、静海区首批 160 个村宅基地制度改革试点稳步推进。

    十年不辍努力,天津践行以人民为中心的发展思想,坚持共享发展理念,不断加大民生领域的投入力度,不断夯实城市发展的社会支撑,不断提升城市发展的幸福指数,人民群众的幸福感、获得感日益提升,也为建设高品质生活大都市、共同富裕先行区奠定了坚实基础。

第六章

坚持绿色发展，

美丽天津建设迈出重大步伐

建设生态文明是关系人民福祉、关乎民族未来的千年大计，是实现中华民族伟大复兴的重要战略任务。习近平总书记指出："我们既要绿水青山，也要金山银山。宁要绿水青山，不要金山银山，而且绿水青山就是金山银山。"党的十八大以来，以习近平同志为核心的党中央高度重视生态文明建设，从党和国家事业发展全局的高度，深刻回答了"为什么建设生态文明""建设什么样的生态文明""怎样建设生态文明"等重大理论和实践问题，形成了习近平生态文明思想，进一步深化了党对社会主义建设规律的认识，为建设美丽中国、实现中华民族永续发展提供了根本遵循。2013年5月，习近平总书记视察天津期间，明确提出"要重视生态文明建设，加快打造美丽天津，着力保护生态环境"，为天津生态文明发展指明了方向。市委认真学习贯彻习近平总书记重要指示精神，2013年8月召开市委十届三次全体会议，审议通过《中共天津市委关于深入贯彻落实习近平总书记在津考察重要讲话精神加快建设美丽天津的决定》，讨论《美丽天津建设纲要》，强调努力把天津建设成为人与自然和谐相处、经济与社会协调可持续发展的美丽家园。2017年5月，市第十一次党代会提出，加快建设生态宜居的现代化天津，实现美丽天津天更蓝、地更绿、水更清，环境更宜居，生态更美好。2022年，市第十二次党代会强调，扎实推进生态文明建设，坚定不移走生态优先、绿色发展之路，坚持降碳、减污、扩绿、增长协同推进，提升生态环境治理水平，促进经济社会发展全面绿色转型，加快建设美丽天津。在市委、市政府坚强领导下，天津人民深入贯彻落实习近平生态文明思想，积极践行绿色发展理念，全力推动生态宜居的现代化天津建设，努力发展绿色经济、低碳经济、循环经济，加快重大基础设施建设，城市综合承载力不断提升，绿色发展成效显著，美丽天津建设迈出重大步伐。

一 全面实施主体功能区战略

积极实施主体功能区战略,是党中央、国务院作出的重要战略部署,是实现国土空间治理现代化的重要举措。市委、市政府全面落实主体功能区战略和主体功能区规划,严守生态用地保护红线,严格控制国土开发强度,打造生产空间、生活空间和生态空间相互协调的空间格局,建立空间治理体系,完善分类管理的政策和差异化的绩效考评体系,推动各区依据主体功能定位发展。同时,明确优化开发区域、重点开发区域禁止和限制发展的产业,明确禁止开发区域、生态涵养发展区域准入事项,不断完善绿色空间格局。

推动落实主体功能定位。2013年,党的十八届三中全会提出,要"坚定不移实施主体功能区制度""严格按照主体功能区定位推动发展"。2017年8月29日,中央全面深化改革领导小组第三十八次会议审议通过《关于完善主体功能区战略和制度的若干意见》。会议指出,建设主体功能区是我国经济发展和生态环境保护的大战略。完善主体功能区战略和制度,要发挥主体功能区作为国土空间开发保护基础制度作用,推动主体功能区战略格局在市县层面精准落地,健全不同主体功能区差异化协同发展长效机制,加快体制改革和法治建设,为优化国土空间开发保护格局、创新国家空间发展模式夯实基础。市委、市政府全面落实主体功能区战略,积极推动落实主体功能定位,先后制定《天津市主体功能区规划》《天津市海洋主体功能区规划》,实现了主体功能区国土空间全覆盖。2018年,市委、市政府进一步制定《关于完善主体功能区战略和制度的实施方案》,强调要把制定主体功能区规划作为天津对接中央战略部署、落实国土空间开发保护格局、指导城市总体规划和各专项规划的前提依据,精心组织规划编制,健全优化开发区、重点开发区、重点生态功能区发展长效机制;要科学划定空间格局,坚持生态优先,完善生态屏障和湿地保护区建设方案,制定严格管控举措,使规划成为"钢规铁矩";要站在生态环境保护和空间治理能力现代化的高度,坚决服从服务于国家总体规划部署,确保主体功能区战略落地落实。

按照国家将天津市确定为优化开发区域的定位要求,市政府进一步明确全市国土空间开发导向,推进形成市域层面不同类型的主体功能区,积极打造优化发展区域、重点开发区域、生态涵养区域、禁止开发区域四大类主体功能空间,构建更为合理的城市空间格局。天津市优化发展区域是指土地开发强度很高、资源环境承载能力相对较弱的中心城区以及具有较大开发潜力、近期要加快建设和发展的地区。该区域包括市内六区、东南西北环城四区、武清区、宝坻区、静海区。该区域占全市陆域面积的54.1%,功能定位是:城市经济与人口的重要载体,现代化城市标志区,城乡一体化发展的示范区,经济实力快速提升的重要区域。天津市重点开发区域包括:滨海新区,9个国家级经济技术开发区,子牙循环经济产业区,海河教育园区。该区域占全市陆域面积的20.6%。功能定位是支撑全市经济发展的重要增长极,现代制造业和研发转化基地,重要的服务业和教育科研集聚区,循环经济示范区,辐射带动北方地区经济发展的龙头地区,改革开放先行实验区,我国北方对外开放的门户。天津市生态涵养发展区域是指具有较好的农业生产条件,并对全市生态安全起着重要作用的区域。该区域包括蓟州区、宁河区,占全市陆域面积的25.3%。该区域是保障本市生态安全和农产品供给的重要区域,天津市重要的风景旅游区,人与自然和谐相处的示范区,也是未来城市空间拓展的后备区域。天津市禁止开发区域包括市级以上自然保护区、水源保护区、风景名胜区、森林公园、地质公园、湿地公园等自然文化资源保护区域。该区域是保护自然文化资源的重要区域,珍贵动植物基因资源和生物多样性的保护地。该区域要严格控制人为因素对自然生态的干扰,严禁不符合主体功能定位的各类开发活动,引导人口逐步向城镇有序转移,实现污染物

"零排放"。

编制海洋主体功能区规划。2015年8月,《全国海洋主体功能区规划》出台实施,标志着国家主体功能区战略实现了陆域国土空间和海域国土空间的全覆盖,对于推动形成陆海统筹、高效协调、可持续发展的国土空间开发格局具有重要促进作用。2017年制定的《天津市海洋主体功能区规划》,为全市海洋空间保护与利用提供了行动纲领,这是全国沿海首个地方海洋主体功能区规划。规划范围为天津市依法管理的海域及海岛,总海域面积2146平方千米。其中,滨海新区的中新天津生态城、天津港、临港经济区、大神堂牡蛎礁国家级海洋特别保护区等地海域有了新规划和定位。中新天津生态城以打造创意产业和高端海滨旅游为目标,形成海洋旅游和文化产业集群,依托中心渔港打造我国北方重要的海洋水产品集散中心和游艇产业基地。天津港主体港区以打造国家综合交通运输体系重要枢纽和保税加工、现代物流基地为目标,建设自由贸易试验区。临港经济区以打造海洋工程装备制造业、海洋船舶工业集聚区域和生态型工业区为目标,形成我国海洋工程和高端装备制造产业基地。南港工业区以打造高端海洋石油石化产业集聚区域和循环经济示范区为目标,形成上下游产业衔接的世界级生态型海洋石油石化产业集群。《天津市海洋主体功能区规划》提出,合理调整海域开发规模和时序,逐步推动海域资源开发利用由满足工业生产向兼顾社会公共需求转变。引导新增建设项目向南港工业区、临港经济区、中新天津生态城等沿海功能区聚集。统筹海岸线保护与利用,开辟公共休闲岸线,恢复海岸线生态服务功能和社会服务功能。

编制国土空间总体规划。国土空间规划是国家空间发展的指南、可持续发展的空间蓝图,是各类开发保护建设活动的基本依据。市委、市政府坚持高水平规划引领,做好顶层设计,加强战略引导。2019年编制完成《天津市国土空间发展战略》,确定我市国土空间发展战略目标为"促进环渤海地区发展的世界名城,建设成为一座开放活力之城、智能科技之城、幸福宜居之城、生态魅力之城"，提出"区域协同、全域统筹、空间重构、产业重塑、枢纽重组、生态重现、人文重兴"七大战略予以支撑。2020年1月，市人大常委会会议审议通过《天津市国土空间发展战略》，印发实施《市人大常委会关于推进实施国土空间发展战略的决定》，在全国率先完成空间发展的顶层设计工作。国土空间总体规划编制工作按照自上而下、上下联动、压茬推进的原则，全市同步开展市、区、乡镇、村庄规划以及近50项与空间有关的专项规划编制，进一步完善国土空间规划体系，明确各级各类规划编制范围，高质量编制完成《天津市国土空间总体规划（2021—2035年）》。《天津市国土空间总体规划（2021—2035年）》贯彻新时代国土空间开发保护新理念、新部署、新要求，坚持生态优先、绿色低碳、统筹发展和安全；坚持以人民为中心，促进人与自然和谐共生；探索国土空间开发保护制度，全面提升我市国土空间治理体系和治理能力现代化水平。一是落实"生产空间集约高效、生活空间宜居适度、生态空间山清水秀"的国土空间保护开发格局优化要求，践行绿色高质量发展理念，优先划定四大湿地保护区和双城中间绿色生态屏障，提出构建"三区两带中屏障"的市域生态格局。"三区两带中屏障"的"三区"即北部盘山–于桥水库–环秀湖生态建设保护区、中部七里海–大黄堡–北三河生态湿地保护区和南部团泊洼–北大港生态湿地保护区。"两带"即西部生态防护带和东部国际蓝色海湾带。"中屏障"则指双城中间绿色生态屏障。双城生态屏障北接七里海、大黄堡生态湿地保护区和盘山、于桥水库生态保护区，进而与北京通州相连，南连北大港和团泊生态湿地保护区，并与河北省雄安新区相连，补足了海河流域从山至海的中间部分，重塑了从蓟州盘山到大港湿地出海口的全域生态纵贯线，完善了京津冀区域生态格局。二是将严守生态环境安全底线作为发展前提，倒逼城市结构优化，引导城镇空间多中心、集约节约发展，防止蔓延连绵发展，形成"一市双城多节点"的市域城镇格局。"一市双城多节点"的"一市"即中心城市，是天津城市功能提升、居民集聚生活的核心载体。"双城"即现代活力津城和创新宜居滨城。"多节点"则指武清城区、宝坻城区、宁河城区、静海城区、蓟州城区 5 个区域性节点城市。在此基础上,形成规模合理、功能完善的"双城—区域性节点城市—特色功能组团—小城镇"四级城镇体系。三是统筹划定三条控制线,将永久基本农田保护红线、生态保护红线、城镇开发边界三条控制线作为规划管控底线,推进我市各类空间高质量发展。在框定底线的前提下,《规划》进一步优化空间布局,形成绿色屏障、淀泊风光的生态空间;乡村振兴、绿色现代的农业空间;双城引领、产城融合的城镇空间;以及港湾辉映、三湾引领的海洋空间。突出天津特色、衔接重点承接平台,合理划分主体功能分区,促进形成更高质量更有效率更可持续的空间发展模式。

二 加强生态环境治理

良好生态环境是最普惠的民生福祉。党的十八大以来,党中央大力推进生态文明建设,努力建设美丽中国,坚决打好三场关键战役,即坚决打赢蓝天保卫战,着力打好碧水保卫战,扎实推进净土保卫战,生态环境状况持续改善。市委、市政府全面贯彻落实党中央部署,大力推进生态文明建设,启动实施"美丽天津·一号工程",持续深化污染防治,不断推进蓝天、碧水、净土等保卫战,着力解决影响当前和长远发展的环境问题,生态环境质量不断得到改善,生态环境状况持续向好,人民群众"绿色幸福感"显著提升。

实施"美丽天津"工程。2013 年 9 月,"美丽天津"工程作为市委、市政府"一号工程"正式启动,实施清新空气、清水河道、清洁村庄、清洁社区、绿化美化"四清一绿"行动,下大力量解决环境污染方面的突出问题,明显改善全市生态环境和群众生产生活条件，建设美丽天津。为保证"美丽天津·一号工程"顺利实施，市委、市政府成立"一号工程"领导小组，市政府成立指挥部，下设"四清一绿"五个分指挥部，排出时间表和路线图，确保进度、质量和效果，实行"一号工程"一把手负责制，任务层层分解落实到人，健全评价督查体系，引导市民参与全民共建共享行动，营造保护环境的良好社会氛围。按照实施"美丽天津·一号工程"总体部署，制定《天津市清新空气行动实施方案》《天津市清水河道行动实施方案》《天津市清洁村庄行动方案》《天津市清洁社区行动方案》《天津市绿化美化行动方案》等专项工作方案，明确了开展"四清一绿"行动目标、重点工作、任务分解、工作进度、责任落实及督查考评等多方面内容。"美丽天津·一号工程"实施后，市委、市政府依法铁腕治污，扎实有效推进"四清一绿"行动，不断推动美丽天津建设取得新成效，天津的生态环境和城市面貌有了明显改观。

加快建设生态宜居的现代化天津。2017年5月市第十一次党代会提出"加快建设生态宜居的现代化天津"的目标，即"人与自然和谐共生理念成为普遍实践，绿色空间格局、产业结构、生产方式、生活方式基本形成，生态文明制度体系更加完善，生态环境持续改善，绿化覆盖率大幅提升，美丽天津天更蓝、地更绿、水更清，环境更宜居，生态更美好"。2020年11月，《中共天津市委关于制定天津市国民经济和社会发展第十四个五年规划和二〇三五年远景目标的建议》着眼于实现2035年基本建成社会主义现代化大都市的远景目标，对"十四五"时期加快建设生态宜居的现代化天津提出具体要求，即到2025年，天津生态文明取得新成效，国土空间开发保护格局得到优化，"871"重大生态建设工程取得重大进展，生产生活方式绿色转型成效显著，能源资源配置更加合理、利用效率大幅提高，主要污染物排放总量持续减少，生态环境显著改善，城乡人居环境更加绿色宜居。随后制定实施的《天津市生态环境保护"十四五"规划》，聚焦"2035年生态环境根本好转，美丽天津建设目标基本实现"，进一步明确了"十四五"时期生态环境保护工作重点任务。天津市成立市生态环境保护委员会、市污染防治攻坚战指挥部等,每年召开全市生态环境保护大会,全面抓好中央环保督察反馈意见整改落实,稳步推进污染防治攻坚战,进一步加大环境污染治理力度,持续推进生态环境保护修复,大力推进生态文明建设,为加快建设生态宜居的现代化天津奠定坚实基础。

◆ 绿色生态屏障东丽片区水清岸绿、焕发出蓬勃生机

扎实推进污染防治攻坚战。制定实施《天津市打赢蓝天保卫战三年作战计划（2018—2020年）》《天津市打好碧水保卫战三年作战计划（2018—2020年）》《天津市打好净土保卫战三年作战计划（2018—2020年）》《天津市打好柴油货车污染治理攻坚战三年作战计划（2018—2020年）》《天津市打好城市黑臭水体治理攻坚战三年作战计划（2018—2020年）》《天津市打好渤海综合治理攻坚战三年作战计划（2018—2020年）》《天津市打好水源地保护攻坚战三年作战计划（2018—2020年）》《天津市打好农业农村污染治理攻坚战三年作战计划（2018—2020年）》8个作战计划及《天津市深入打好污染防治攻坚战行动方案》,同时迅速建立打好污染防治攻坚战组织体系,成立天津市打好污

染防治攻坚战指挥部，由市委主要负责同志任总指挥，全力打好污染防治攻坚战。持续强化大气污染"五控"（控煤、控尘、控车、控工业污染、控新建项目）治理，分类整治"散乱污"企业 2.2 万家，有效破解"钢铁围城""园区围城"，开展"散煤"取暖清洁化治理，全面实施机动车国六排放标准，在气象条件不利的情况下，$PM_{2.5}$ 平均浓度总体保持稳定。$PM_{2.5}$ 年均浓度由 2013 年有监测以来的 96 微克/立方米下降到 2021 年的 39 微克/立方米，空气质量优良天数由 145 天增加到 264 天。实施"控源、治污、扩容、严管"四大举措治水，完成河湖"清四乱"专项行动（即乱占、乱采、乱堆、乱建），对城镇污水处理厂实施扩建提升工程，全部消除黑臭水体。全面落实河长制、湖长制，集中式饮用水源地保护区划定实现全覆盖，城市集中式饮用水水源地达标率 100%。渤海综合治理加力提速，开展入海排口"查、测、溯、治、罚"专项行动，制定"一河一策"治理方案，12 条入海河流水质全部消劣，近岸海域水质优良比例大幅提升。空气和水环境质量均达到监测以来最好水平。建成一批垃圾处理设施，整治修复一批污染地块。坚持农用地、建设用地"两控"治土。完成农用地详查、重点行业企业用地调查，实施农用地分类管理、建设用地准入管理，治理修复一批受污染地块，基本实现土壤安全利用。严格管控建设用地土壤污染风险，稳步推进受污染耕地安全利用。2021 年，平原区平均地面沉降量和沉降严重区面积均较 2020 年缩小。同时，引入社会资本近百亿元，构建政府为主导、企业为主体、社会组织和公众共同参与的环境治理体系。

持续推进生态环境保护修复。统筹生态、生产、生活空间，优化国土空间开发格局，推动形成"一轴、两廊、两带、三区、多组团"空间格局，为生态保护修复与建设打下坚实基础。划定 1393.79 平方千米生态保护红线，完成全国首批生态保护红线划定。植树造林，开展山林修复。实施《天津市加强野生动物管理若干规定》，全面加强野生动物保护，强化日常监管执法，斩断非法利益链条，确保实现"五无"①目标。完善生态补偿机制，推进国家生态文明建设示范区创建。2021年，宝坻区、西青区辛口镇分别被评为国家生态文明建设示范区、"绿水青山就是金山银山"实践创新基地。海河（河北区段）入选全国18个美丽河湖优秀案例。

◆ 北大港湿地成为"候鸟天堂"

"871"重大生态工程深入实施。扎实深入推进875平方千米"1＋4"湿地保护修复，构筑"河流环抱""湿地围城"良好生态格局。2016年出台《天津市湿地保护条例》，制定湿地自然保护区"1＋4"规划体系，划定875平方千米湿地自然保护区，全面加强七里海、北大港、大黄堡及团泊洼4大重要湿地保护与修复，开展土地流转、生态移民，实施引水调蓄生态补水。5年来，4个湿地保护区累计完成补水13.77亿立方米，湿地和水域总面积逐年增加，其中七里海湿地面积增加1.62%，北大港湿地增加6.47%，大黄堡湿地增加1.30%，团泊洼湿地面积保持了原有水平，生态环境明显改善，生物多样性明显提高，已成为天津耀眼的"生态名片"。扎实深入推进736平方千米绿色生态屏障建设，重构重塑天津城市发展布局。2018年绿色生态屏障试点建设启动，2019年全面铺开，按照"双

---

① 即野外无非法猎捕、人工无非法繁育、市场无非法交易、路上无非法运输、餐馆无非法食用。

城生态屏障、津沽绿色之洲"的定位和要求,确定"一轴、两廊、两带、三区、多组团"^①的总体空间布局。目前,绿色生态屏障已经成形,蓝绿空间占比超过65%,一级管控区内林地面积达到19.11万亩,林木绿化覆盖率达到26%以上,"水丰、绿茂、成林、成片"的生态场景生动显现。扎实深入推进153千米海岸线综合治理,打造水清、岸绿、滩净、湾美的蓝色海湾。天津海岸线全长153千米,为解决面临的各种生态问题,2018年7月打响渤海综合治理攻坚战,出台"蓝色海湾"整治修复规划,多方联动治理海域,全面禁止新增围填海活动,制定实施海岸线保护与利用规划,推进岸线整治修复。截至2021年底,共修复滨海湿地531.87公顷,整治修复岸线4.78千米,12条入海河流全部消劣,近岸海域优良水质比例达到70.4%,5年提高53.8个百分点。随着天津美丽海湾"颜值"

◆ 大港湿地

①"一轴"是指海河生态发展轴;"两廊"是指古海岸湿地绿廊、卫南洼湿地绿廊;"两带"是指永定新河湿地涵养带、独流减河湿地涵养带;"三区"是指以湿地湖岛和创新聚落为特征的北湖区,以海河绿廊为核心的中游区,以林田农苑和村镇组团为特征的南苑区;"多组团"是指东丽湖、空港经济区、高新区(渤龙湖片区)、津南城区和王稳庄镇等多个城市组团构成的分散式、小体量和网络化空间布局。

提升，慕名而来的游客也与日俱增。国家海洋博物馆、国际邮轮母港、航母海上军事文化体验区、东疆湾沙滩景区等形成了全新的滨海旅游品牌，大大提升了天津的海洋生态旅游产业价值。

三　推动绿色低碳循环发展

　　推动绿色低碳循环发展，促进经济社会发展全面绿色转型，2030 年前实现碳达峰、2060 年前实现碳中和，是以习近平同志为核心的党中央作出的重大战略决策，也是推动构建人类命运共同体的必然选择。实现"双碳"[①] 目标是我国生态文明建设的又一次新的伟大实践，是应对世界百年未有之大变局的主动作为，是推进高质量发展的内在要求，是建设社会主义现代化国家的必由之路，是立足新发展阶段、贯彻新发展理念、构建新发展格局的具体行动。天津作为我国北方最重要的工业城市之一，承担着"一基地三区"的功能定位及推进京津冀协同发展、服务"一带一路"建设等重大国家战略任务，拥有独特区位、产业等优势及改革开放先行区、国家自主创新示范区等优越条件。"双碳"目标的提出给天津带来了难得的历史性机遇。市委、市政府深入学习贯彻习近平生态文明思想和习近平总书记关于碳达峰、碳中和工作的重要指示精神，从中华民族永续发展、构建人类命运共同体的高度，充分认识做好碳达峰、碳中和工作的重

---

① "双碳"，即碳达峰、碳中和。碳达峰是二氧化碳排放轨迹由快到慢不断攀升、到达年增长率为零的拐点后持续下降的过程，直到碳排放量与碳清除量相抵，实现碳中和。从碳达峰到碳中和的过程，就是经济增长与二氧化碳排放从相对脱钩走向绝对脱钩的过程。

大意义，锚定"双碳"目标，在增加生态资源总量、培育壮大战略性新兴产业上下功夫，推动经济社会发展向绿色低碳转型。

推动落实碳达峰、碳中和目标。市委、市政府成立市碳达峰碳中和工作领导小组，以及能源、工信、建筑等重点领域专项推进小组，召开会议专题研究部署全市碳达峰碳中和工作，要求把做好"双碳"各项工作作为立足新发展阶段、贯彻新发展理念、构建新发展格局，加快推动高质量发展的有力举措和具体行动，全力推动经济社会发展全面绿色转型，加快形成节约资源和保护环境的产业结构、生产方式、生活方式、空间格局。2021年6月18日，市委理论学习中心组集体学习暨天津市推进碳达峰碳中和工作会议、市推进碳达峰碳中和工作领导小组会议合并召开。会议强调，要坚定不移走生态优先、绿色低碳的高质量发展道路，坚决打好实现碳达峰碳中和这场硬仗；要狠抓工作落实，确保碳达峰碳中和各项目标任务落地见效。2022年，《天津市加快建立健全绿色低碳循环发展经济体系的实施方案》实施，全方位全过程推行绿色规划、绿色设计、绿色投资、绿色建设、绿色生产、绿色流通、绿色生活、绿色消费，加快建立健全绿色低碳循环发展的经济体系，确保实现碳达峰、碳中和目标，推动全市绿色发展迈上新台阶。

高位推进"双碳"工作。把碳达峰、碳中和纳入全市经济社会发展整体规划，制定实施碳达峰行动方案，研究谋划碳中和战略安排，"双碳"并行、一体推进。坚持顶层设计与先行先试相结合，建立"1＋5"碳达峰碳中和工作推进机制。印发《天津市"双碳"工作关键目标指标和重点任务措施清单（第一批）》，明确前期118项重点任务清单，积极推进碳达峰、碳中和工作。一是在全国率先启动碳达峰、碳中和立法工作。2021年11月，《天津市碳达峰碳中和促进条例》实施，这是全国首部以促进实现碳达峰、碳中和目标为立法主旨的省级地方性法规。该《条例》将基本管理制度和绿色转型、降碳增汇、科技创新等政策措施以法规形式予以明确，为实现碳达峰、碳中和提供坚强的法治保障。二是培养壮大绿色低碳循环经济产业。大力发展先进制造业,以智能制造为主攻方向,加快发展战略性新兴产业,加速制造业高端化、智能化、绿色化发展,全面提升产业链供应链竞争力。三是推动能源绿色低碳转型。持续推进能源结构调整,实施煤炭消费总量削减,加快推进清洁能源替代,以煤炭为主的能源结构逐渐向多元化、清洁化方向转变。持续优化交通运输结构与运输组织体系,统筹"车油路港"综合施策,构建绿色低碳综合交通运输体系。以天津港绿色港口建设为核心调整运输结构,建设"公转铁""散改集"双示范港口,推进海铁联运。推广绿色低碳运输工具,优先使用新能源汽车。四是发挥科技支撑引领作用。开展低碳零碳负碳和储能新材料、新技术、新装备攻关,组织实施 10 项重大科技专项。依托北疆电厂、华能 IGCC 及大港油田、渤海油田试点推动碳捕集、利用与封存技术(CCUS)发展,在滨海新区开展陆地与近海区域的废弃油气藏、盐水层封存试点。五是推进"871"重大生态增汇工程。划定生态保护红线 1393.79 平方千米,占全市陆海总面积的 9.91%。持续推进七里海、大黄堡、北大港、团泊 4 个湿地 875 平方千米保护和修复,加快推进退耕还湿、生态补水等工程,提升湿地碳汇能力。加快推进"津滨"双城间"绿碳银行"(即绿色生态屏障)建设,提高生态碳汇能力。2018 年,启动"绿碳银行"建设,近期规划到 2021 年,屏障区内蓝绿空间占比达到 65%,远期规划到 2035 年,蓝绿空间占比达到 70%。截至2021 年上半年,一级管控区内林地面积达到 18.73 万亩(含部分水面)。绿色生态屏障区碳汇约 12.6 万吨 / 年,根据屏障区总体规划、造林绿化专项规划测算,到 2035 年,屏障区碳汇将达到约 20.6 万吨 / 年。六是示范引领宣传推动。推动滨海新区发展风电、光伏等绿色低碳产业,鼓励津南区重点发展双碳经济,支持天津港建设零碳码头,支持能源电力率先达峰。目前,天津港在全球建成首个"智慧零碳"码头,中新天津生态城惠风溪、北辰区大张庄两座智慧能源小镇投运,天津高速首个"零碳"服务区启用,生态城第四社区中心成为全市首个"零碳"社区商业项目,中新天津生态城不动产登记中心成为全市首个零碳建筑示范项目。通过新闻报道、理论宣讲、示范展示和多媒体传播等形式，扎实推进碳达峰、碳中和科普宣传，以老百姓喜闻乐见的宣传方式，讲好天津低碳故事。打造"双碳"科普展厅，以通俗易懂的方式阐释"双碳"基本概念、低碳计算器等内容，并辅以沙盘模型、模拟置景等展陈手段，直观呈现"双碳"目标的实现路径，进一步提升参观人员绿色低碳生活意识，引导广大市民为经济高质量发展贡献"绿色力量"。

◆ 全球首个"智慧零碳"码头——天津港北疆港区C段智能化集装箱码头投产运营

探索低碳发展道路倒逼高质量发展。高质量发展是体现新发展理念的发展，绿色低碳是高质量发展的鲜明特征。党的十八大以来，天津坚持不懈推动绿色低碳发展，从生态建设、绿色转型等方面谋划着手，走好高质量发展之路。支持天津市低碳发展研究中心等部门开展低碳循环发展相关规划编制、碳排放交易统计核算核查、节能降碳减污科技成果转化应用、绿色低碳教育培训等工作，为全市应对气候变化工作提供有力的科技支撑。建设国家低碳工业园区试点 2 个、市级低碳工业园区 5 个。其中，天津经济技术开发区在低碳发展方面始终走在国家级经开区前列。园区内企业低碳项目投入不断加大，长城汽车产业园 2 万千瓦屋顶光伏项目于 2014 年正式并网发电，每年可提供清洁电力 1842.17 万度。深化碳排放权交易试点建设。作为国家 7 个碳排放权交易试点之一，天津市建立碳排放权交易市场，成为推动企业节能降碳和绿色转型的重要手段，碳交易履约率连续多年保持 100%。不断完善交易体系和管理制度，制定完善《天津市碳排放权交易管理暂行办法》，创新实施碳配额有偿竞价机制，建立配额管理、监测报告核查和交易管理的相关制度，开发建设注册登记系统、交易系统等支撑系统，实现碳交易价格稳中有升，市场运行保持平稳。2021 年上半年，天津市配额总成交量达 856 万吨，配额总成交金额达 2.53 亿元，均位列全国第二。

狠抓重点企业碳排放管理。全市试点纳入企业行业范围进一步扩展，由原先的 5 个行业扩展为电力热力、钢铁、化工、石化、油气开采、建材、造纸和航空 8 个行业 104 家企业。组织 6 家第三方核查机构对企业的碳排放报告开展现场核查，确保碳交易纳入企业排放量和配额量的准确性。对年排放量 2 万吨二氧化碳以上的规上工业企业全部开展碳排放报告及核查，为继续扩大全市碳交易试点纳入企业范围做好准备。2021 年，完成对 200 家重点排放单位碳排放报告核查，在全国率先完成碳排放履约。

碳排放权交易降碳效果明显。碳交易试点自启动以来，全市重点行业碳排放强度和总量大幅降低。在控排行业范围进一步扩展的情况下，控排企业碳排放总量由 2013 年的 1.4 亿吨下降到 2020 年的 1.2 亿吨，"长流程"钢铁企业单位产品碳排放量由 2013 年的 2 吨 CO_2/吨粗钢以上，下降到目前的 1.53 吨 CO_2/吨粗钢。火力发电厂单位发电量碳排放由 2013 年的 823gCO_2/kWh，下降到 2020 年的 730gCO_2/kWh，有效推动绿色低碳发展。

"十三五"时期，全市坚持燃煤、工业、机动车、扬尘、新建项目"五控"治气，坚持控源、治污、扩容、严管"四措"治水，着力解决"钢铁围城"等突出问题,在推动碳排放强度稳步下降的同时,促进了经济高质量发展。天津市单位生产总值二氧化碳排放累计下降 22% 以上,在 2015 年基础上累计降低约 60%,超额完成国家下达的"十三五"指标任务和低碳城市试点工作目标任务。与 2015 年相比,2020 年全市煤炭消费 3750 万吨,累计削减 789 万吨,降幅 17.4%。2021 年上半年,全市能耗强度同比下降 3.9%,高于 3.7% 的年度目标,降幅在直辖市中名列第一。2020 年,天津市 $PM_{2.5}$ 年均浓度为 48 微克 / 立方米,较 2013 年下降 50%;全市国控断面优良水质比例首次达到 55%;近岸海域优良水质面积比例为 70.4%,较 2015 年的 7.8% 提高 62.6 个百分点。

四　健全生态文明治理体系

生态环境治理体系和治理能力是生态环境保护工作推进的基础支撑。党的十九大明确提出,构建政府为主导、企业为主体、社会组织和公众共同参与的环境治理体系。市委牢固树立和自觉践行绿色发展理念,全面加强党对生态环境保护工作的领导,进一步强化政府主导作用和企业主体作用,动员激发社会组织和公众共同参与,坚持全民共治,凝聚工作合力,压实硬责任、严格硬指标、强化硬措施,坚持综合施策,强化源头治理,努力健全生态文明治理体系,提升生态文明治理能力。制定《关于构建现代环境治理体系的实施意见》,突出依法治污、精准治污、科学治污,完善行政、经济、法律、科技政策措施,为实现生态环境根本好转、加快生态文明建设和美丽天津建设提供制度保障。

健全党政领导责任体系。完善市委、市政府环境治理总体责任落实机制,调整充实市生态环境保护委员会职能,全面贯彻落实党中央、国务院各项决策部署,统筹推动生态环境保护和生态环境治理工作,研究部署生态环境保护目标指标、制度安排、政策措施和资金投入,持续推进中央生态环境保护督察整改,组织开展市级生态环境保护督察、监督检查和考核评价,坚持生态环境保护市领导联系点制度,深入推进京津冀生态环境联建联防联治。全面推行河长制,坚持以"五有五抓"推动河长制落实,积极构建管理、治理、保护"三位一体"的河湖管护机制。以河长制为示范,湖长制和湾长制全面实行,推广实施田长制,完善生态环境保护专职网格员制度。强化生态环境保护目标责任落实机制。2016年,制定出台党政领导干部生态环境损害责任追究实施细则,从党政同责、追责情形、追责程序、结果运用等方面做出具体规定,对履职不力、失职渎职的严肃追究责任,推动党政领导干部切实履行生态环境保护和资源保护职责。2021年,出台《天津市生态环境保护责任清单》,制定实施区、乡镇(街道)党委和政府以及市级有关部门生态环境保护责任清单。建立完善生态环境保护目标责任评价考核体系,制定考核方案,明确各区、市级有关部门年度目标指标任务,精简整合相关专项考核,统一实施考核评价,考核结果作为各区、市级有关部门年度绩效考核以及领导班子和领导干部综合考评、奖惩任免的重要依据,按照有关规定对生态环境保护成绩突出的地区、单位和个人给予表彰奖励。完善生态环境保护督察检查工作机制。落实生态环境保护督察工作规定,设立常态化生态环境保护督察组,围绕推动经济高质量发展、生态环境质量改善开展例行督察,加强专项督察,严格督察整改。

健全企业主体责任体系。天津努力打造先进制造研发基地,培育绿色工厂,推进制造业转型,构建绿色制造体系,加快推进绿色生产制造。坚持全国先进制造研发基地功能定位,强化源头治理,逐步提高标准,依法依规、稳妥有序淘汰落后生产工艺、技术装备;建立单位国内生产总值(税收)污染排放强度控制制度,强化清洁生产审核,逐步推动重点行业工艺升级、技术创新,加快实现生产方式绿色化。至2020年底,围绕汽车制造、生物医药、新能源、新材料等重点领域培育 146 家绿色工厂。建立完善企业污染治理主体责任落实督查检查制度，督促企业严格执行法律法规标准，建设、运行、维护污染治理设施，着力提高企业治污能力水平，确保稳定达标排放。重点排污企业安装使用自动监测设备，做好自动监测系统运行维护和量值溯源，确保监测数据真实、完整、有效。

健全全民行动体系。提高民众生态环保意识。把习近平生态文明思想纳入国民教育体系和党政领导干部培训体系，广泛普及生态环境保护思想理念、法律法规、科学知识，推进生态环境保护宣传教育进学校、进家庭、进社区、进工厂、进机关，引导民众自觉履行生态环境保护责任。组织开展世界地球日、环境日、森林日、海洋日等主题宣传活动，加大环境保护公益广告宣传力度，鼓励生态文化作品创作和环境教育基地创建，满足广大人民群众生态文化需求。广泛开展绿色生活行动，全面落实《绿色生活创建行动总体方案》，积极开展节约型机关、绿色家庭、绿色学校、绿色社区、绿色出行、绿色商场等创建行动，引导民众自觉摒弃落后的生活习惯，加快形成简约适度、绿色低碳、文明健康的生活方式。建立完善垃圾分类制度和激励机制，加快推进垃圾分类。强化社会监督公众参与，建立完善生态环境保护重大行政决策公众参与机制，完善公众监督、督促办理、举报反馈机制，持续畅通"12369"环保举报热线、"12345"便民专线监督举报渠道，完善环境污染违法行为有奖举报制度。坚持环境违法典型案例曝光制度，加强新闻舆论监督，鼓励新闻媒体公开曝光生态破坏问题、环境污染事件、环境违法行为。

完善环境治理监管体系。深入落实主体功能区战略，编制实施自然保护地规划，强化空间开发利用、重大项目布局的规划环评，持续优化产业布局。完成生态红线勘界定标，编制实施生态保护红线、资源利用上线、环境质量底线和环境准入清单。加强能源消费总量控制，深入调整能源结构。推进资源环境承载能力监测预警机制建设，完善突发生态破坏、环境污染事件应急机制，提升应急处置能力，强化环境污染源头预防。全面推行排污许可管理，坚持远近结合，分阶段建立实施基于排放总量控制、行业先进排污水平、环境容量控制的排污许可管理制度。推进环评制度与排污许可管理制度有机融合,在重点流域、大气污染重点行业,探索推进排污权交易。建立工业园区单位面积、重点行业单位产品污染排放强度监测评估体系,精准推动污染物总量减排。创新环境执法监管模式,健全生态环境保护综合行政执法机制,细化执法事项指导目录,制定执法"正面清单",统一规范执法行为,推进跨区域、跨流域、跨部门联合执法检查,统筹市、区两级执法检查,避免重复执法。全面推行"双随机、一公开"执法监管模式,依托在线监控、遥感监测等科技手段,提高执法检查的针对性、精准性。严格依法审慎使用停产整治、限制生产等强制措施。落实生态环境监测制度,构建完善陆海统筹、天地一体、上下协同、信息共享的生态环境监测网络,实现生态状况、环境质量、污染源监测全覆盖。完善生态环境监测技术体系,全面提高生态环境监测自动化、智能化、信息化水平。提高生态环境分析评价能力,加强环境质量预测预报预警。

完善环境治理法治体系。坚持依法治污,全面梳理天津市生态环境保护地方性法规,加强与国家法律法规衔接、保持统一,制定修订《天津市大气污染防治条例》《天津市生活垃圾管理条例》等地方环保法规,研究制定生态补偿、扬尘、农业面源、固体废物等方面地方性法规,推进完善环保地方立法。制定完善环保标准,结合天津市生态环境状况,统筹生态环境保护规划、法规和政策要求,制定修订一批大气、水等地方环境保护标准,系统谋划、超前研究制定污染物排放标准、技术规范,分阶段设定排放限值,稳定社会预期,健全标准实施评估机制。强化司法支持,加强生态环境保护综合行政执法机关与公安、检察、审判机关的沟通协作,完善信息共享、证据收集、案情通报、案件移送、强制执行等工作机制。公安机关在市、区两级生态环境部门设立工作组,联合查处侦办生态环境违法犯罪行为。鼓励检察机关提前介入生态环境有关案件,加强生态环境公益诉讼工作。推进环境资源审判庭建设,统一生态环境案件受案范围、审理程序,探索建立"恢复性司法实践＋社会化综合治理"审判结果执行机制。

完善环境治理科技体系。加强生态环境基础研究,设立生态环境治理相关研究专项,聚焦节能减排降耗、生态修复、污染来源解析等领域,开展基础性、跟踪性、战略性、创新性研究,加强 $PM_{2.5}$、O_3（臭氧）协同治理技术攻关,开展生态环境保护政策的分析评估,推进科学治污、精准治污。建设智慧生态环境平台,构建生态环境信息资源共享数据库,推动经济社会、污染排放、环境治理、环境质量等信息互联互通。全面对接天津市"互联网＋监管"系统,建设生态环境保护综合管理信息平台,形成生态环境数据一本台账、一张网络、一个窗口。推进区块链、大数据、云计算、人工智能、物联网等新一代数字化技术在污染防治、执法监管、环境监测领域的应用。强化环境保护产业支撑,通过发布技术名录、推广示范工程等方式,鼓励支持环境治理企业关键治理技术产品自主创新,推动首台（套）重大环保技术装备示范应用,加快提高环保产业技术装备水平,健全完善生态环境科技成果转化综合服务平台,加快先进适用技术示范推广。做大做强龙头企业,培育一批专业化骨干企业,扶持一批专精特新中小企业,推动环境治理市场化、专业化、产业化。鼓励环境治理企业"走出去",积极参与全国环境治理、绿色"一带一路"建设。

五　深入推进宜居宜业城市建设

市委深入践行习近平生态文明思想,完整准确全面贯彻新发展理念,坚持以人民为中心的发展思想,坚持生态优先、绿色发展,把人与自然和谐共生融入城市规划建设管理全过程,加快推进重大生态工程,同时提升城市综合服务功能,努力打造宜居宜业生态之城。

下足绣花功夫,提高城市精细化管理水平。市委、市政府紧紧围绕建设美丽天津的总目标,聚焦人民群众的操心事、烦心事、揪心事,加快政府职能转变,树立经营城市理念,整合城市管理资源,推进城市综合整治,以绣花般的细心、耐心、巧心,全力提升城市管理科学化、精细化、智能化水平,绣出天津品质品牌。坚持"城市生命体有机体"理念,进一步提高城市治理精细化和可持续发展水平。以"四本预算"机制深化储备土地类项目全生命周期管理,土地资源全方位管控力度不断提升。加快"不动产登记一网通"改革,优化不动产登记服务方便企业和群众办事。坚持治理为民、治理惠民,真抓实干,严督实办,全力推进"飞地"基层社会治理属地化工作,"飞地"治理经验获民政部推广。坚决有力落实房地产调控政策,培育发展住房租赁市场,有效盘活存量闲置房屋资源,多渠道扩大保障性租赁住房来源,房地产市场保持平稳健康发展。

全面提升垃圾管理和环卫作业水平,推进整洁之城建设。2021年实现生活垃圾分类示范街镇建设比例达到30%,资源化利用率达到80%。全市建成区主干道路机扫率、水洗率实现两个100%,城市道路"以克论净"平均达标率达到80%。深入推进生活垃圾分类工作,按照便利化、精细化、人性化标准改造提升生活垃圾分类收集点(站),持续强化示范引领,推动生活垃圾分类示范街镇建设覆盖居民小区2000个。持续推动垃圾厂站建设,推动建设滨海新区厨余垃圾处理设施,新增厨余垃圾处理能力400吨/日;推动北辰区、西青区等10座建筑垃圾消纳及资源化利用厂、6座大件垃圾处理厂和蓟州区炉渣资源化利用厂建设,形成与经济社会发展相适应的垃圾全链条处理体系;按照运距合理、布局均衡的原则,新建改造5座垃圾转运站,提升垃圾转运能力,基本形成分类投放、分类收集、分类运输、分类处理体系,资源化利用率达到80%。同时,全面抓好道路、公厕、居民社区环境卫生工作。

坚持人民城市为人民,推进城市生态系统建设。完善城市绿地体系,加强城市公园绿地、城郊生态绿地、绿化隔离地等建设,依托外环线外侧 500 米防护绿带建设环城生态公园带。以外环绿道为纽带串联打造 11 个植物公园,形成城市"一环十一园"的"植物园链"。自 2017 年至 2021 年末,全市总计新建绿地 2874 万平方米,提升改造公园共计 130 座,面积达 1427 万平方米,实现"开窗见景、出门见绿",积极打造优美自然的生态场景,增强人民群众生态体验感。同时,突出经营城市理念,健全完善各公园管理运营机制,科学统筹工程时序,协调推进周边区域的规划建设。新增城市绿道河西示范段、子牙滨河公园等一批城市公园,海河沿线等夜景品质全面升级,解放桥重要节假日开启常态化,休闲旅游"打卡地"不断涌现。西青区、蓟州区、宝坻区被授予国家生态文明建设示范区称号,子牙经济技术开发区获批国家生态工业示范园区。

◆ 中新天津生态城打造的城市绿道环线

大力推进长城、大运河文化保护传承利用。编制完成《天津市明长城保护规划》和《长城国家文化公园（天津段）建设保护规划》，蓟州黄崖关长城入选第一批国家级长城重要点段。大运河文化保护传承利用取得实质性进展，构建起"2＋4＋1"市级规划体系。启动大运河文化和旅游融合发展规划编制，协同推进大运河国家文化公园规划编制。《天津市大运河文化保护传承利用实施规划》《大运河天津段核心监控区国土空间管控细则（试行）》颁布实施，大运河文化保护传承利用机制更加完善。积极推动长城、大运河国家文化公园建设，高标准实施黄崖关长城保护展示提升工程、杨柳青大运河国家文化公园、大运河博物馆等一批国家级标志性项目，打造文化遗产活力焕发的大运河示范带。

加快交通建设，打造城市便利化交通。天津贯彻落实创新、协调、绿色、开放、共享的发展理念，着力构建与全市经济社会发展相适应的安全便捷、畅通高效、绿色智能的现代综合交通运输体系，为深入推进宜居城市建设提供强有力的交通保障。城市公共交通建设成效明显，地铁建设提速推进，滨海新区 Z2 线开工建设，4 号线南段、6 号线二期建成通车，运营总里程达到 265 千米，优化 9 号线行车组织、城际列车高峰开行时刻、公交接驳，"津城""滨城"双城通行更加便利高效。地铁和轻轨实现统一运营管理，实现银行卡、手机应用程序（App）和一卡通等多渠道支付，京津冀交通一卡通覆盖全部地铁、公交线路。建成国家公交都市建设示范城市，开延调公交线路超过 300 条，公交站点 500 米覆盖率达到 100%，新能源公交车辆占比达到 80% 以上，全面推进城乡公交一体化，实施公共汽车运营成本规制，运营智慧安全水平明显提升。出租汽车行业市场秩序更加规范，出台《天津市网络预约出租汽车经营服务管理暂行办法》，建成网约车监管平台。共享单车运营管理逐步规范，出台《天津市关于鼓励规范互联网租赁自行车发展的指导意见》等系列管理办法，规范企业行为，实施精细化管理，形成"总量控制、动态调节"的管理模式。加快推进城市治理"一网统管"，开展交通堵点乱点常态化治理，在公交、地铁、出租车等交通运输领域广泛开展"保畅通、有温度、优服务"活动，持续巩固"三站一场"环境服务提升整治工作成效，新增公共停车泊位1.3万个，津门湖新能源车综合服务中心投入使用，群众出行更加便捷。制定京津通勤便利化措施，推进京津城际运营公交化、支付优惠同城化、枢纽通达便利化、重点区域直通车等方面措施落实。道路客运运输加快转型升级，道路货运向规模化、专业化发展，先进运输组织模式初见成效。物流快递业快速发展，建成空港航空快递物流园、东疆港跨境快递物流园、武清电商快递物流园等快递专业类物流园区，基本建立末端配送网络，次晨达、次日达、上门取件等快递业务稳步增加，快递上机、高铁极速达、冷链快递、跨境包裹、农村快递等新兴业务迅速增长，积极创建国家绿色货运配送示范城市，实现配送车辆统一标识、统一车型、统一平台管理、统一智能监控。

　　加快智慧天津建设，推动天津城市数字化转型。紧紧围绕网络强国、数字中国、智慧社会等战略部署，做好基础设施建设、政务服务、城市治理、智慧应用、产业转型等方面工作，为全面建设智慧天津奠定了坚实基础。城乡信息基础设施实现跨越式发展，移动宽带、固定宽带下载速率均跃居全国第三位。第五代移动通信（5G）网络规模建设不断深入，中心城区、滨海新区主城区等区域实现5G网络全覆盖。累计建成5G基站4万个，获评全国首批千兆城市。在全国率先建成电子政务万兆骨干光网，国家、市、区、乡镇（街道）、村（社区）五级网络实现贯通，实现各级政务部门互联互通。完成市级政务云建设，形成10.78万核计算能力、27拍字节（PB）存储规模，承载全市200多个业务系统。稳步推进"互联网＋"政务服务建设，建成天津网上办事大厅和"津心办"政务服务应用程序（App）。信息资源共享开放持续深化，建成天津市信息资源统一共享交换平台，建成天津市信息资源统一开放平台，面向社会提供数据开放服务，市民、企业和数据开发者可以通过网站、移动端、微信小程序三个开放渠道进行访问。社会治理一体化不断推进，建设完成"津治通"全市一体化社会治理信息化平台，实现市、区、乡镇（街道）、村（社区）四级贯通应用。升级优化天津市便民热线信息服务平台,整合全市政府热线号码和服务资源,集市民咨询、求助、投诉、办事于一体,全方位提供 24 小时服务,完善网格化报送、市民随手拍等舆情风险发现渠道。智慧环保成效显著,大气污染防治信息化体系逐步完善,实现水、土、声、核辐射、应急监测等领域的信息化全覆盖。在国家首批"互联网+监管"试点地区中率先完成系统主体建设,建立市场监管、金融监管等全市统一的监管风险预警模型,为监管创新提供高效技术支撑。完成市应急救援指挥中心建设,初步建成应急管理综合应用平台,有力支撑应急处置和科学决策。启动高校智慧校园建设,构建"云、网、端"一体化的智慧校园服务体系。持续深化"互联网+智慧医疗服务",通过智慧门诊、"健康天津"应用程序(App)等方式为市民提供预约挂号、自助机服务、在线支付等便民惠民服务。推出"新冠肺炎实时救助平台",向全国推广"天津模式"。智慧养老打通养老服务"最后一公里",养老服务业务管理平台和老年人助餐服务信息平台建设不断深化。"互联网+人社"持续推进,开通"天津人力社保"应用程序(App)、"津社保"微信公众号等服务平台,电子社保卡签发量排名位居全国前列。

推进美丽乡村建设,改善农村人居环境。2013 年起,在全市开展清洁村庄行动,着力解决村庄垃圾治理、污水治理、环境清整、村庄绿化、长效管护机制五个方面问题。按照道路硬化、街道亮化、垃圾处理无害化、能源清洁化、村庄绿化美化、生活健康化的"六化"标准和有党员活动室(村民学校)、有文化活动室(农家书屋)、有便民超市(农资超市)、有卫生所、有村邮站、有健身广场的"六有"标准,创建文明生态村,实现卫生净化、村庄绿化、环境美化、整体亮丽化,促进了村庄环境面貌的改善。2018 年至 2020 年,坚持高起点规划、高标准整治、高效能管理,实施农村人居环境整治三年行动,持续推进农村困难群众存量危房改造、饮水提质增效工程、人居环境整治示范村建设及农村厕所改造提升,农村人居环境不断改善,农村的生态环境美起来、农民的生活方式绿起来。实施农村全域清洁化工程,加大农村基础设施建设。西青区被评为 2018 年全国农村人居环境整治成效明显激励县（市、区）；武清区、津南区被评为2019年全国村庄清洁行动先进县。"十三五"时期，全市创建1139个美丽村庄，建成150个农村人居环境整治示范村，农村生活垃圾无害化处理、农村生活污水处理设施、农村卫生厕所基本实现全覆盖，畜禽粪污综合利用率达到86.51%，乡村人居和生态环境显著改善。"十四五"时期，继续推进农村人居环境整治示范村建设，补齐农村基础设施和公共服务短板，推进城乡深度融合一体化发展，升级建设美丽村庄，使全市美丽村庄数量达到2377个，为村民打造绿色、生态、宜居的美好幸福家园。2021年，全市启动第二批150个农村人居环境整治示范村建设，继续推进乡村人居和生态环境整治，进一步巩固农村人居环境整治三年行动成果。滨海新区、宁河区荣膺2021年全国村庄清洁行动先进县（区）。2022年，启动农村全域清洁化工程"百日攻坚"，全域提升农村人居环境质量，全面消除治理盲点和薄弱环节，以农村"厕所革命"、垃圾污水治理、村容村貌整治提升为主战场，进一步营造人人参与、人人尽责、人人享有的浓厚氛围，大力推进城乡深度融合一体化发展，建设美丽乡村和美丽庭院，打造宜居之乡。

第七章

推进民主法治建设，
社会治理水平不断提升

人民民主是社会主义的生命。没有民主就没有社会主义，就没有社会主义现代化，就没有中华民族伟大复兴。走中国特色社会主义政治发展道路，必须坚持党的领导、人民当家作主、依法治国有机统一。党的领导是人民当家作主和依法治国的根本保证，人民当家作主是社会主义民主政治的本质特征，依法治国是党的领导和人民治理国家的基本方式，三者统一于我国社会主义民主政治的伟大实践。党的十八大以来，党对坚持人民民主和社会主义法治的理论认识和实践探索达到了新的历史高度。习近平总书记指出："我国社会主义民主是维护人民根本利益的最广泛、最真实、最管用的民主。发展社会主义民主政治就是要体现人民意志、保障人民权益、激发人民创造活力，用制度体系保证人民当家作主。""发展人民民主必须坚持依法治国、维护宪法法律权威，使民主制度化、法律化。"天津市深入贯彻落实党中央对民主法治建设的部署要求，深入推进全面依法治市和人民民主事业，从大力发展社会主义民主、全面推进依法治市、加强和创新社会治理出发，坚持党的领导、人民当家作主、依法治国有机统一，支持和保证人大及其常委会依法行使职权，充分发挥人民政协作为政治组织和民主形式的效能，深化行政体制改革，发展全过程人民民主，构建具有直辖市特点的政府治理体系，全面推进科学立法、严格执法、公正司法、全民守法，巩固和发展爱国统一战线，提升治理体系和治理能力现代化水平，加快建设法治天津、平安天津，进一步巩固发展了生动活泼、安定团结的政治局面。

一 大力发展全过程人民民主

习近平总书记指出："我们走的是一条中国特色社会主义政治发展道路，人民民主是一种全过程的民主。"2021 年，在庆祝中国共产党成立 100 周年大会的重要讲话中，习近平总书记重申这一观点，并提出"践行以人民为中心的发展思想，发展全过程人民民主"的重要要求，唱响了新时代中国特色社会主义民主政治发展的主旋律，成为人民民主的时代命题。发展全过程人民民主，对于坚持和完善中国特色社会主义民主政治，推进国家治理体系和治理能力现代化，具有重大历史和现实意义。人民代表大会制度是坚持党的领导、人民当家作主、依法治国有机统一的根本政治制度安排，保证了各层次各领域公民有序参与政治，国家和民族的前途命运掌握在人民手中，真正实现人民当家作主和全过程民主。中国共产党领导的多党合作和政治协商制度是我国的一项基本政治制度，是中国社会主义民主政治的特有形式和独特优势，是中国共产党的群众路线在政治领域的重要体现，它把各个政党和无党派人士紧密团结起来、为着共同目标而奋斗，保证人民在日常政治生活中有广泛持续深入参与的权利。党的十八大以来，市人民代表大会和各级人民代表大会深入学习贯彻习近平总书记关于全过程人民民主的重大理念和重要论述，把发展全过程人民民主贯穿人大立法、监督、决定重大事项、人事选举任免、代表工作全过程，坚持科学决策、民主决策、依法决策，完善人大的民主民意表达平台和载体，健全人民参与的各项制度，使人民依法享有的知情权、参与权、表达权、监督权真实、生动、具体地体现在各项工作中；天津市政协坚持团结和民主两大主题，充分发挥专门协商机构作用，认真履行政治协商、民主监督、参政议政职能，广泛凝聚共识，为推动全市经济社会发展和改革攻坚提供有力的法治保障,为推动天津高质量发展,全面建设社会主义现代化大都市作出积极贡献。

坚持党领导下的民主立法、科学立法、依法立法。市人民代表大会及其常委会坚决贯彻习近平总书记重要指示批示精神和党中央决策部署,自觉维护党总揽全局、协调各方的领导核心作用,确保各项工作都在党的领导下进行。发挥市人大常委会党组把方向、管大局、保落实的领导作用,认真执行请示报告制度,重要会议、重要立法、重要工作、重大事项等及时向市委请示报告,做到事前有请示、事中有落实、事后有报告,切实把党的领导贯彻到人大工作全过程各方面。深入学习贯彻《中共天津市委关于加强党领导立法工作的实施意见》,坚持民主科学立法,确保党的路线方针政策通过法定程序成为社会一体遵循的法律规则,为天津经济社会持续健康发展提供坚强法治保障。根据市委总体部署,把涉及改革发展稳定大局的重要问题作为立法重点,把代表议案及建议作为立法项目的重要来源,科学确定立法项目。适应经济社会发展需要,突出地方特色,着眼解决实际问题,按照不抵触、有特色、可操作原则,积极回应新时代新要求,加快立法节奏,提高立法效率,坚持依法立法、为民立法,推进科学立法、民主立法,立良法、立好法、立务实管用之法,确保改革发展稳定安全于法有据,及时把改革发展稳定实践中形成的成熟经验、办法和制度上升到法律层面,通过立法凝聚社会共识,推动制度创新,引领改革发展。注重发挥主导作用,加强立法项目调研论证,加大主持起草、牵头起草、联合起草比重,推动各专门委员会与政府部门密切配合,联合论证立法项目,联合起草法规草案,使立法项目更贴近实际。完善立法协调工作机制,健全立法工作联席会议制度,把握立法节奏,完善工作流程,发挥法制委员会统一审议作用和其他专门委员会的专业优势,确保立法工作科学运行。坚持以人为本、立法为民,推进"开门立法",探索立法协商,建立基层立法联系点,发挥人大代表、立法咨询专家作用,向社会公示法规草案,就草案中群众普遍关心的问题召开听证会,广泛吸纳意见建议,拓宽社会各界和基层群众有序参与立法渠道,增强法规的针对性、实效性和可操作性。加强地方立法信息化建设,创建天津科学立法微信平台,完善代表履职平台功能,为人大代表和专家学者参与立法工作创造便捷条件。市第十一次党代会以来,共通过了98项地方性法规和法规性决定,包括市人民代表大会通过的3项;涉及新制定法规63件,修改地方性法规103件次,废止地方性法规17件,总计183件次。特别是在文明行为促进、禁食野生动物、预防和治理校园欺凌、促进碳达峰碳中和等方面创造了多项"全国首次"。加强法规实施推动,综合运用新闻发布会、宣传贯彻会、座谈会、新闻媒体深入解读、执法人员培训等方式,推动新出台的地方性法规有效实施。2019年9月,全国人大常委会在天津市召开省级人大立法工作交流会,这是省级人大行使地方立法权40年来的第一次,也是对天津人大立法工作的充分肯定。加强与北京市、河北省人大常委会联系合作,制定立法项目协调实施细则,建立三级沟通协调机制,持续推行京津冀协同立法,服务京津冀协同发展国家战略。共同研究出台《关于加强京津冀协同立法的若干意见》《京津冀人大立法项目协同办法》等协同立法制度文件,通过制度规范建立了协商沟通、立法规划计划协同、立法保障、信息共享、法规清理常态化和学习交流借鉴等10余项工作机制,为开展协

◆ 出席市十七届人大二次会议的人大代表审议《政府工作报告》

同立法工作提供了遵循、明确了规则，形成了长效有力抓手。就50多部法规开展协同立法工作，在交通一体化、生态环境保护、产业转型升级三个重点领域实现率先突破，为区域协同发展注入了强大法治动力。

坚持突出问题导向，努力增强民主监督实效。党的十八大以来，市人大落实真监督、真支持要求，严格依照法定原则、限于法定范围、遵守法定程序，在发挥"法治钢印"作用方面取得新成效。围绕市委确定的中心任务和人民群众普遍关心的问题，坚持支持与监督相统一，依法行使监督职权，推动中央重大决策和市委部署贯彻落实，根据形势发展变化及时增加监督项目，确保宪法法律有效实施，确保行政权、审判权、检察权正确行使。围绕大气污染防治、消防、养老保险、传染病防治、农产品质量安全、绿化、统计等法律法规进行执法检查达70余次，推动落实法律制度、法律责任、法律措施。听取审议报告，深化专题询问监督方式，对执法检查、视察调研、备案审查规范性文件等开展监督，积极回应人民群众关切，推动政府改进工作，特别是在"十三五""十四五"规划纲要编制、"六五""七五"普法、深化改革、改善民生、创新发展、生态环保等专项报告的审议方面作出了重要贡献。推动法规修订完善，支持促进"一府两院"工作，研究法规需要完善的问题，为法规修订提供依据。推进监督工作法制化、规范化，及时公开监督工作计划实施及"一府两院"整改情况，自觉接受监督。树立"全市工作一盘棋"思想，主动与"一府两院"沟通协调，支持和促进他们依法独立负责、协调一致开展工作。采取常委会检查和政府自查相结合、市和区县联动检查等方式，拓展监督深度和广度。坚持整改反馈制度，对监督工作中提出的意见建议，及时转交"一府两院"限期办理，督促整改，突出全程监督，把监督效果落到实处。创新监督方式方法，开展执法检查时向人大代表和人民群众征求意见建议，确定检查重点，增加询问环节，拓展专题询问适用范围。注重监督立法相结合，注意发现和研究需要立法解决的问题，为制定修改相关法规做好前期准备。做好规范性文件备案审查，仅2016年至2018年三年就对525件规范性文件备案审查。修订人大常委会讨论决定重大事项的规定,坚持民主集中制原则,依法做好讨论决定重大事项工作,确保党的主张通过法定程序成为国家意志。2018 年,首次采取常委会听取报告的方式,推动全国人大常委会海洋环境保护法执法检查组来津检查反馈问题的整改落实。

坚持人民主体地位,践行全过程人民民主。充分发挥人大代表作用,密切与人民群众的联系,为代表的履职提供支持和保障。注重发挥代表来自人民、植根人民的特点和优势,完善代表工作机制,提高服务保障水平,更好发挥代表作用,推动代表工作活起来、实起来、严起来。落实"双联系"制度。制定加强和改进市人大代表工作意见,坚持和深化常委会组成人员联系代表、代表联系群众制度,常委会组成人员与所联系代表保持面对面、键对键的经常性联系,及时通报工作情况,注意听取意见建议,协调推动解决问题。制定加强各级代表联系群众工作的意见,编制并发布《人大代表之家基本规范》,推进"一家一站一网一中心"标准化建设、规范化管理、常态化运行。各级代表通过定期接待、走访调研、网上沟通、集中座谈等方式密切与群众的联系,了解民情,反映民意,发挥桥梁纽带作用。创新工作方式,完善工作机制,建设并开通市人大代表履职服务网络平台,为市人大代表依法履职、知情知政、学习交流、密切与群众联系提供新渠道。扩大代表对常委会和专委会工作的参与,注重邀请基层代表列席常委会会议,邀请相关领域或具有专业背景的代表分专题参与立法、监督等工作。各项法规的制定都充分征求代表意见,开展执法检查、组织专题调研等都广泛吸纳代表参加,为提高常委会工作质量发挥了重要作用。将市人大代表编入区县人大代表小组,健全"代表活动日"制度,推动市、区县、乡镇三级人大代表联动,开展形式多样的联系群众活动。制定印发实施《中共天津市人大常委会党组关于加强区县、乡镇人大工作和建设的若干意见》,加强本市区县、乡镇人大工作和建设。坚持把代表议案建议作为确立立法监督项目、推动改进工作的重要依据。建立代表建议两次答复和评价机制,把工作落实和实际效果作为重要评价标准，既看办理过程、更看办理成效，推动建议办理真正落到实处。指导各区和基层人大实行民心工程人大代表票决制，努力使民心工程得民心、惠民生。市十七届人大履职以来，代表通过调研共提出了2153件建议，通过主任会议成员牵头督办，各专委会重点督办，有关部门和单位认真承办，全部办理完毕，推动解决了一批群众关心、社会关注的重点难点问题。

坚持党的全面领导，把协商民主贯穿政协工作全过程。中国共产党的领导是中国特色社会主义最本质的特征，是中国特色社会主义制度的最大优势。人民政协是最广泛的爱国统一战线组织，是多党合作和政治协商的机构，是人民民主的重要实现形式。市委高度重视政协工作，定期听取市政协党组工作汇报，研究讨论政协年度协商计划、常委会工作报告，对政协工作实施了坚强有力的领导。市政协认真贯彻市委决策部署，严格执行请示报告制度，召开重要会议、工作中遇到重大问题和重大事项，及时向市委请示报告；贯彻落实市委重要决策部署等情况，及时进行专题报告，切实把党的领导落实到政协各项工作中；积极引导广大政协委员和所联系群众紧密团结在党的周围，思想上同心同德、目标上同心同向、行动上同心同行。秉持"有事好商量，众人的事情由众人商量"的理念，注重扩大政协工作的开放度、包容度、透明度，在协商议题选择、提案线索征集、政协活动开展过程中广泛听取意见，创造条件让更多的基层群众和社会各界人士参与到政协民主协商中来。正确处理一致性和多样性关系，一方面通过委员培训、协商会议、界别活动、服务群众工作，团结引导参加政协的各党派团体和各族各界人士，不断巩固已有共识，形成新的共识；另一方面注重充分发扬民主、尊重包容差异，在政协各项会议活动中，提倡热烈而不对立的讨论，开展真诚而不敷衍的交流，鼓励尖锐而不极端的批评，营造良好协商氛围，使政协协商民主过程真正成为发扬民主、集思广益的过程，成为统一思想、凝聚共识的过程，成为促进科学决策、民主决策的过程，成为人民当家作主的过程。

创新协商民主的思路和方法，构建协商议政新格局。十八大以来，市政协认真贯彻中共中央和市委关于加强社会主义协商民主建设的部署要求,积极搭建多层次协商议政平台。建立双周协商座谈会制度,每次围绕一个议题,邀请市委、市政府分管领导和有关单位负责同志与委员面对面沟通交流、协商议政,成为推进人民政协协商民主建设的有效平台。完善专题议政性常委会会议和其他协商形式,把协商内容从经济、民生领域拓展到行政体制改革、平安天津建设等领域,改进常委会会议发言遴选机制,鼓励和支持各专委会开展形式灵活的专题协商和对口协商,加大提案办理协商工作力度,形成并发展了以全体会议为龙头、以专题议政性常委会会议为重点,以双周协商座谈会、专题协商、对口协商、界别协商、提案办理协商为常态的广泛多层协商议政新格局。2013 年至2017 年,政协十三届委员会履职期间共召开专题议政性常委会会议 12 次,双周协商座谈会 40 次,专题协商、对口协商及其他协商会议 100 余次,充分体现了政协协商高层次、高密度、高质量的特点。党的十九大以来,市政协深入学习贯彻习近平总书记在中央政协工作会议上的重要讲话精神和《中共中央关于新时代加强和改进人民政协工作的意见》,创新发挥协商民主重要渠道作用的思路和方法,坚持尽力而为、量力而行,坚持有所为有所不为、有所先为有所后为、有所快为有所慢为,坚持先谋后动、动则必成、一抓到底的"三个策略"和精心选题、调查研究、分析加工、提出建议、推动落实、回顾总结的"六步工作法"。把调查研究作为重要抓手,按照善于借势、形成合力、多出精品的工作要求,开展集中调研和专题协商活动,主动服务市委、市政府科学决策。完善协商工作机制,坚持在市委领导下,与市政府及有关部门共同商定年度协商计划,开通委员移动履职 App 平台,搭建与 8890 便民服务专线及时互联通道,打造"1 + 25 + X"远程协商视频会议系统,开展网络议政、远程议政,初步形成了上下连通、多方互动、参与广泛的网络议政、远程协商新空间。加强协商制度建设,修订制定全体会议工作规则、常委会工作规则、委员履职工作规则、提案工作条例、界别工作实施办法、优秀调研成果评估办法、协商议政质量评价工作办法等 20 多项制度，规范协商工作程序，完善协商质量体系，推动专门协商机构"专"出特色、"专"出质量、"专"出水平。市政协将监督性视察与协商会议有机结合，寓监督于协商之中，助推市委、市政府重要决策部署落实落地。2019年，首次成立常委会视察团，围绕市委有关部署贯彻落实情况，边调研边监督边建议。构建主席会议成员和专委会两个层面督办重点提案格局，探索建立提案工作双向评价机制，提高提案工作质量。着力推进"一中心两站"履职阵地建设，全面提升委员履职活动中心服务功能，精心打造政协书屋、协商议政室、界别活动室等6个活动载体，推动32个界别全部建成界别活动站，全市16个区全部建成委员社区联络站，开展"请您来商量""协商解难题""为民服务凝共识"等主题活动，有力推动政协履职向基层延伸。落实《关于加强和改进新时代市县政协工作的意见》，加强对区政协的联系指导。市政协主席会议成员分别带队深入各区政协了解情况、分析问题，建立市、区政协联合开展委员学习、调研活动等机制，创建市、区政协党组成员谈心谈话制度，分片区召开政协工作经验交流会，引导各区政协主动在社区、乡村搭建政协协商平台，就基层群众关心的具体问题开展面对面协商，使群众的声音通过政协及时反映给党委政府。

围绕大局协商议政，彰显履职为民的责任担当，助推全市高质量发展。紧扣全市发展重大问题深入调研，发扬民主，建言献策。围绕制定立足本市、配合国家发展战略的全面落实京津冀协同发展重大国家战略、积极对接服务雄安新区、主动融入"一带一路"建设、自贸试验区建设、"一基地三区"建设等建言献策；围绕制定本市"十三五"规划、"十四五"规划和二○三五年远景目标、法治天津建设、城市治理现代化、加快构建科技创新共同体、推进滨海新区开发开放、"津城""滨城"双城发展、供给侧结构性改革、发展智能制造、推动经济发展质量效率动力变革、打造一流营商环境、促进民营经济加快发展、发展夜间经济、加强城市建设管理、新冠肺炎疫情防控、生态环境保护和民生改善等重大课题，提出针对性强、管用有效的对策建议，大量意见建议转化为促进天津改革发展的政策措施。仅 2021 年，围绕"津城""滨城"双城发展格局就形成调研报告 193 篇，会议发言 67 篇，为市委、市政府决策施政提供参考。人民政协来自人民，一切工作为了人民。政协机关和政协委员多种途径就事关人民群众切身利益问题进行广泛协商，使以人民为中心的发展思想在政协工作中得到充分体现。市政协制定完善《关于政协委员联系人民群众的十条意见》《关于做好新形势下群众工作的实施意见》等制度，建立健全政协委员联系界别群众、政协委员"进企业、进社区、进乡村"等工作机制。搭建起经常性社情民意反映渠道，及时把各界别群众的意见建议提供给党委、政府参考。适时召开社情民意座谈会，了解各界群众意愿诉求。制定反映社情民意信息工作条例和实施办法，提高社情民意信息工作制度化、规范化、程序化水平。坚持协商于民、协商为民，抓住事关群众切身利益的实际问题，广泛协商、集思广益，推动有关问题的解决。聚焦群众关心的教育、文化、交通、环保、医疗、养老、就业、物价、棚户区改造等热点问题，就助力扫黑除恶专项斗争、实施乡村振兴战略、"推进我市健康、医疗、养老产业融合发展"、智能养老、解决执行难问题、推动少数民族乡村经济发展、完善社会志愿服务、打造绿色开放健身空间、抓好常态化疫情防控等协商议题，组织政协委员和专家学者开展调研视察，向有关部门提出对策建议。2020 年，形成民生方面的调研报告 115 篇，会议发言 45 篇，解决了一批群众关心的实际问题。

发扬民主，增进团结，凝聚同心发展的共识和力量。党的十八大以来，天津市贯彻落实《中国共产党统一战线工作条例》，充分发挥人民政协作为统一战线组织的作用，加大团结联谊、凝聚共识工作力度，有效凝聚各界群众一心一意跟党走、同心共筑中国梦的思想共识。建立主席会议成员与政协常委、政协委员开展经常性谈心谈话制度，耐心细致做好求同存异、聚同化异工作。不断强化统战意识，加强同各民主党派、市工商联和无党派人士的经常性联系，注重通过政协大会发言、党派团体提案、联合调研视察等形式，为他们在政协发挥作用创造条件。在全体会议前，用一个月时间开展集中履职活动，通过召开群众座谈会、对口协商会、专题协商会等方式，听取群众意见和建议。建立"界别活动站"，注重做好政协协商同政党协商的衔接，支持市各民主党派以本党派名义在政协发表意见、提出建议。定期走访各民主党派、无党派人士和有关人民团体，及时通报政协工作并听取意见建议。与各民主党派、人民团体共同举办专题研讨会，联合开展调研视察活动。邀请各党派团体和无党派人士参加政协有关会议，支持他们参与全市重大决策讨论协商及各项履职活动。2018年至2019年，市各民主党派、工商联积极作为、主动履职，提交政协提案513件，反映社情民意信息903条，参加视察调研1381人次，会议发言416人次，充分汇聚各党派团体的智慧和力量。全面贯彻党的民族政策和宗教工作基本方针，重视发挥少数民族界、宗教界委员作用，组织开展多种形式学习交流活动，围绕加快本市少数民族聚居区发展、加强宗教团体自身建设等深入调研议政，及时反映少数民族群众和信教群众的意见，促进民族团结、宗教和顺。邀请企业家、专家学者、公司职员、新产业工人等各界群众代表列席市政协会议，扩大协商议政的参与范围。高度重视做好新的社会阶层人士和非公有制经济人士工作，建立经常性联系渠道，引导他们不断增强对党和政府的向心力。加强与侨胞侨眷联系，支持台湾同胞、海外侨胞参与天津建设。

二　筑牢首都"政治护城河"

坚持把维护国家安全特别是政治安全、政权安全、制度安全放在首位，紧绷天津之"特"、天津之"卫"这根弦，承担"卫"的责任、守住"卫"的防线，制定落实《中共天津市委关于加强新时代公安工作的实施意见》，全面强化反恐防暴、维稳处突工作,成为拱卫首都安全的"天堑",坚决守好党中央的"家门口",当好政治"护城河",以实际行动为党中央站好岗、放好哨。

维护国家政治安全和社会大局稳定。天津市牢固树立总体国家安全观,成立市国家安全委员会,自觉担负起天津之"卫"的职责使命。建立市委常委会发展"第一要务"、维稳"第一责任"统筹推进制度,形成安全稳定工作各级党委主体责任、党委书记第一责任人责任、党委政法委督促检查责任,市、区两级反恐防暴的责任体系,打造海陆空立体防控、党政军警民"五位一体"的安全屏障。落实首都"护城河"工程,深化京津冀维稳情报信息通报交流机制,构建京津冀、环渤海维稳一体联动格局。开展严打暴恐活动专项行动,落实社会稳定风险评估机制,分门类建立重点行业反恐防范标准,保持全市近 4000 处反恐防范目标绝对安全。每年针对重要节点开展专项行动,预防、震慑、打击各类暴恐事件的发生。健全完善固化维护社会稳定工作"八项机制",以严密防范、依法打击"颜色革命"为主线,深化反颠覆、反渗透、反邪教、反恐怖、反间谍、反分裂、网络斗争,成功挫败多起境外非政府组织插手、炒作敏感案事件活动,依法查处破获多起间谍窃密案件、邪教组织违法犯罪案件。推动群体性问题处置化解,突出重点时段维稳安保、涉军群体等重点人员稳控、涉众型经济犯罪等重点案件侦破,加强动态预防化解,推进矛盾纠纷"公调对接"多元化解机制,坚持维稳、维权、解困同步,推动信访积案"清仓见底",积极稳妥化解信访积案,依法妥善处置各类群体性事件。加强互联网安全管控,落实 24 小时巡查管控措施,严厉打击整治网络犯罪活动。完成党的十八大、十九大、全国"两会"、习近平总书记来津视察、G20 峰会、夏季达沃斯论坛、全运会、残运会、"一带一路"高峰论坛、纪念抗日战争胜利 70 周年、新中国成立 70 周年大庆、世界智能大会等重大安保任务,实现"大事不出、小事也不出"的目标,以天津之稳为首都之稳、全国大局之稳作出贡献。公安、信访、综治、防范和涉军工作、重大专案处理及舆情管控、涉法涉诉等 10 余项工作在全国会议上介绍推广天津做法。

打赢全运会安保工作硬仗，获公安部颁发嘉奖令表彰。

维护意识形态安全。市委高度重视"扫黄打非"工作，坚持打击与防范并举、管理与服务并重，统筹网上清理和网下打击、境内整治和境内斗争、专项行动和日常监管，开展"清源""净网""秋风""护苗""固边"等专项行动，坚决守住意识形态阵地，努力促进文化繁荣。强化源头管控，抓住入境和印刷两个源头，坚决打击政治性有害出版物、非法宗教宣传品及信息，对印刷企业开展检查，对存在违法违规行为的印刷企业进行行政处罚，对涉嫌刑事犯罪的移交公安机关。建立完善"扫黄打非"、新闻出版等部门与海关联动机制，开展印刷复制企业专项检查。强化联防协助，落实《"扫黄打非·护城河工程"建设实施意见》《京津冀"扫黄打非"战略合作协议》，深化区域联防协作，开展省际交叉互查、联合执法检查、协同查办大案，构筑环首都意识形态安全和政治安全屏障。强化网络监督，加强网上"扫黄打非"，专项整治利用互联网新媒体传播政治性有害信息、政治谣言行为和网上购销政治性有害出版物行为，清查网上淫秽色情信息，建立网络监管部门与重点互联网企业"直通车"机制。强化综合治理，拓展举报渠道，发挥"扫黄打非"基层工作站、"12318"24小时举报电话、网络举报邮箱等作用。加大查案力度，做好行政执法与刑事司法有效衔接，加强社会宣传，做好网上推介宣传，引导公众参与支持"扫黄打非"斗争，共同营造良好文化氛围。

三　推进依法治市与法治天津建设

党的十八大提出全面推进依法治国，加快建设社会主义法治国家。十八届四中全会做出《中共中央关于全面推进依法治国若干重大问题的决定》，首次明确提出全面推进依法治国的总目标是建设中国特色社会主义法治体系，建设社会主义法治国家。党的十九大报告提出全面依法治国的重大任务。十九届三中全会决定，成立中央全面依法治国委员会。2020 年 11 月，中央全面依法治国工作会议明确习近平法治思想在全面依法治国工作中的指导地位，为新时代全面依法治国提供了根本遵循和行动指南。天津市认真落实依法治国战略，全面推进依法治市，建设法治天津。

全面依法治市，推进法治政府建设。2014 年，市委十届六次全会就贯彻落实《中共中央关于全面推进依法治国若干重大问题的决定》，全面推进依法治市，建设法治天津，提出加强和改进立法、公正司法、法治政府和法治社会建设等七个方面贯彻落实的《实施意见》，细化出 40 项具体内容和措施。全面落实《法治政府建设实施纲要（2015—2020 年）》，坚持职能科学、权责法定、执法严明、公开公正、廉洁高效、守法诚信的法治政府目标，法治政府建设取得明显成效。加快政府职能转变，推进承诺制标准化智能化便利化"一制三化"审批制度改革，"五减"改革加快实施，"多证合一"改革提效扩容，实现"24 证合一"。推出承诺审批事项 700 多项，90% 以上审批事项实现"一网通办""最多跑一次"。推进"放管服"改革，建成网上政务服务平台，"政务一网通"事项占行政审批和公共服务事项 90% 以上。对现行有效规章进行清理，做好证明事项清理工作，强化市场监管职能。天津市行政机关联合奖罚监管系统上线运行，收录 200 余万户市场主体、150 余万名自然人和 4000 余户其他组织的基础信用信息。健全依法行政制度体系，提高依法决策水平，规范行政执法活动。强化权力运行监督，妥善化解矛盾纠纷，加强行政复议工作，综合运用调解和解方式办结行政复议案件，指导各区贯彻《天津市人民政府办公厅关于进一步加强行政调解工作的意见》，提高行政调解工作质量。2021 年 9 月发布的《天津市法治政府建设实施纲要（2021—2025 年）的实施意见》指出，要更加有力地推进依法治市、依法执政、依法行政，认真履行推进法治政府建设第一责任人职责；更加有力地用法治思维服务保障高质量发展，用法治思维处理好执法与大局、执法与服务的关系；更加有力地加强领导干部法治能力建设，发挥"关键少数"作用。要以法治建设先行区为目标，在行政执法规范化建设上升级发力，在执法监督体系建设上升级发力，在加强行政复议应诉工作上升级发力。要进一步加大组织推动力度，改善窗口单位政务服务态度，增强服务效能，持续提升一线行政执法单位严格规范公正文明执法水平，切实以查促改、以查促建，进一步加快构建职责明确、依法行政的政府治理体系，为天津高质量发展营造良好法治环境。

推进法治天津建设。党的十八大以来，天津市深入落实中央关于法治政府建设实施纲要，把建设法治城市作为城市发展的重要目标，制定施行《深化法治天津建设实施纲要》，围绕"深入推进科学立法，切实提高立法质量；深入推进严格执法，加快建设法治政府；深入推进公正司法，提高司法公信力；深入推进全民守法，努力建设法治社会；加强法治工作队伍建设，提供有力的人才保障；加强和改进党的领导，全面提高依法治市的能力和水平"六项重点任务，以蹄疾步稳的姿态，推动法治天津建设进入新的征程。市委全面依法治市委员会成立后，狠抓法治实施，优化法治环境，推进依法行政，加强法治保障，解决人民群众反映强烈的突出执法司法问题，让群众从每一起案事件的处理中都能感受到公平正义。加强法制宣传教育，实施"六五""七五"普法规划，深化"法律六进"，组织宪法精神"七进"、"12·4"国家宪法日、"法治人物"推选活动，推动宪法学习宣传向基层延伸。落实"谁执法、谁普法"责任制，建立法官、检察官、行政执法人员、律师等以案释法制度，加强普法讲师团、普法志愿者队伍建设。组织全市领导干部参加网上学法用法考试，推进中小学课堂法治教育"六落实"，构筑学校、家庭、社会"三位一体"的教育网络，开展群众性法治文化和普法益民活动，全体公民拥护宪法、崇尚法治的意识显著增强。深化法治区县、民主法治社区（村）、法制教育示范校等法治创建活动，提升基层群众法治观念和依法理性表达诉求的能力和水平。加强"12348天津法网""天津掌上12348"公共法律服务平台建设。加强法律服务队伍建设,加快公共法律服务体系建设,推进市、区、街乡镇、村居四级公共法律服务中心、站点建设,提高服务效率,增强公益性法律援助。落实"政务一网通"要求,对公共服务事项进行梳理,进一步压缩审批时限,取消不必要的申请材料,办事时间大大缩短。推进"容缺后补、承诺审批",探索试行公证员执业许可无人审批机制,取得阶段性成果。全面推开行政执法公示、执法全过程记录、重大执法决定法制审核"三项制度",建立执法音视频管理系统,完成执法办案平台涉案财物管理模块改造,市公安局率先建成全国首家省级公安机关执法管理中心,对干警执法行为全要素、全流程、多层次、动态化监督管控。开展解决"执行难"专项行动,全市法院"基本解决执行难"工作率先在全国法院通过第三方评估。加强生态文明法制宣传,宣传节约资源和保护环境基本国策,增强广大群众尊重自然、顺应自然、保护自然的生态文明理念和保护环境的思想自觉、行动自觉。围绕京津冀协同发展、自贸试验区

◆ 第六个国家宪法日期间,红桥区在陆家嘴广场举办主题为"弘扬宪法精神,推进国家治理体系和治理能力现代化"的"12·4"国家宪法日宣传活动

和自主创新示范区建设等重大国家战略，创新体制机制，完善执法司法服务措施，组建自贸区法庭，快审快结融资租赁、知识产权和涉外民商事、海事等案件，创造法治化营商环境。

加强平安天津建设。成立市委平安天津建设领导小组，坚持以法治引领平安天津建设，把增强全民法治观念作为平安建设基础工程，倡导学法遵法守法用法，推动形成办事依法、遇事找法、解决问题用法、化解矛盾靠法的良好法治环境。推进反恐防暴长期化、常态化，打造"金鹰突击队"专业反恐力量，保持严打高压态势，最大限度消除暴恐活动现实危害。组建特警"尖刀"机动队，在重点地区、重要部位、敏感时期、重要时段实施武装动态防控。建立健全立体化动态社会治安防控体系，制定社会治安防控体系"四梁八柱"基本建设框架（"四梁"即信息资源、指挥实战、打防管控、社会联动"四个一体化"，"八柱"即联合指挥、反恐维稳、合成打击、治安管控、社区警务、科技实战、社会联动、建设保障"八大运行机制"），提升社会治安整体防控水平；完善社会治安分析研判、实战指挥和部门联动机制，在全市设置 632 个网格化巡区，健全特警前置、动中备勤、武装处突工作机制，实行公安和武警联勤联动；加大"雪亮工程"建设联网应用力度，做强"四个中心＋N"网上一体化作战指挥系统，推动综治视联网与政法网"两网合一"，提高驾驭社会治安局势的能力和水平。强化警防民防技防"三张网"建设，打造"一三五分钟"三级处警圈，逐步形成以情报主导、实战指挥、应急处置、合成作战、安全防控、科技应用、社会联动为支撑的社会治安防控体系。推进"六进六全"社区警务工作，加强群防群治工作，构建"四级体系、六支队伍、六项机制、四项保障"工作格局。成立全国第三家省级公安机关反电信网络诈骗犯罪中心，推进源头打击治理，破解电信网络诈骗犯罪"高发低破"瓶颈问题。持续推进扫黑除恶专项斗争，并取得阶段性胜利。天津市层层落实"无黑"承诺制，形成四级书记带头抓的工作局面，制定"无黑"城市创建工作实施方案和检测评价体系，创建"无黑"城市成为各区各部门的共同目标和行动。以高压态势,持续推进扫黑除恶专项斗争,高标准完成中央扫黑除恶专项斗争督导及督导"回头看"任务,人民群众获得感、安全感和满意度明显提升。依法严打、重案攻坚取得新突破,土地、国资、执行等重点领域黑恶问题打击整治取得重大突破,"打伞破网""打财断血"取得新成效。开展命案侦破、打黑除恶、"打盗抢保民安"、预防打击电信诈骗、"扫毒害保平安"、打击整治发票违法犯罪专项行动,组织打击制贩假证、禁赌禁娼和护校安园专项整治。建立司法流程、司法裁量、司法质量、司法权责、司法公开和诉讼服务六大标准体系27个标准化文件。以深化司法行政改革为带动,监狱戒毒矫治场所持续安全稳定。牢固树立"隐患就是事故,事故就要处理"理念,对生产和存储企业尤其是危化品生产和存储企业定期开展安全检查,防止重特大安全事故发生,对安全隐患严重、整改不到位的企业依法作出处罚。加强消防安全"网格化""户籍

● 特警队员在寒风中坚守,成为一道让市民暖心、安心的特殊"风景"

化"建设，开展"清剿火患"战役、重大火灾隐患集中整治等专项整治。实施非法建筑、在建工程消防产品质量、人员密集场所等专项治理，检查社会单位，督改火灾隐患。

四 加强和创新社会治理

　　天津市全面贯彻落实中央关于加强和创新社会治理能力现代化的部署。2017年市第十一次党代会提出，推进社会治理体制机制创新，完善社会矛盾排查化解、突发事件应急处置机制，推进"访调、诉调、检调、警调"对接平台建设，落实街镇基层社会治理责任，提升网格化、智能化、专业化水平，走出一条符合大都市特点和规律的社会治理新路子。2019年市委十一届七次全会审议通过《中共天津市委关于贯彻落实〈中共中央关于坚持和完善中国特色社会主义制度、推进国家治理体系和治理能力现代化若干重大问题的决定〉的实施意见》就相关工作作出全面部署。2020年市委十一届九次全会审议通过的《天津市国民经济和社会发展第十四个五年规划和二〇三五年远景目标的建议》提出，坚持共建共治共享社会治理制度，坚持党的基层组织建设与社会治理一体化推进，健全党组织领导的自治、法治、德治相结合的城乡基层治理体系，推进市域社会治理现代化。天津市持续深化"战区制、主官上、权下放"党建引领基层治理体制机制创新，完善"街乡吹哨、部门报到"工作机制，推动社会治理和服务重心向基层下移，向基层放权赋能，加强城乡社区治理和服务体系建设，减轻基层组织负担，加强基层社会治理队伍建设，构建网格化管理、精细化服务、信息化支撑、开放共享的基层社会治理服务平台。强化基层党组织对村委会、居委会、业委会、物业管理企业、基层社会组织的政治引领、组织引领、机制引领。树立以人民为中心的发展思想,坚持多元化治理理念,发挥群团组织和社会组织作用,创新完善现代信息技术条件下社会治理模式,完善基层民主协商制度,实现政府治理同社会调节、居民自治良性互动,建设人人有责、人人尽责、人人享有的社会治理共同体。

创新社会治理体制机制。天津市坚持创新发展新时代"枫桥经验",组织各层级签订《社会治安综合治理目标责任书》,推动落实社会治安综合治理领导责任制。制定《推进天津市域社会治理行动方案》,探索推行"一元领导、一体运行、一网覆盖"社会治理体系。加强基层综治中心建设,全市16个区、252个街乡镇、5395个社区(村)实现综治中心全覆盖,全面完成街乡镇综治办、信访办、司法所合署办公一体运行。提升综治网格化服务管理水平,全市划分基础网络2.2万个,推动资源整合形成"一个网格管全部",持续壮大兼职网格员队伍,鼓励楼栋长、村民小组长、平安志愿者、治保人员等担任兼职网格员,全市专兼职网格员4.8万人,形成四级网格化服务管理全覆盖,实现"大事全网联动、小事一格解决"。2019年初开始,天津市探索创新推行"战区制、主官上、权下放"党建引领基层治理做法,建立健全矛盾问题排查化解、基层治理应急处置、综合执法联合查处、服务群众快速响应、重点工作"最后一公里"落实机制,将全市视作一个"战区",区、街镇、社区(村)层层划分为"分战区",赋予街道对区职能部门"吹哨"调度权、考核评价权、人事建议权,各战区党委书记是该区域社会治理第一责任人,夯实街道战区地位,确保党的领导"一根钢钎插到底"。健全117个街道"大工委"、1681个社区"大党委",推动绝大多数业委会、物业公司将接受社区党组织领导写入议事规则和公司章程,党组织轴心作用在基层治理中充分体现和落实,探索形成"红哨""红色物业"等经验做法。落实赋权减负要求,赋予街镇对部门的调度指挥权、考核评价权、人事建议权和对投入社区资金的统筹管理权。加强网格化建设和服务管理,推动网格化管理中心与基层综治中心人员联配、平台联用、工作联动、一体运行，探索落实网格管理"九全"工作机制，解决基层治理"最后一米"问题。强化示范引领作用，坚持共建共治共享，推进基层治理和平安建设"十百千"示范工程。天津市"战区制、主官上、权下放"党建引领基层治理做法在全国市域社会治理现代化工作会议上进行推介。搭建全市一体化协同处置系统"津治通"平台，作为天津党建引领基层治理体制机制创新和市域社会治理现代化试点全域创建工作的重要载体，建立起市、区、街道（乡镇）、社区（村）四级联动体系，完成党的建设、综合治理、社区治理、数字城管等现有信息资源整合，搭建开发完成全市一体化协同处置系统和"津治通"App 移动端，依托网格化机制和信息化手段，通过分类事项清单进行快速任务分发、流转处置，实现平台受理、分析研判、分流交办、全程监督、评价反馈等功能，通过统一平台、统一协调、统一调度，减轻基层工作人员协调难度大、工作步骤烦琐、事务繁杂等负担。新冠肺炎疫情发生后，基层网格员利用手机 App 开展疫情防控工作，对重点关注人员持续动态跟踪；"津治通""津心办"双平台联动实现"码上"管理，将"津心办"一网通办平台"健康码"系统自动识别的"红码""橙码"人员信息通过"津治通"一网统管平台及时推送各区、街道（乡镇）、社区（村），形成电子信息化台账，纳入线下疫情防控体系，实现对不同人群的分类管理。网格员通过"津治通"App 精准掌握管辖范围内"红码""橙码"人员，主动上门服务，形成"大数据＋网格化"闭环体系，服务科学防控和精准治理。

维护社会安全稳定。天津市深入推进系统治理、依法治理、综合治理、源头治理，探索建立社会治理与综合行政执法统筹同步推进的体制机制。完善市民公约、乡规民约、行业规章、团体章程等社会规范，健全人民团体和社会组织参与社会事务、维护公共利益、救助困难群众、帮教特殊人群、预防违法犯罪机制，发展社会治理主体力量。加强流动人口和特殊人群服务管理，落实对流动人口"以房管人、以证管人、以业管人"措施，连续多年没有发生群体性事件和个人极端暴力事件。加强市、区、街（乡镇）、社区（村）四级日常排查、集中排查、滚动排查，排查化解各类矛盾纠纷。把维稳与维权相统一，畅通群众诉求表达渠道，完善维护群众合法权益政策制度，运用民主协调办法化解社会矛盾，从源头预防和减少社会矛盾，筑牢社会和谐稳定的民心基础。构建多元化纠纷解决体系，完善推广"访调对接"工作机制，覆盖全市建立 17 个信访事项人民调解组织。健全矛盾纠纷排查化解长效机制，落实"四级排查"和"日报告、周分析、月例会"制度，落实重大项目、重大决策社会稳定风险评估机制，深化大调解机制建设，发展专业性、行业性人民调解工作，医患纠纷调解经验做法在全国推广。全市法院推广应用在线调解平台，把大量矛盾纠纷化解在诉前。深化群防群治工作，推进平安志愿者队伍成建制管理。加强基层平安创建活动，推动基层城乡网格化管理。开展"向群众报告工作、征求意见建议"活动，解决影响群众安全感的突出治安问题。建立主动警务机制，深化社区警务改革，实行一社区一警或多警，推进社区民警专职化。狠抓基础信息规范化采集录入，坚持每日一分析、每周一研判、每月一会商、每季度一行动。建立民生警务机制，打造"网上

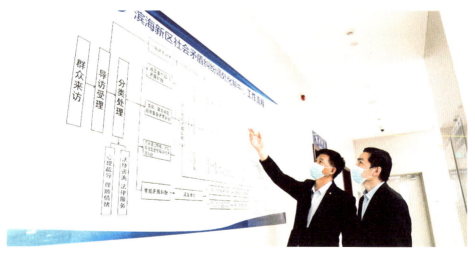

◆ 2020 年 5 月 20 日，天津市建立市、区、街道（乡镇）三级社会矛盾纠纷调处化解中心，老百姓解决矛盾纠纷"只进一扇门"。图为滨海新区社会矛盾纠纷调处化解中心

天津市公安局"，建设"天津公安民生服务平台"，建立"民生 110"联动机制，出台服务经济社会发展、保障民计民生措施。

十年来，天津市深入落实人民当家作主各项制度，支持人大及其常委会依法履行职能，支持政协发挥专门协商机构作用，大统战工作格局加快构建，爱国统一战线不断巩固壮大，工会、共青团、妇联等群团组织桥梁纽带作用充分发挥，军民融合深度发展，法治天津、法治政府、法治社会一体建设深入推进，民主法治建设取得重大进展。2022 年 6 月，市第十二次党代会提出建设高效能治理的大都市的目标要求，从深化全过程人民民主、全面推进法治天津建设、建设更高水平的平安天津、深化社会治理创新等方面作出部署，积极发展社会主义民主政治，全面推进依法治市，不断提升治理体系和治理能力现代化水平，为全面建设社会主义现代化大都市汇聚磅礴力量、创造安全稳定的政治社会环境。

第八章

以科学理论引领，
文化强市建设迈出新步伐

　　文化是一个国家、一个民族的灵魂，文化兴国运兴，文化强民族强。坚定中国特色社会主义道路自信、理论自信、制度自信，说到底是要坚定文化自信。坚定文化自信，是事关国运兴衰、事关文化安全、事关民族精神独立性的大问题。2016 年 5 月，习近平总书记在哲学社会科学工作座谈会上指出："文化自信是更基本、更深沉、更持久的力量。"6 月，习近平总书记在十八届中央政治局第三十三次集体学习时提出坚定"四个自信"，即中国特色社会主义道路自信、理论自信、制度自信、文化自信，明确把文化自信纳入"四个自信"之中。党中央强调坚定文化自信，就是坚持中国特色社会主义文化发展道路，激发全民族文化创新创造活力。党的十八大以来，天津步入建设文化强市新征程。市委坚持以习近平新时代中国特色社会主义思想为指导，深入贯彻落实习近平总书记关于文化建设重要论述精神，坚定文化自信，增强文化自觉，准确把握新发展阶段，深入贯彻新发展理念，加快构建新发展格局，以社会主义核心价值观为引领，提升城市文明程度，凝聚城市发展力量，以深化供给侧结构性改革为主线，激发天津文化创新创造活力，不断推进现代化公共服务体系建设、文化惠民工程等各项工作取得新进展，有效保障人民的文化权益，不断满足人民群众的多样化、多层次、多方面的精神文化需求，扎实推进文化事业和文化产业发展，文化综合实力和竞争力显著提升。

一　牢牢掌握意识形态工作领导权

巩固马克思主义在意识形态领域的指导地位。马克思主义是我们立党立国的根本指导思想,是社会主义意识形态的旗帜和灵魂。建设具有强大凝聚力和引领力的社会主义意识形态,必须毫不动摇地坚持马克思主义、与时俱进地发展马克思主义,坚持马克思主义立场观点方法,运用马克思主义中国化时代化最新成果指导意识形态工作,推动习近平新时代中国特色社会主义思想深入人心。市委始终坚持把学习宣传贯彻习近平新时代中国特色社会主义思想作为主课、首课、必修课,作为推动天津改革发展稳定、实现高质量发展的定盘星,坚持全面系统学、及时跟进学、联系实际学,切实用党的创新理论成果武装头脑、指导实践、推动工作。市委主要领导同志围绕"向习近平总书记看齐,大力弘扬中国共产党人的担当精神,为守初心担使命不懈奋斗""勇于自我革命是中国共产党百年蓬勃发展生命力旺盛强大的法宝""习近平总书记是率领中华民族强起来的英明卓越的人民领袖"及党的重要会议精神等主题,分别为党员干部讲专题党课,作专题报告,推动党中央决策部署在天津落地落实。抓好市委理论中心组学习,加强对各级党委(党组)理论学习中心组的指导。在全市开展学好用好《习近平谈治国理政》第一卷、第二卷、第三卷、第四卷及《习近平新时代中国特色社会主义思想学习纲要》活动,推动党员干部读原著、学原文、悟原理。摄制大型政论纪录片《奋进新时代》,集中反映党的十八大以来以习近平同志为核心的党中央治国理政的一系列重大理论创新和实践创新成果,深刻阐释习近平新时代中国特色社会主义思想作为当代中国马克思主义、二十一世纪马克思主义的真理力量和实践伟力。围绕学习宣传贯彻党的十八大、十九大、二十大精神，组建宣讲团，全面铺开市、区、街（镇）、社区（村）四级联动分层次宣讲，迅速掀起主题宣传宣讲热潮，提振全市广大干部群众奋力开创全面建设社会主义现代化大都市新局面的信心。"学习强国"学习平台实现全市党组织、党员全覆盖，天津学习平台影响力进一步扩大。完善基层宣传宣讲工作体系，创新理论宣讲方式方法，推进线上线下协同互动，不断把"七进"活动引向深入，让党的创新理论"飞入寻常百姓家"。先后出台《深化新时代天津学校思想政治教育一体化建设的若干举措》《关于深化新时代学校思想政治理论课改革创新的若干举措》等文件，统筹推进大中小学思政课一体化建设，构建以习近平新时代中国特色社会主义思想为核心内容的思政课课程群，开设"习近平新时代中国特色社会主义思想概论"课程，在全国率先推动习近平新时代中国特色社会主义思想课程建设全覆盖、全贯通，更好肩负起立德树人的职责使命。南开大学、天津师范大学获批全国重点马克思主义学院。截至 2022 年，天津市获批全国思想政治理论课名师工作室数量位居全国第一。全民普及、全民信仰、全民学习的格局逐渐形成，唱响学习新思想、践行新思想的时代强音，进一步巩固全市人民团

◆ 肩负起立德树人的职责使命 图为天津师范大学校理与计科科学学院运用虚拟现实技术开展思政课教学

结奋斗的共同思想基础。

发展中国特色社会主义哲学社会科学。巩固壮大社会主义意识形态,离不开中国特色哲学社会科学的繁荣发展。天津市着力构建中国特色哲学社会科学,在指导思想、学科体系、学术体系、话语体系等方面充分体现中国特色、中国风格、中国气派。成立天津市中国特色社会主义理论体系研究中心,以"国家工程、天津基地"为标准,统筹在津高校、科研院所等一线科研力量,紧密围绕学习研究宣传中国特色社会主义理论体系这一主题,深入开展课题研究和学术活动。成立天津市哲学社会科学工作领导小组,印发《天津市关于加强哲学社会科学学术社团建设的实施意见》《天津市"新时代青年学者论坛"管理办法(试行)》,联合中国社会科学院举办纪念恩格斯诞辰 200 周年暨第十三届全国马克思主义院长论坛、全国社科院系统中国特色社会主义理论体系研究中心第二十五届年会暨习近平新时代中国特色社会主义思想高端论坛,举办 21 世纪马克思主义高峰论坛、京津冀协同发展等系列研讨会。承担并完成马克思主义理论研究和建设工程特别委托项目和中国特色社会主义理论体系研究中心重大委托课题,完成《新时代政治思维方式研究》《习近平新时代中国特色社会主义思想对外翻译和传播研究》等重点委托系列课题,深入研究阐释习近平新时代中国特色社会主义思想。推进"中国共产党建党 100 周年研究计划",出版《百年风华——中国共产党理论与实践研究丛书》。加强哲学社会科学研究,推进国家社科基金项目评选推荐工作,开展市社科规划年度项目立项评审,推出一批成果。实施全市哲学社会科学创新工程,推进社科优秀成果评选,举办天津市社科界学术年会会场活动、哲学社会科学教学科研骨干研修班、新时代青年学者论坛,不断提高全市哲学社会科学教育科研水平。做好社科宣传工作,举办"百年大党思想常新"——马克思主义经典名著名篇宣传展暨第十九届天津市社科普及周、"百年荣光名家谈"系列讲座,组织社科界"千名学者服务基层"活动。

坚持正确的新闻舆论导向。舆论导向直接影响着人的价值取向。引导好社会舆论，营造良好舆论环境，是凝聚民心、治国理政、安邦定国的大事。做好意识形态工作，新闻舆论工作处于前沿阵地。习近平总书记强调："党性原则是党的新闻舆论工作的根本原则""要把坚持正确导向摆在首位"。市委牢牢坚持党性原则，牢牢坚持正确舆论导向，结合重大主题宣传鼓劲提气，大力弘扬主旋律、传播正能量。召开贯彻落实习近平总书记有关新闻舆论工作重要论述精神会议，推动改进文风，提高新闻舆论传播力引导力影响力公信力。持续办好"津门凭阑"等栏目，围绕热点焦点话题，线上线下密集发声，推出深度评论文章。开展全市舆情风险点排查，打好防范化解舆情风险主动仗。深入开展"和平夜话""海河夜话"活动，常态化刊播"向群众汇报"专题报道，办好《百姓问政》节目。围绕学习宣传习近平新时代中国特色社会主义思想，特别是习近平总书记在天津视察和京津冀协同发展座谈会上重要讲话精神，持续深化"在习近平新时代中国特色社会主义思想指引下——新时代新作为新篇章""沿着习近平总书记指引的方向前进""学懂弄通做实十九大精神""把党的二十大精神全面落实在津沽大地上"等品牌专栏专题建设，生动展示习近平新时代中国特色社会主义思想在津沽大地的扎实实践。围绕"美丽天津建设""京津冀协同发展""脱贫攻坚""走向我们的小康生活"等主题，开展大型采访报道，讲好天津故事，用天津声音传递天津正能量。围绕庆祝新中国成立70周年、中国共产党成立100周年等重要时间节点，召开新闻发布会，推出深度立体主题宣传报道，激发广大党员干部群众爱党爱国之情。组织"壮丽70年·奋斗新时代"采访活动，做好"奋斗百年路启航新征程"重大主题宣传等，开设"与共和国一同走过""红色津沽·热血""先锋"等专栏专题，回望中国共产党在津沽大地的奋斗历程，反映天津人民永远跟党走的坚实步伐。做好融媒体传播，推出"百年恰是风华正茂""党史上的天津"等大型融媒体报道。做好新冠肺炎疫情防控宣传引导，精准把握社会热点、及时回应舆论关切、讲好天津抗疫故事，加强疫苗接种、防护知识等普及，有效引导广大市民紧绷防控之弦不放松、齐心协力战胜疫情。

打好网络意识形态攻坚战。互联网是意识形态工作的主战场、主阵地、最前沿。习近平总书记强调："互联网是我们面临的'最大变量'""必须科学认识网络传播规律,提高用网治网水平,使互联网这个最大变量变成事业发展的最大增量。"市委牢牢掌握意识形态工作领导权,切实加快建立网络综合治理体系,提高综合治网能力,推动新时代网络宣传舆论工作再上新台阶。持续提升网上舆论引导能力,围绕重要时间节点和重大主题,精心组织开展网上正面宣传;制定《天津市关于加强网络文明建设的措施》,培育向上向善的网络文化;上线"天津媒体传播力影响力分析平台",提高网上正能量传播的精准性和有效性;走好网上群众路线,开展"向群众汇报"大型融媒体直播。深入开展网络综合治理,印发《天津市网络虚假信息治理若干规定》《天津市加快建立网络综合治理体系的实施方案》,规范网络直播备案管理工作,建成"属地网站管理系统",压实网站主体责任,开展网络意识形态工作情况专项检查,推动网络意识形态工作责任制落地落实;扎实开展网络生态治理,落实《网络信息内容生态治理规定》,开展系列专项行动,集中整治网络空间突出问题;创新开展网络社会工作,实施争做中国好网民行动计划,深入推进职工好网民、巾帼好网民、金融好网民等工程建设,打造天津市网络素养研究中心等。筑牢网络安全屏障,健全网络安

◆ 2022年中国网络文明大会在天津举办,图为《共建网络文明天津宣言》发布

全主动防御体系，加强关键信息基础设施安全保护和数据安全管理，推进网络安全技术、产业、教育发展，努力营造天朗气清网络空间。

二 以社会主义核心价值观引领文明城市建设

社会主义核心价值观是当代中国精神的集中体现，凝结着全体人民共同的价值追求，实现民族复兴伟业离不开社会主义核心价值观的精神引领。习近平总书记指出："核心价值观是文化软实力的灵魂、文化软实力建设的重点。这是决定文化性质和方向的最深层次要素。"党的十八大提出，倡导富强、民主、文明、和谐，倡导自由、平等、公正、法治，倡导爱国、敬业、诚信、友善，积极培育和践行社会主义核心价值观。2013 年 12 月，中共中央办公厅印发《关于培育和践行社会主义核心价值观的意见》，要求把培育和践行社会主义核心价值观融入国民教育全过程、落实到经济发展实践和社会治理中。为贯彻落实习近平总书记重要讲话精神和党中央有关部署要求，全市普遍开展爱国主义教育活动和群众性精神文明创建活动，社会主义核心价值观更加深入人心，市民思想道德素质、科学文化素质、身心健康素质明显提高，城市文明程度得到新提高。

持续深化社会主义核心价值观宣传教育。习近平总书记强调："社会主义核心价值观要广泛宣传教育、广泛探索实践，使社会主义核心价值观成为引导人们前进的强大精神动力。"市委、市政府在全市持续开展社会主义核心价值观的宣传引导，先后印发《关于培育和践行社会主义核心价值观的实施意见》《关于进一步把社会主义核心价值观融入法治建设的实施意见》，对大力培育和践行社会主义核心价值观、做好社会主义核心价值观的结合融入作出部署。推动社会主义核心价值观进教材、进课堂、进学生头脑,在中小学开展"故事里的核心价值观"活动,利用市(村)民学校、道德讲堂等基层阵地,广泛开展社会主义核心价值观教育。在全市开展"图说我们的价值观"宣传教育,形成广泛影响,中宣部在天津召开现场会推广天津经验。制作以天津泥人张作品为原型的"梦娃"系列动画视频作品,成为"中国梦"的典型形象,图书《梦娃与大公鸡》入选"十三五"国家重点出版规划,26集动画片《梦娃》列入新闻出版广电总局"2017年重点动画片项目"并在全国展映。拍摄《润物无声融入生活——天津市社会主义核心价值观主题公园建设工作纪实》专题片,被中央主要媒体集中报道宣传。举办"点赞新时代·争做好网民"网络公益活动,推动社会主义核心价值观网上传播。开展"网络中国节"系列活动,举办"美丽天津"微小说大赛,推出原创动漫、微视频,以微语言阐释大道理,有效弘扬社会主义核心价值观,传播网络正能量。

扎实推进公民思想道德建设。国无德不兴,人无德不立。中国特色社会主义进入新时代,对我国公民道德建设提出新的更高要求。习近平总书记在党的十九大报告中指出:"加强思想道德建设。人民有信仰,国家有力量,民族有希望。要提高人民思想觉悟、道德水准、文明素养,提高全社会文明程度。"天津市高度重视公民道德建设,立根塑魂、正本清源,推进公民思想道德建设取得显著成效。一是实施公民道德建设方案。选树宣传、关爱帮扶道德模范形成常态,涌现出张伯礼、张黎明等一批先进典型。加大典型选树宣传力度,举办先进典型事迹巡回宣讲,用榜样力量引领时代价值、凝聚社会力量。为弘扬红色文化,凝聚起全市人民不忘初心、继续前进的强大精神力量,利用重要时间节点,开展祭扫英烈、座谈会、诗歌朗诵会、音乐会、主题征文、专题影视歌曲展播展映等活动,举办有关主题展览及群众性主题教育活动。二是做好未成年人思想道德建设,开展百名美德少年评选活动。持续加强乡村学校少年宫、快乐营地等未成年人校外活动阵地建设,建设"五爱教育阵地"。面向全市广大青少年,开展"美德伴我成长""向国旗敬礼""做一个有道德的人"等道德实践活动。举办"家风耀中华"主题展览,弘扬优良家风。三是出台有关条例制度。修订《天津市民文明公约》《天津市民行为守则》,出台《天津市精神文明建设促进条例》,使精神文明建设从"软性要求"成为"硬性规范"。出台《天津市志愿服务条例》《关于推进志愿服务制度化的实施意见》。2019 年,《天津市文明行为促进条例》作为地方立法年度"一号工程"高效率制定实施,与《天津市精神文明建设促进条例》《天津市志愿服务条例》等地方性法规构成天津市精神文明建设制度保障,社会主义核心价值观入法入规形成新亮点。四是推进诚信文化建设。出台《天津市关于集中治理诚信缺失突出问题提升社会诚信水平的行动方案》,健全守法诚信褒奖机制和违法失信惩戒机制,开展诚信缺失突出问题专项治理行动,扎实开展信用修复工作,加强重点领域联合惩戒,持续开展诚信宣传教育,形成文明诚信浓厚氛围。2020 年,城市信用监测排名提前实现三级跳目标,在 36 个省会及副省级以上城市中排名第二,打响诚信天津品牌。办好"聚力 3·15 诚信我来守""树立诚信理念共建诚信天津"等主题活动,推出 2021 年度天津市"诚信经营承诺店"名录,营造守信为荣、失信可耻的道德风尚。

广泛开展精神文明创建活动。天津坚持在守正创新中提升精神文明创建工作实效,把以人民为中心的发展思想贯穿全过程,注重质量标准、融入融合和常态长效,使精神文明创建保持勃勃生机。一是推进文明城市创建工作。做好全国文明城区创建工作。制定《天津市文明城市创建工作方案》,开展天津全域创建文明城市。以文明城区创建为龙头,统筹推进文明村镇、文明单位、文明社区、文明家庭、文明校园创建。2015 年,"千村美院"活动经验在全国农村精神文明建设会议上交流。2016 年,武清区推进农村精神文明建设做法,得到中央文明办的肯定和推广。2018 年,实施全域创建文明城市三年行动计划。制定《关于奖励全国和天津市文明城区等先进典型的办法》、测评体系和操作手册,激发全社会参与创建的积极性,形成全域创建的浓厚氛围。对文明村镇、文明单位、文明社区实行动态管理,出台文明校园创建管理办法。2021 年,市文明委印发《天津市全域创建文明城市三年行动计划（2021—2023 年）》,全市以文明城区创建为龙头的群众性精神文明创建再升级。经过多年努力,全市文明城区创建工作形成"5 ＋ 7 ＋ 2 ＋ 2"的格局,即 5 个全国文明城区、7 个全国文明城区提名城区、2 个未提名全国文明城区的天津市文明城区、2 个天津市文明城区争创区。同时,做好市民文明行为引导,推进文明服务、文明交通、文明旅游和文明祭扫四项专项行动,市民践行文明礼仪规范的自觉性进一步增强,"文明"二字日益深刻融入天津这座城市的"肌理"、融入百姓生活。二是推进志愿服务活动长效化。2019 年 1 月,习近平总书记视察和平区新兴街朝阳里社区,为社区志愿者们点赞,称赞他们是为社会作出贡献的前行者、引领者。强调志愿者事业要同"两个一百年"奋斗目标、同建设社会主义现代化国家同行,要为志愿服务搭建更多平台。天津深入学习贯彻习近平总书记对志愿服务的重要指示,大力弘扬志愿服务精神,组建志愿服务队伍,广泛开展志愿服务活动,凝聚崇德向善社会力量。实施志愿服务"四个一批"培育工程,建立基层学雷锋志愿服务站,打造"美丽天津邻里守望""1 ＋ 1 ＋ 1"助老等志愿服务品牌。完善志愿服务组织运行体系,加强信息化平台建设,推动志愿服务供需精准对接。开通全国首家公益广播,倡导开展慈善捐助、支教助学、义务献血等公益活动。2019 年,举办"牢记总书记嘱托推动志愿服务再上新水平"志愿服务现场交流活动,向全国推介志愿服务"天津模式"。完成天津市志愿服务联合会转隶,组建市志愿服务工作协调小组,志愿服务工作体系日益健全完善。梁启超纪念馆、和平区新兴街朝阳里社区等获评全国学雷锋活动示范点,张黎明等获评全国岗位学雷锋标兵。三是扎实推动新时代文明实践中心建设。制定《天津市新时代文明实践中心试点建设工作方案》《天津市新时代文明实践站试点建设指导意见》《天津市关于深化拓展新时代文明实践中心建设试点工作方案》《天津市新时代文明实践中心、所站建设标准指导手册》等,确定市级新时代文明实践中心试点，建设区级新时代文明实践中心、镇（街）级新时代文明实践所、村（居）级新时代文明实践站。推进新时代文明实践中心从农村地区向城市社区延伸、从试点区向其他行政区全面推开，基本实现全覆盖。总结文明实践做法，形成"一把手"引领、"一盘棋"统筹、"一张网"推进、"一条心"服务的典型经验。开设新时代文明实践信息服务平台，建立宣讲、教育、文艺等市级资源服务中心，推出 200 多个志愿服务项目，市级志愿服务项目"供给菜单"不断完善。结合大城市农村实际，在试点基础上积极推动文明实践志愿服务队伍组建，探索形成以学习宣传、文化健身、互帮互助、文明风尚为主体的"4＋N"三级志愿服务队伍体系，围绕乡村振兴、文明创建、生态环保、疫情防控、助老帮困、平安天津等重点工作，组建各具特色的 N 支志愿服务队，群众自我服务自我管理能力显著提高。

◆ 和平区志愿者协会组织社区志愿者和志愿服务项目团队，为居民带来理发、义餐服务、健康咨询等爱心服务

三 提升文化惠民和公共文化服务水平

党的十八大以来,以习近平同志为核心的党中央站在时代高度,对现代公共文化服务体系建设作出一系列重要部署。市委坚决贯彻习近平总书记重要讲话精神和党中央部署要求,树立以人民为中心的创作导向,坚持"二为"方向和"双百"方针,创造精品力作,努力筑就天津文艺新高峰,同时大力实施文化惠民工程,提升公共文化服务均等化、便利化水平,努力让天津成为书香四溢、人文浓郁,有品质、有品位的城市。

坚持以人民为中心,打造文艺精品力作。天津始终坚持中国特色社会主义文化发展道路,坚持以人民为中心的创作导向,秉承深入生活、扎根人民的宗旨,不断激发文化创新创作活力,坚持思想精深、艺术精湛、制作精良相统一的指导思想,创作出一大批紧扣中国梦的时代主题、弘扬社会主义核心价值观、反映改革发展成就、体现中国精神和天津特色的精品力作。创作《全民目击》《周恩来回延安》《换了人间》《辛亥革命》《寻路》《五大道》《永远的战友》等一批精品影视力作,其中多部作品在全国精神文明建设"五个一工程"评选中获奖。为提升文艺原创力,推动创作繁荣,不断推出更多天津出品、在全国具有广泛影响的津派影视作品,2018年,制定出台《天津市促进影视剧繁荣发展扶持奖励办法》。该办法实施以来,影视行业创作活力不断释放,推出《银河补习班》《小娘惹》等一批优质项目,重大革命历史题材电视剧《我们的队伍向太阳》被列入国家广电总局2018—2022年百部重点电视剧规划。2020年,历史文化纪录片《精武传奇》《赶大营》,津产电视剧《大侠霍元甲》《小镇警事》接连登录央视;重大革命历史题材电视剧《换了人间》获得第32届电视剧"飞天奖"。网络影视内容生产创作逆势上扬,网络电影《陆行鲨》、网络剧《人间烟火花小厨》、网络动画片《大理寺日志》等表现突出。推出多部重要题材京剧、话剧等作品,如"京剧经典传统大戏电影工程"剧目《秦香莲》、纪念中国人民志愿军抗美援朝出国作战 70 周年话剧《上甘岭》、脱贫攻坚题材儿童剧《奔跑吧,少年》等。策划推出"英雄赞歌——致敬最美抗疫人物"等重要题材文艺节目。改版《相声大会》,连续举办"天津相声节",让天津相声作品进入全国视野。

◆ 2021 年 6 月 26 日,"同唱一首歌 永远跟党走"——天津市庆祝中国共产党成立 100 周年群众歌咏大会在市人民体育馆举行,全市各界群众代表齐聚一堂,引吭高歌颂中国共产党丰功伟绩

推进文化惠民工程,增加公共文化供给。近年来,天津大力推进文化惠民,丰富群众性文化活动,同时不断提高公共文化产品数量和质量,更好满足人民群众精神文化需求,为推动高质量发展、为群众创造高品质生活提供强大文化凝聚力、精神推动力。一是深入推进文化惠民工程。2015 年 3 月 28 日,文惠卡首发,在全国首创"变补贴院团为补贴市民"的政府文化惠民模式。文惠卡实现剧团、观众双赢,社会效益、经济效益双丰收,形成演员、观众、剧团、市场间的良性循环。坚持以文惠卡发行激发市场活力,连续举办文惠卡重点演出推介会。自

文惠卡发行以来,打造系列高品质低票价的文化惠民演出活动,带动票房持续增长,实现了"百姓叫好、院团发展、市场繁荣"的多赢局面。持续实施"名家经典惠民演出季""戏曲进校园进乡村""公益电影放映"等诸多品牌性惠民项目,组织天津市民文化艺术节,举办"名家经典基层行"和区级优秀文艺节目巡演,不断满足人民群众日益增长的精神文化需求。2017年开始,连续推出体育惠民卡,实施体育惠民政府补贴,鼓励市民群众参加体育健身活动。天津市街镇综合文化服务中心基本实现全覆盖。到2021年,全市完成三批基层文化服务中心达标验收,有效增加基层公共文化服务供给。二是线上线下相结合,丰富基层文化供给。建立"深入生活、扎根人民"主题实践活动常态机制,开展"红色文艺轻骑兵"小分队活动,文艺工作者深入乡村、社区、校园、军营,深入对口支援合作地区,积极展示文旅融合特色,通过文艺演出、授课讲解、艺术讲座等样式开展活动,有效增加基层文化供给。推出"云端"惠民,通过公众平台持续推送经典讲座、音乐赏析、经典剧目展播。深入开展全民阅读活动,持续推进书香天津建设。深入实施"农家书屋工程",建立城市书吧,推动书屋书吧建设智能数字化阅读模式,打造全民阅读书香地铁,使城乡居民精神家园更加充实、更加丰盈,为天津这座历史文化名城注入新的滋养、夯实文化根基。三是保障特殊群体的文化权益。组织公益儿童剧、艺术课堂等艺术教育活动,把艺术资源向市内留守儿童及困境儿童倾斜;多种形式丰富残疾群体的精神文明文化生活,通过汽车图书馆为残疾群体现场提供办证、借书、还书服务,推动残疾人阅读深入基层,最大限度发挥公共图书馆职能;平津战役纪念馆发挥红色文化助残职能,为残疾人特殊群体构建沟通交流平台。四是全面推进京津冀文化协同发展。2014年8月,签署《京津冀三地文化领域协同发展战略框架协议》,确定三地文化领域协同发展原则为优势互补、共建共享、统一开放,合作内容包括:加强顶层设计,统筹规划区域文化发展布局、推进现代公共文化服务体系建设、推进演艺文化交流与合作、加强文化产业协作发展、加快优秀传统文化的保护与利用、推动文化旅游融合发展、培育统一开放的区域文化市场、加强文化人才的交流培训等8个方面。近年来,先后达成京津冀文化和旅游协同发展战略合作、京津冀新视听战略合作等,进一步推进京津冀文化领域协同合作;深入推进京津冀文化交流合作,联合举办文化展演、曲艺交流演出、书法名家邀请展等活动,连续举办京津冀非物质文化遗产联展,共建非物质文化遗产保护、传承、交流、合作平台,推动京津冀三地传统文化资源交流互补;连续召开"通武廊"文旅产业发展大会,推动"通武廊"文化和旅游各领域、多方位、全链条深度融合;成立京津冀图书馆联盟、京津冀演艺联盟等,对承德市开展相关领域对口帮扶工作,促进三地公共文化资源流动和共享,进一步提升三地公共服务水平。

构建现代公共文化服务体系,提升公共文化服务水平。构建现代公共文化服务体系,是满足人民群众基本精神文化需求和保障人民群众基本文化权益的主要途径。天津市在全国率先出台《关于加快构建现代公共文化服务体系的实施意见》,切实提高公共文化服务能力,丰富公共文化产品和服务供给,创新公共文化服务管理体制机制,完善公共数字文化服务体系,让人民群众享受丰富、高效、便捷的公共文化产品和服务。国家海洋博物馆、天津文化中心等重大公共文化设施建成投用,各区图书馆、文化馆、街道(乡镇)文化站、村(社区)文化活动室基本实现全覆盖并免费开放,四级公共文化设施网络更加完善。建设公共电子阅览室,天津图书馆和市内六区图书馆实现通借通还。截至2021年末,全市共有艺术表演团体115个,文化馆17个,博物馆69个,公共图书馆20个,街乡镇综合文化站255个。3个区、5个项目入选国家公共文化服务体系示范区和示范项目,基层文化活动更加活跃。推进天津歌舞剧院、天津交响乐团迁址扩建项目,完成平津战役纪念馆、周恩来邓颖超纪念馆、天津自然博物馆、中共天津历史纪念馆等文化场馆基本陈列改陈。积极推动天津非物质文化遗产馆新建项目。发挥公共场馆教育功能,推进科普教育工作,开展多种形式红色主题宣讲活动,天津博物馆"红色记忆——天津革命文物展""周恩来邓颖超纪念馆基本陈列""平津战役基本陈列"3项展览入选庆祝中国共产党成立100周年精品展。加快文博场馆数字化进程。延伸公共服务时间和空间,文博场馆开启延迟闭馆服务,推出"地铁流动博物馆"项目,持续开展汽车图书馆进校园活动,建立全国首家相声主题图书馆,打造嵌入式、交互式新型阅读空间。连续开展天津市博物馆原创陈列展览推介活动,助力文博场馆展览质量和水平提升。滨海新区积极探索公共文化服务体系建设新路径,上榜第四批国家公共文化服务体系示范区。全面开展全民健身场地设施建设、更新工作。积极普及、组织开展群众性冰雪运动。全民健身运动蓬勃开展。2021年,共建成社区体育园150个、多功能运动场49个、健身步道18条、登山步道5条、笼式足球场2个,乒乓球运动场1个,街镇级体育公园1个,更新社区健身园628个。体育事业发展实现新突破。成功举办第十届全国残运会暨第七届特奥会、中俄青少年冰球友谊赛、第九届全国大学生运动会、第六届东亚运动会、第十三届全国运动会等重要赛事。天津女排第13次勇夺全国联赛冠军。在2020年东京奥运会上,天津体育健儿

◆ 2022年6月13日,天津市第二工人文化宫经过提升改造后试开放

共获得 3 枚金牌和 1 枚铜牌。在第十四届全运会上，共获得 18 枚金牌、10 枚银牌、16 枚铜牌。

四　以文化体制改革助推文化产业高质量发展

习近平总书记指出："要坚持走中国特色社会主义文化发展道路，弘扬社会主义先进文化，深化文化体制改革，推动社会主义文化大发展大繁荣，增强全民族文化创造活力，让一切文化创造源泉充分涌流。"天津市深入贯彻落实习近平总书记重要讲话精神，坚持把社会效益放在首位、社会效益和经济效益相统一，积极稳妥推进文化体制改革，同时以改革为动力，不断完善文化市场体系建设，发展新型文化业态，文化产品极大丰富，文化市场更加活跃，文化产业健康发展，成为文化建设的重要一翼和国民经济新的增长点，全市文化大发展大繁荣呈现出新的气象。

稳步推进文化改革发展。认真贯彻中央关于全面深化文化体制改革的部署要求，成立市委文化体制改革专项小组，印发《天津市深化文化体制改革实施方案》，分批实施经营类文化事业单位改革，有序推进国有文化企业上市。出台《关于推动国有文化企业把社会效益放在首位、实现社会效益和经济效益相统一的实施意见》。出台全市文化改革和发展"十四五"规划、深化国有文艺院团改革的实施方案、国有文化企业深化改革加快发展实施方案、文化产业发展专项资金项目和资金管理暂行办法、促进影视剧繁荣发展扶持奖励办法等，加快推进北方电影集团化解债务风险、"5G＋智慧广电"公共服务工程等重点项目。文化市场综合执法改革任务在全国率先完成。天津猫眼微影文化传媒有限公司获第十二届"全国文化企业30强"提名。2020年,推动深化国有文艺院团改革经验做法被中宣部《文化改革发展简报》刊发。

推进媒体融合向纵深发展。坚决贯彻习近平总书记关于媒体融合的重要指示精神,媒体深度融合迈出坚实步伐。印发《关于推动传统媒体和新兴媒体融合发展的实施意见》,着力推进传统媒体与新兴媒体深度融合,打造以传统媒体为依托"一个门户网站,微博微信两个平台,多个移动客户端"的新媒体格局,形成全介质立体化传播体系,主流媒体的传播公信力、影响力、引导力不断增强。高标准打造"津云"中央厨房。将天津日报社、天津广播电视台、今晚报社、广电传媒集团和中国技术市场报社、天津报业印务中心合并组建天津海河传媒中心,成为全国第一家实质性整合的省级媒体,走出一条报网声屏一体化发展的新路。推动海河传媒中心持续深化改革,一批经验做法分别被评为中国报业深度融合发展创新案例、中国记协十大融合案例等。创新推出50个融媒体工作室,建立新型薪酬激励机制,传统媒体主力军大踏步转向主战场。优先发展津云新媒体,打造"津云独家""津云调查"等深度报道品牌,积极发展短视频业务,津云新媒体迅速成长为国内较有影响力的新锐媒体。16个区级融媒体中心全部挂牌运营并通过验收,新型主流媒体矩阵发展壮大,"媒体+政务+服务"功能逐步完善。出台加快推进媒体深度融合发展的实施方案,加快构建全媒体传播体系,将媒体深度融合的自我革命进行到底。2019年,天津市媒体改革经验被中组部收录《贯彻落实习近平新时代中国特色社会主义思想在改革发展稳定中攻坚克难案例》丛书,并在中宣部《宣传工作》《决策参考》《文化改革发展简报》3份重要刊物上刊发。

深化文化旅游融合发展。将文化元素植入旅游服务,充分发挥文化产业的文化优势和旅游产业的市场规模优势,打造天津文化和旅游核心竞争力。深入挖掘历史文化资源,打造北运河武清段历史与生态旅游线路,以"近代中国看天津"为主题的文化旅游线路及革命文化红色旅游重地,建立天津市博物馆文化旅游发展联盟，推出文化场馆和国家 AAAA 级以上旅游景区在线虚拟旅游等文旅融合举措，促进旅游业发展。深入实施文旅融合品牌战略，举办"'非遗'购物节"、天津夜生活节、"I·游天津"旅游季等活动，推出文化博览游、名人故居游、津城工业游等 52 条精品线路和天津旅游通票，开展"天津之夜"品牌营销推介，以"天津礼物"为统一标识，打造出一批特色文创和非遗产品。整合红色旅游资源，促进红色资源与旅游深度融合，发挥红色旅游教育功能，培育打造复合型红色旅游知名品牌，"平津战役·走向胜利""生态蓟州·田园如诗"精品线路，入选"建党百年红色旅游百条精品线路"。为进一步扩大红色旅游载体规模，开展天津市红色旅游区（点）评定工作，于方舟故居等 15 家单位被评定为首批天津市红色旅游景区（点），红色旅游成为假日旅游新亮点。2021 年接待国内游客 1.79 亿人次，国内游收入 1968.81 亿元。

◆ 蓟州区下营镇小港村习近平道路光强带

加强文化遗产保护管理和利用。历史文化遗产承载着中华民族的基因和血脉，保护文物功在当代、利在千秋。习近平总书记多次强调文化和自然遗产保护工作的重要性。2019年1月，习近平总书记在梁启超旧居考察调研时说："要爱惜城市历史文化遗产，在保护中发展，在发展中保护。"天津全面贯彻落实习近平总书记重要要求，做好文化遗产保护和管理工作，推进大运河国家文化公园和长城国家文化公园建设，不断加强"非遗"保护传承和宣传推介力度，使文化遗产得到更好的保护、传承和利用。一是加强文化遗产保护和管理。深入贯彻落实习近平总书记关于加强文物保护利用工作的要求，做好文物保护工作，申报国家级、市级文物保护单位，实施重点文物保护单位修缮工程，启动千像寺造像遗址保护项目，大运河沿线考古工作取得重要成果。深入挖掘文博资源，举办系列特色展览，讲好文物背后的故事。2021年，出台《天津市红色资源保护与传承条例》。贯彻落实《关于实施革命文物保护利用工程（2018—2022年）的意见》，制定出台《天津市关于实施革命文物保护利用（2018—2022年）行动方案》《关于进一步加强我市文物安全工作的实施方案》，组织开展革命文物名录公布和调查工作，形成天津市革命文物名录（第一批），包括可移动革命文物7154件（套），不可移动革命文物56处；推进非物质文化遗产申报工作，无极拳等14个"非遗"项目入选第五批国家级"非遗"代表性项目名录，截至2021年6月，天津市国家级"非遗"代表性项目达到49项，市级"非遗"代表性项目250项。二是深入推进两大国家文化公园建设。推动出台《天津市大运河国家文化公园建设保护规划》，全面梳理大运河文化旅游资源，重点建设大运河管控保护、主题展示、文旅融合、传统利用四类主体功能区，大运河国家文化公园项目正式启动；印发实施《长城国家文化公园（天津段）建设保护规划》及导则，持续跟进长城国家文化公园保护传承、研究发掘、环境配套、文旅融合、数字化展示等五大类工程建设，严格保护长城文物本体，传承弘扬长城文化价值，完善长城国家风景廊道体系。三是推进"非遗"保护传承体系建设。深入贯彻落实习近平总书记关于历史文化遗产重要论述和指示精神，出台《天津市非物质文化遗产保护条例》，加强"非遗"普及和传承工作，举办"非物质文化遗产项目代表性传承人记录工作培训班",提高"非遗"传承人抢救性记录工作的质量和水平,开展"非遗"进校园、进社区活动,着力构建非物质文化遗产课程体系,设计推出"'非遗'进校园·传承文化魅力"课程,将非物质文化遗产内容融入国民教育,形成青少年"非遗"项目传承和保护机制。同时,做好"非遗"资源宣传推介活动。围绕文化和自然遗产日年度活动主题,结合天津地方特色,举办"运河记忆红色传承"等主题"非遗"宣传展示活动。

推动文化产业高质量发展。习近平总书记强调:"要推动文化产业高质量发展,健全现代文化产业体系和市场体系,推动各类文化市场主体发展壮大,培育新型文化业态和文化消费模式,以高质量文化供给增强人们的文化获得感、幸福感。"近年来,天津大力扶持文化产业发展,发展壮大文化市场主体,优化文化产业布局,不断推动文化产业高质量发展。实施《天津市文化产业振兴规划》《天津市文化产业发展实施方案》《天津市加强文化领域行业组织建设实施方案》等,引领全市文化产业发展。出台《推进文化创意和设计服务与相关产业融合发展行动计划(2015—2020年)》《天津市文化产业发展三年行动计划(2014—2016年)》《天津智能文化创意产业专项行动计划》,进一步提升文化创意和设计服务整体质量水平和核心竞争力。推出扶持文化出口企业举措,推动天津文化"走出去"。出台支持文化产业发展、"文化+"等系列政策,设立文化产业发展专项资金,创新文化产业发展专项资金使用方式,由直接补助项目变为股权投资,激发文化产业的巨大活力。举办"海河锦鲤跃动津城"全国创意产品征集大赛,推动"梦娃"产业化,促进文创产业发展,推进引导城乡居民扩大文化消费试点,提升城市文化活力。建成国家动漫产业综合示范园动漫与影视超级渲染云计算平台、天津国家数字出版基地计算中心实验开发平台、国家影视网络动漫实验园和研究院影视动漫公共网络支撑平台等一批重点文化产业公共服务平台,有效发挥服务、聚集、辐射和带动作用。加强文化产业示范园区和示范基地管理,开展"特色文化产业示范乡镇(街区)"创建工作,以特色文化产业示范乡镇（街区）创建，推进特色文化产业发展。智慧山文化创意产业园入选第二批国家文化产业示范园区创建园区。中新天津生态城获批我市首个国家文化出口基地。截至2021年6月，全市有国家级文化产业示范园区1家（国家动漫产业综合示范园），市级示范园区14家；国家级文化产业示范基地9家，市级示范基地49家。天津已形成中心城区都市文化产业带、滨海战略性新兴文化产业带、区县特色文化产业带、北部山区休闲旅游文化产业带4条文化产业发展带及文化创意、广播影视、出版发行、演艺娱乐、文化旅游、数字内容和动漫、文化会展、艺术品交易等8大门类为主体的文化产业体系，呈现出山、海、城、乡"四带多点"的文化产业格局。

第九章

坚持以党的政治建设为统领，

全面推进新时代党的建设新的伟大工程

习近平总书记指出，中国共产党能够带领人民进行伟大的社会革命，也能够进行伟大的自我革命。办好中国的事情，关键在党，关键在党要管党、全面从严治党。必须以加强党的长期执政能力建设、先进性和纯洁性建设为主线，以党的政治建设为统领，以坚定理想信念宗旨为根基，以调动全党积极性、主动性、创造性为着力点，不断提高党的建设质量，把党建设成为始终走在时代前列、人民衷心拥护、勇于自我革命、经得起各种风浪考验、朝气蓬勃的马克思主义执政党。党的十八大以来，以习近平同志为核心的党中央，以坚定决心、顽强意志、空前力度加强党的全面领导，推进全面从严治党，推动党和国家事业取得历史性成就，发生历史性变革。市委深入贯彻落实习近平总书记重要指示，落实新时代党的建设总要求，着力加强和改善党的领导，以自我革命精神推进全面从严治党，坚持以党的政治建设为统领，强化党的创新理论武装，推进基层党组织和党员队伍建设，驰而不息正风肃纪反腐，党的领导全面加强，政治生态发生根本性变化，党的建设展现新气象，党的领导和党的建设的显著政治优势充分彰显，为全面建成小康社会和开启全面建设社会主义大都市新征程提供了坚强组织保证。

一　把党的政治建设摆在首位

党的十九大提出党的政治建设这个重大命题，把党的政治建设纳入党的建设总体布局并摆在首位,明确了党的政治建设在新时代党的建设中的战略定位。市委始终坚持旗帜鲜明讲政治,认真学习贯彻《中共中央关于加强党的政治建设的意见》,坚持以党的政治建设为统领,把政治标准和政治要求贯穿党的思想建设、组织建设、作风建设、纪律建设以及制度建设、反腐败斗争始终,推动全面从严治党向纵深发展,引领带动党的建设质量全面提高。

坚定拥护"两个确定",坚决做到"两个维护"。2016年10月,党的十八届六中全会明确了习近平总书记党中央的核心、全党的核心地位,正式提出"以习近平同志为核心的党中央"。2017年10月,党的十九大把习近平总书记党中央的核心、全党的核心地位写入党章。市委十届十次全会审议通过《中国共产党天津市委员会工作规则》《中共天津市委关于牢固树立"四个意识"坚决贯彻落实党中央决策部署的意见》,强调全市各级党组织和党员干部要进一步增强政治意识、大局意识、核心意识、看齐意识,特别是核心意识、看齐意识,坚定不移地拥护核心、维护核心、捍卫核心。党的十九大召开后,市委制定印发《中共天津市委关于维护党中央集中统一领导的规定》,贯彻落实《中国共产党重大事项请示报告条例》。全市上下层层开展以牢固树立"四个意识"为主题的宣讲专题讨论活动,推动党员干部把"四个意识"内化于心、外化于行。党的十九届六中全会使全党空前一致地认识到"两个确立"的决定性意义,空前紧密地团结在习近平新时代中国特色社会主义思想的旗帜下,空前自信地奋进在习近平总书记指引的全面建成社会主义现代化强国、实现中华民族伟大复兴的康庄大道上。市委十一届十一次全会要求,全市各级党组织和全体共产党员要以高度的历史自觉、政治自觉、使命担当,坚决捍卫"两个确立",坚决做到"两个维护",始终在政治立场、政治方向、政治原则、政治道路上同以习近平同志为核心的党中央保持高度一致。2022年6月,市第十二次党代会把坚定捍卫"两个确立",坚决做到"两个维护"作为政治灵魂,强调坚决维护习近平总书记党中央的核心、全党的核心、人民领袖、军队统帅的地位和权威。11月,市委十二届二次全会强调，坚决贯彻落实关于加强和维护党中央集中统一领导的若干规定精神，健全贯彻落实习近平总书记重要指示批示精神和党中央决策部署的制度机制，完善上下贯通、执行有力的工作体系，强化政治监督，确保政令畅通、令行禁止。2017年以来市委主要领导同志连续6年以"维护习近平总书记党中央的核心、全党的核心地位"为主题组织"七一"专题党课，全面夯实对党绝对忠诚的思想根基，不断增强政治判断力、政治领悟力、政治执行力，推动习近平总书记重要指示批示精神和党中央重大决策部署在津沽大地落地落实、取得成效。在市委的领导下，全市各级党组织和全体党员坚持不懈用习近平新时代中国特色社会主义思想武装头脑，坚持把党的政治建设摆在首位，把坚决维护党中央权威、坚决捍卫习近平总书记核心地位落实到具体行动中，确保党中央政令畅通、令行禁止。市第十一次党代会以来，聚焦"两个确立""两个维护"，对习近平总书记重要指示批示精神落实情况进行清单式、"回头看"式监督，开展违建"大棚房"和违建别墅、人防和供销社系统腐败、公共停车管理领域突出问题、粮食购销领域腐败、经济开发区腐败等专项整治，严肃查处做选择、搞变通、打折扣等违反政治纪律问题517起，处分533人，确保政令畅通、令行禁止。

落实全面从严治党主体责任。树立"抓好党建是最大政绩"的理念，牢牢牵住全面从严治党主体责任这个"牛鼻子"，以加强党的政治建设为统领，不断抓基层、强功能、找差距、补短板，注重党建工作同业务工作同谋划、同部署、同落实、同检查，推动全面从严治党不断向纵深发展。制定《中共天津市委关于落实全面从严治党主体责任和监督责任的意见》以及落实主体责任实施意见、检查考核办法、述责述廉办法，建立健全制度体系。严格管理检查考核，建立主体责任监管平台，实现动态监管、全程纪实、在线考核、永久留痕，形成"清单明责、督查压责、检查考责、述责评责、失责问责"环环相扣的制度体系。落实"三级联述联评联考"制度，自上而下连级开展党组织书记抓基层党建工作述职评议考核，市委常委会、党员副市长带头听取各区委、市委各部委和部分市级国家机关党委主要负责同志抓基层党建工作述职,实现基层党建述职评议全覆盖。2017年以来,市领导每年带队对全市各区、部分市级部门党政领导班子及成员落实主体责任情况进行检查考核。市委、市政府主要领导同志约谈排名靠后的党组织主要负责人,市纪委专项检查整改落实情况,部分党委(党组)书记向市纪委全会述责述廉,进一步压实党委(党组)管党治党责任。把加强党的政治建设作为各级党组织主体责任评议考核的重要内容,融入党内政治生活,融入党员思想建设,严格督促检查,确保责任落实、任务落地。

强力推进政治生态建设。2016年9月,经中共中央批准,中央纪委对市委原代理书记、原市长黄兴国严重违纪问题进行立案审查。市委把肃清黄兴国恶劣影响、净化政治生态作为极其重要而严肃的政治任务,2017年2月制定《中共天津市委关于肃清黄兴国恶劣影响进一步净化政治生态的工作意见》,狠抓中央巡视"回头看"反馈意见整改落实,深入开展圈子文化、码头文化、好人主义问题专项整治,层层召开增强"四个意识"反对圈子文化和好人主义专题民主生活会、组织生活会,紧紧抓住"人、事、因、制",强力推进圈子文化和好人主义问题专项治理,发现并解决问题6685个,建立完善制度规定6915项。安排9个巡视组对25个地区和单位党组织就肃清黄兴国恶劣影响、净化政治生态等方面进行专项巡视,召开全市净化政治生态工作座谈会,制定《天津市政治生态建设考核评价实施意见》,每年出台净化政治生态重点任务,与主体责任检查考核一并开展政治生态建设考核评价。针对巡视发现的党内政治生活不严肃、随意化、走过场等问题,责令被巡视的25个单位党组织重开年度民主生活会、15个单位党组织重开反对圈子文化和好人主义专题民主生活会。把加强党内政治文化建设作为推进全面从严治党、构建良好政治生态的一项基础性建设,印发《关于加强党内政治文化建设的工作意见》,要求层层压实各级党委主体责任,树立人人都是政治文化建设者的理念,推动党内政治生活、政治文化、政治生态一体建设、一体规范、一体净化。经过全市上下的共同努力,全市党员干部讲政治氛围日益浓厚,圈子文化、好人主义问题整治持续深入,管党治党政治责任不断强化,干部队伍担当作为精神状态得到激发,为经济社会发展积聚越来越强大的正能量。

二　强化党的创新理论武装

市委坚持把学懂弄通做实习近平新时代中国特色社会主义思想作为首要政治任务,把学习贯彻习近平总书记重要讲话和重要指示批示精神作为市委常委会会议第一议题、党委（党组）理论学习中心组第一主题、党员干部培训轮训第一主课,引导党员干部领会核心要义、把握精神实质,切实做到学思用贯通、知信行统一。

深入学习贯彻习近平新时代中国特色社会主义思想。党的十八大的召开标志着中国特色社会主义进入新时代。党的十八大召开后,市委印发《关于认真组织学习习近平总书记一系列重要讲话精神的通知》,要求充分认识学习习近平总书记系列重要讲话精神的重大意义,引导党员干部领会核心要义、把握精神实质,切实做到学而信、学而用、学而行。党的十九大将习近平新时代中国特色社会主义思想确定为全党必须长期坚持的指导思想写入党章。党的十九大召开后,市委坚持把学习贯彻习近平新时代中国特色社会主义思想作为首要政治任务,紧跟党的理论创新步伐,在学懂弄通做实上持续用力,全面系统学、及时跟进学、联系实际学,推动党的最新理论成果进企业、进农村、进机关、进校园、进社区、进军营、进网络,形成声势、兴起热潮。制定《关于市委常委会带头把学习贯彻习近平新时代中国特色社会主义思想不断引向深入的意见》,示范带动各级领导班子健全常学常新、常悟常进的长效机制。大力推进领导干部上讲台,市领导同志率先垂范，形成了"干部教、教干部"的生动局面。制定实施《推动学习宣传习近平新时代中国特色社会主义思想在津沽大地形成持续热潮的工作方案》，突出抓好习近平总书记视察天津重要指示和在京津冀协同发展座谈会上的重要讲话精神学习培训，举办6期市管干部学习贯彻十九大精神专题培训班，开办干部学习大讲堂，对全市3万余名处级以上党员领导干部开展大规模集中轮训，分期分批对党员干部进行系统培训。组织广大党员、干部深入学习《习近平谈治国理政》和一系列重要论述摘编，学习《习近平新时代中国特色社会主义思想学习纲要》等重要辅导读物，持续推动学习贯彻习近平新时代中国特色社会主义思想走深走心走实。制定贯彻《2018—2022年全国干部教育培训规划》的实施意见，大力实施习近平新时代中国特色社会主义思想教育培训计划，持续推动大学习大教育大培训大普及，有效推进习近平新时代中国特色社会主义思想进教材、进课堂、进头脑。2022年10月，党的二十大胜利闭幕后，市委先后召开市委常委会扩大会议、天津市领导干部大会，传达学习党的二十大和党的二十届一中全会、十九届七中全会精神，研究部署全市学习宣传和贯彻落实工作。市委书记、市委党校校长李鸿忠在市委党校主持召开学习宣传贯彻党的二十大精神座谈会，强调要全面落实《中共中央关于认真学习宣传贯彻党的二十大精神的决定》，充分发挥全市党校系统干部培训主渠道和理论阵地重要作用，教育引导全市广大党员干部群众深入领会党的二十大的精神实质、核心要义，深刻领悟"两个确立"的决定性意义，弘扬伟大建党精神，为全面落实党的二十大确定的重大战略部署而团结奋斗。市委发出贯彻落实《中共中央关于认真学习宣传贯彻党的二十大精神的决定》的通知。11月2日，天津市召开学习宣传党的二十大精神工作部署会，对我市学习宣传党的二十大精神作出全面部署。11月3日，中央宣讲团成员、市委书记李鸿忠作党的二十大精神宣讲报告。在市委领导宣讲的带动下，全市迅速掀起形式多样的学习宣传热潮。全市上下一致表示，要切实用党的二十大精神统一思想、坚定信心、明确方向、鼓舞斗志，在抓落实上见成效，把学习成果转化为推动天津改革发展稳定各项工作的实践成果。

◆ 2012 年 12 月 1 日，中央宣讲团党的十八大精神报告会在天津举行。图为会场

　　扎实开展一系列主题教育。按照中央统一部署，天津市先后开展一系列党内集中教育，强化党的创新理论武装，正本清源，固本培元，促使广大党员干部筑牢信仰之基，补足精神之钙，把稳思想之舵。2013 年至 2014 年，以"为民、务实、清廉"为主题，以落实中央八项规定为切入点，深入开展党的群众路线教育实践活动。全市党员受到了一次触及灵魂的党性教育，经历了一次系统严格的群众考核，得到了一次及时全面的自我提升。2015 年在全市县处级以上领导干部中开展"三严三实"专题教育，结合 6 项专项整治，强化立规执纪和整改落实，累计解决基层干部不作为、乱作为等损害群众利益问题 2224 个，整改重大安全隐患 139 项，党员干部思想、党性、作风得到集中"补钙""加油"，党的意识、党员意识、纪律规矩意识进一步增强。2016 年在各级党组织和全体党员中深入开展"两学一做"学习教育，推动党内教育从"关键少数"向广大党员拓展、从集中性

教育向经常性教育延伸，把全面从严治党要求贯彻落实到每个支部每名党员，全市 5.8 万个基层党组织和 113 万名党员参加学习教育，制定出台 13 项制度规定，有效保证学习教育进度和质量。2017 年深入开展"维护核心、铸就忠诚、担当作为、抓实支部"主题教育实践活动，推进"两学一做"学习教育常态化制度化。2019 年，深入开展"不忘初心、牢记使命"主题教育，深化党的自我革命，推进全面从严治党向纵深发展。2020 年 7 月，开展"四史"学习教育，推动全市广大党员干部群众知史爱党、知史爱国，不忘初心、牢记使命，继往开来、坚定前行。2021 年，高标准高质量扎实开展党史学习教育，深入学习领会习近平总书记关于党的历史的重要论述，坚持学史明理、学史增信、学史崇德、学史力行，做到学党史、悟思想、办实事、开新局，用心用情、倾心倾力组织开展"我为群众办实事"实践活动。2022 年，开展"迎盛会、铸忠诚、强担当、创业绩"主题学习

◆ 2021 年 5 月，天津市卫生健康委开展党史学习教育"我为群众办实事"暨"天津市人民满意的好医生"走基层送健康志愿服务义诊咨询活动

宣传教育实践活动，突出"迎盛会"这条主线，着力强化政治统领、严肃党内政治生活、厚植为民情怀、激励干部担当作为、营造良好舆论氛围和社会环境，坚决筑牢首都政治"护城河"，凝聚一起向未来的磅礴伟力，以优异成绩迎接党的二十大胜利召开。

加强对意识形态工作的全面领导。市委认真学习领会习近平总书记关于意识形态工作的重要论述，始终坚持马克思主义指导地位，坚持和加强党对意识形态工作的全面领导，牢牢掌握意识形态工作领导权。制定《天津市党委（党组）意识形态工作责任实施细则》和《党委（党组）网络意识形态工作责任制实施细则的实施意见》，要求各级党委（党组）要切实扛起意识形态工作主体责任，压实第一责任人责任，抓学习教育、抓阵地管理建设、抓互联网主战场、抓宣传载体创新、抓网络信息装备建设、抓督查检查，推动意识形态工作责任制落地落实，坚决筑牢首都政治"护城河"。深化"三级确保、建设四级、多级完善"网信工作格局，不断健全全市一体化网络舆情应急指挥体系，构建网络信息生态评估指数；完善网络舆情感知检测预警平台，扩大互联网数据检测覆盖范围，提升研判分析能力；不断健全意识形态工作信息互通、资源共享、联合预警、协同联动机制，加强风险梳理排查，开展定期研判，做好风险防控，营造天朗气清网络空间。

三　完善上下贯通执行有力的组织体系

市委认真贯彻习近平总书记关于抓好党的组织体系建设重要要求，坚持以提升组织力为重点，突出政治功能，强化服务功能，多用心、大用力、严用责、准用人、铁用制，牢固树立大抓基层的鲜明导向，努力做好抓基层打基础工作。市委组织部制定印发《天津市全面实施基层党组织组织力提升工程三年行动计划》《关于进一步加强党组织领导城乡基层治理的意见》，在强化创新理论武装、提升党建覆盖质量、培养高素质带头人队伍、推进基层党组织标准化建设等方面作出部署，深入实施组织力提升工程，大力推动力量下沉、管理下沉、服务下沉，不断提升党建引领基层治理水平，筑牢坚强战斗堡垒，确保党的领导全覆盖、全贯穿、全落实。

开展基层服务型党组织和"五好党支部"创建。2013年以来，天津市印发实施《关于加强基层服务型党组织建设的意见》，针对农村、街道社区、机关、国有企业、"两新组织"等不同领域基层党组织的特点，从服务上下功夫，根据窗口单位和服务行业存在的突出问题，结合开展党的群众路线教育实践活动，提高各级党员干部联系服务群众、做群众工作的能力。2016年，把做合格党员与建过硬支部相结合，在全市基层党组织中深入开展以支部班子好、党员管理好、组织生活好、制度落实好、作用发挥好为内容的"五好党支部"创建活动，增强基层党组织政治功能和服务功能，推动全面从严治党要求落实到每个支部、每名党员。聚焦基层党组织建设和党员管理方面突出问题，深入开展专项整治，宣传推广基层党建先进典型，集中整顿转化后进基层党组织，不断夯实基层党建根基。针对部分农村地区村级组织软弱涣散等问题，市委把加强基层党组织建设列为结对帮扶困难村工作重点任务，坚持抓党建促脱贫攻坚，大力实施帮班子建设、帮发展党员、帮制度机制、帮精神文化、帮设施提升"五项工程"，充分发挥驻村工作组组长"第一书记"作用，严格落实"三会一课"、组织生活会、民主评议党员等组织生活制度，使困难村党员干部队伍整体素质明显提升，困难村软弱涣散党组织全部实现转化提升，战斗堡垒作用逐步增强，1041个困难村党组织全部达到"五好党支部"创建标准，夯实了党在农村的执政根基。

◆ 天津港保税区结对帮扶困难村开展"不忘初心、牢记使命"主题教育党日活动

推进党建引领基层治理体制机制创新。2014 年以来，不断推行完善街道"大工委"制和社区"大党委"制，在符合条件的 107 个街道实行大工委制、1578个社区实行大党委制，形成以街道党工委为核心、以社区党组织为基础、辖区单位党组织共同参与的区域化党建格局。推行单位党组织到驻地街道社区党组织报到、党员到居住地社区党组织报到的"双报到"制度，形成党员"工作在单位、活动在社区、奉献双岗位"的新机制，43.9 万名在职党员到社区报到，认领服务岗位、开展志愿活动。深入开展机关事业单位联系社区工作，在职党员干部开展联系服务困难群众的"双联系"制度，围绕改进机关干部作风，服务社区居民群众，着力落实强化社区基层组织、深化社区管理工作、提升社区服务能力、优化社区居住环境、繁荣社区文化建设、培育社区社会组织等六项任务，切实发挥机关事业单位党组织作用，帮助解决群众生产生活难题。2017 年，召开全市城市基层党的建设工作会议，制定实施《关于全面加强城市基层党建工作的意

见》，坚持城市"大党建"理念，发挥街道社区党组织"轴心"作用，突出政治功能，构建以街道党工委和社区党组织为核心，居委会和居务监督委员会为基础，业委会、物业企业、社会组织为纽带，驻区单位和各类经济组织共同参与的区域化党建工作体系。2019年，全面实施"战区制、主官上、权下放"，推进党建引领基层治理体制机制创新，制定《关于落实街道（乡镇）对区属职能部门人事建议权的指导意见》《关于建立健全街道（乡镇）对区属职能部门考核评价机制的指导意见》，通过"管事"和"管人"相结合、"上考下"和"下考上"相结合，强化街镇战区调度指挥能力，持续深化驻区单位党组织和在职党员到街道社区"双报到"，增强广大党员的宗旨意识，密切了党员与群众的血肉联系。集中整顿治理软弱涣散党组织，实现全部销号转化，全面实行村（社区）评星定级，统筹推进各领域基层党组织建设全面进步全面过硬。

"一肩挑"稳步实施。2017年，在企业全面推行党委书记、董事长由一人担任，推动双向进入、交叉任职工作；在机关全面推行机关及部门内设机构基层党组织书记由党员主要负责人担任，破解机关党建"灯下黑"和与业务工作"两张皮"问题。2018年，以村（社区）"两委"换届为契机，在全市3538个村和1667个社区全面推行村（社区）党组织书记通过法定程序兼任村（居）委会主任，全面实现"一肩挑""一片红"，在天津基层组织建设史上首次实现换届率和"一肩挑"两个100%。抓好党支部带头人队伍建设，建立天津市党支部书记学院，加强基层党支部书记培训轮训，不断提升基层党支部书记的政治素质和履职能力。出台实施《天津市村党组织和村民委员会干部管理办法（试行）》，全覆盖培训"两委"成员，加强新一届村（社区）干部教育管理，引导他们在推动乡村振兴、加强基层治理上大显身手，当好带头人。2019年，继续巩固拓展村和社区"两委"换届成果，集中整顿治理软弱涣散党组织，全部销号转化。加强基层组织带头人队伍建设，对全市3538名村党组织书记兼村委会主任进行全员培训，评选表彰"天津市十佳村党组织书记"和"天津市十佳社区党组织书记"，对村和社区全面实行星级管理，评星定级结果直接与村和社区干部报酬挂钩。结合深入推进扫黑除恶专项斗争，持续深化村级组织换届"回头看"，坚决把不符合条件人员从村"两委"班子中清理出去。市第十一次党代会以来，连续五年，每年面向全国招录1000名农村专职党务工作者，为基层带头人队伍建设积蓄源头活水。

抓好党员教育管理。先后印发实施《关于加强新形势下发展党员和党员管理工作的实施意见》《关于进一步做好新形势下发展党员工作的意见》，注重在青年工人、农民、知识分子和"两新"组织中发展党员，"控量提质"，优化党员队伍结构。发挥党支部主体作用，严格党的组织生活，建立并落实"主题党日"制度、"三会一课"纪实报告检查制度，推行建立党员档案。推进党员教育信息化建设，建成全市党建网站联盟，制作党员教育片《入党》在全国发行。2017年完成全市党组织和党员基本信息采集，建立党员电子身份信息。开展党员组织关系集中排查、党代会代表和党员违纪违法未给予相应处理情况排查、清理和党费收缴专项检查。推行党的基层组织建设信息系统，建成"天津党建"数字化平台，开发适合互联网时代传播规律的党员教育资源，不断提升"互联网＋党建""智慧党建"水平，提升党员教育效果。扎实做好在产业工人、青年农民、高知识群体和"两新"组织等重点领域和群体发展党员工作，着力解决国有企业党员空白班组问题，制定《关于进一步提高发展大学生党员质量的意见》。深入开展排查解决农村发展党员违规违纪问题试点工作，对《发展党员工作细则》颁布以来新发展的在册党员进行全面"体检"。截至2021年底，全市共有党员1,236,065名，党的基层组织数量为67,533个。

经过全市各级党组织共同努力，党的组织和党的工作实现全面覆盖，党在基层的组织体系更加健全完善；各领域党建标准化规范化建设全面实施，基层队伍、基本活动、基本阵地、基本制度、基本保障问题得到有效解决，党建工作质量明显提升；基层党组织整体功能全面增强，党组织政治领导力、思想引领力、群众组织力、社会号召力有效发挥，确保党的执政体系"一根钢钎插到底"，确保党的路线方针政策贯彻落实到"神经末梢"。

四　加强干部人才队伍建设

市委认真贯彻新时代党的组织路线和习近平总书记提出的"信念坚定、为民服务、勤政务实、敢于担当、清正廉洁"20字好干部标准,坚持党管干部原则,坚持正确用人导向,深化干部人事制度改革,着力建设忠诚干净担当的高素质专业化干部队伍。

坚持从严选拔干部。严格执行《党政领导干部选拔任用工作条例》,先后制定实施《市委管理干部选拔任用工作流程》《关于考准考实干部防止"带病提拔"的办法》《关于改进和完善干部任前公示的通知》《领导干部政治素质考察办法》,坚持以好干部标准选人用人,严把政治关、品行关、能力关、廉政关,坚持首关不过,余关莫论;抓好动议审查、任职考察、任前把关三个关键,防止干部"带病提拔""带病上岗";优化领导班子结构,重视专业知识配套和领导经验互补,选择忠诚干净担当的干部;综合运用领导班子建设调研、年度考核、巡视巡察、审计、民主生活会等成果,把政治素质考察落实到人头,系统集成在重大任务、重大斗争、关键时刻的具体表现、具体事例中,提高政治素质考察、政治把关的科学性、精准度。把制度执行力和治理能力作为干部选拔任用、考核评价的重要依据,及时把制度执行力和治理能力强的干部选出来、用起来。

选优配强各级领导班子。认真贯彻中组部召开的学习贯彻党政领导班子建设《规划纲要》座谈会精神,选优配强党政正职,优化班子年龄结构、专业结构、来源和经历结构,增强整体功能。积极创新选人用人方式,打破地域分割、部门所有、系统限制，放眼各条战线、各个领域、各个行业选人用人，加大各级干部交流力度，切实做到"天下才、天津用，天津才、统筹用"。深化国有企业选人用人体制机制改革，大力推行职业经理人制度和聘任制，激发国有企业领导人员队伍活力。积极推行滨海新区各开发区法定机构改革，对管委会负责人推行全员聘任制，面向国内外选拔管委会副主任。加强领导班子能力建设，推动领导班子成员学习培训，补齐能力短板、填补知识弱项、消除经验盲区，在推动中心工作中提升领导能力和水平。加强民主集中制教育和监督检查，推动各级领导班子和领导干部全面掌握民主集中制各项制度的基本要求，严格按程序决策、按规矩办事，切实把民主集中制落实到位。

培养选拔优秀年轻干部。2014 年，召开全市优秀年轻干部培养选拔工作会议，制定实施《关于加强和改进优秀年轻干部培养选拔工作的实施意见》《天津市年轻干部培养选拔计划》，创新发现识别机制，健全组织培养机制，改进选拔使用机制，完善管理监督机制，实现常态化培养、合理化配备、制度化运行，选优配强年轻干部。2016 年，天津市优化年轻干部成长路径，从市级机关、经济功能区、市管国有企业选拔 40 岁以下优秀年轻正处级干部到乡镇担任党政正职。以区县乡镇领导班子换届为契机，大范围推进干部交流，避免班子出现"板结"，保持干部队伍"一池活水"，调整配备市管领导班子 181 个，选拔任用市管干部 721 名。十九大以来，天津市把年轻干部培养选拔工作作为重大战略任务，制定实施《天津市年轻干部培养选拔计划》《关于适应新时代要求大力发现培养选拔优秀年轻干部的实施意见》，加大年轻干部选拔配备力度，强调破除论资排辈、平衡照顾、求全责备等观念，有空缺职位的优先配备年轻干部。开展年轻干部专项调研，实施青年马克思主义者培养工程，发现掌握一批比较成熟的年轻干部，纳入各层级后备干部人才库，多渠道多类别加强教育培养和实践锻炼，着力建设高素质专业化干部队伍；制定实施"五个一批"年轻干部培养选拔计划，即集中培训一批，交流任职一批，挂职锻炼一批，专项工作历练一批，提拔使用一批。从市级机关、市属企事业单位和驻津单位分两批选派35周岁以下年轻干部,到乡镇街道挂职或实践锻炼,期满后根据表现情况和个人意愿留任乡镇街道党政副职。大力选拔使用比较成熟的优秀年轻干部,加强优秀年轻干部源头建设,重点面向全国30所"双一流"建设高校招录选调生,并全部安排到村、社区任职锻炼。

完善考核机制。为进一步改进完善领导班子和领导干部考核评价机制,构建导向正确、措施科学、考准考实、简便管用、促进科学发展的考核评价体系,2014年天津市印发《关于改进完善领导班子和领导干部考核评价机制的意见》。完善考核内容,实行分类考核,突出德的考核,注重工作实绩考核,加强作风考核,强化廉政情况考核。改进考核方式,加强平时考核,完善年度考核,完善换届(任期)考察,改进任职考察,提高考核民主质量。2017年天津市制定《关于进一步深化绩效管理工作的意见(试行)》,突出考评重点,改进考评方法,深化差异化考评,更加体现考准考实、从严从实、奖优罚劣的鲜明导向。改进完善市管领导班子和领导干部年度考核,首次全面落实考核等次评定要求。2019年天津市探索推行一线考察考核干部机制,在全市重点工作任务中开展专项考核,切实把"考事"与"考人"结合起来,激励引导党员干部,攻山头、打硬仗,勇担当、善作为。

激励干部担当作为。坚持严管和厚爱结合、激励和约束并重,制定《关于充分调动干部积极性激励担当作为创新竞进的意见(试行)》和一系列配套政策措施,建立健全了正向激励、容错纠错、澄清保护、关心关爱的全链条激励和保护机制。鲜明树立重实干、重实绩、重担当的用人导向,加强对干部在疫情防控工作中表现情况的考察了解,对"临危不惧、视死如归,困难面前豁得出、关键时刻冲得上"的干部大胆提拔使用,激励干部重事功、练事功、善事功,以正确用人导向引领干事创业导向。加大调整不适宜担任现职干部力度,对不担当时代责任、工作不在状态、因慢而落伍的干部坚决"不等了"。全面实行公务员职务与职级并行制度。加大担当作为先进典型宣传表彰力度，召开天津市"人民满意的公务员"和"人民满意的公务员集体"表彰大会，在全市营造担当作为、干事创业的强大气场。2019年，市委、市政府召开市级机关处长大会，直接面向全市近1700名处长进行新时代新担当新作为思想动员。落实不作为不担当问题专项治理三年行动计划，全市组织部门全年发现或处理不作为不担当问题线索910条，问责1011人次。

从严从实管理监督干部。把政治监督摆在首位，把做到"两个维护"作为政治监督的根本任务。加强干部监督制度建设，精准进行提醒、函询、诫勉，健全干部家访常态化机制，创新"八小时之外"监督方式，制定《市管干部家访工作办法》，并推动家访工作向处科级干部延伸覆盖。研究制定"一把手"行使权力的政策规定清单、权力职责清单、风险防范清单、纪律要求清单，探索制定领导干部免职退休后注意事项清单，建立领导干部配偶、子女及其配偶经商办企业问题监管长效机制。深入开展违规选人用人、超职数配备、"裸官"、干部档案造假、领导干部违规兼职、领导干部配偶、子女及其配偶违规经商办企业等专项整治。认真开展领导干部个人有关事项报告专项整治，着力解决漏报、瞒报和执行处理规定不认真不严格等突出问题。不断改进完善领导班子和领导干部考核评价机制，先后印发实施《关于改进完善领导班子和领导干部考核评价机制的意见》和《关于进一步深化绩效管理工作的意见（试行）》，更加体现考准考实、从严从实、奖优罚劣的鲜明导向。探索推行一线考察考核干部机制，在全市重点工作任务中开展专项考核，激励引导党员干部攻山头、打硬仗、勇担当、善作为。采取一系列措施，加强干部思想淬炼、政治历练、实践锻炼，增强干部教育培养的针对性实效性。

加强干部实践锻炼。十八大以来，天津市抽调数千名干部，组成工作组，深入"促发展惠民生上水平暨万企转型升级"活动一线开展帮扶。选派数万名干部帮扶科技型中小企业发展、科技小巨人企业升级。选派数百名懂经营、会管理、善招商的局、处级领导干部到区县挂职担任区县委常委、副区县长，抓大项目好项目建设，促进产业转型升级。贯彻落实推进京津冀协同发展重大战略部署，借重用好首都资源，选派数百名干部到中央国家机关、北京市和外省市挂职。做好干部援藏、援疆、援青、援甘工作。抽调数千名干部对口联系"四清一绿"行动，选派优秀党员干部，组成 1031 个驻村工作组，进行驻村帮扶。抽调全市副高级以上职称的农业科技人员，组建技术帮扶组和专业支持组，开展技术帮扶，增强困难村科技发展驱动力。自 2017 年开始，天津市在全市持续开展"双万双服"活动，成立市区两级活动领导小组及办公室，组建工作组和服务组，每年培训万名干部，对万家企业进行帮扶，实现全覆盖、无死角，优化了营商环境，有效解决企业难题。选派干部到基层工作，既锻炼了干部干事创业的能力，又让干

◆ 2018 年 2 月，天津市召开"双万双服促发展"活动动员部署会议。图为会场

部在锻炼中得到各方面的历练，快速成长为一批担当作为的好干部。

集聚各方面优秀人才。突出落实"聚天下英才而用之"的要求，加快构建科学开放的人才制度体系。坚持党管人才原则，实施更加积极开放有效的人才政策，着力集聚爱国奉献的各方面优秀人才，制定实施《京津冀人才一体化发展规划（2017—2030 年）》，推进通武廊人才一体化发展；出台《天津市战略性新兴产业领军企业认定暂行办法》《天津市"项目＋团队"支持服务实施办法（试行）》，形成支持人才和项目创新的新型工作机制。不断加大"海河英才"行动计划落实力度，制定落实《关于深化人才发展体制机制改革的实施意见》，完善人才培养、评价、流动、激励机制，充分发挥市场在人才资源配置中的决定性作用。深入实施海外高层次人才引进计划、企业家队伍建设"111"工程、"海河工匠"建设工程等重大人才工程，打造"海河英才"行动计划升级版，市第十一次党代会以来累计引进各类人才 42 万人，努力造就一大批高端领军人才、创新创业人才和高水平创新团队。积极推荐高层次人才参加各类研修班和重大活动，支持各类人才为推进国家治理体系和治理能力现代化贡献智慧和力量。牵头建成无人机和新材料、高端装备和智能制造、航空航天、智能网联汽车等十大产业人才创新创业联盟，实现创新链、人才链、产业链、技术链、金融链"五链"融合，成为推动天津高质量发展的有效载体。

五 驰而不息正风肃纪反腐

市委坚持全面从严治党，一体推进不敢腐、不能腐、不想腐，推动管党治党从宽松软走向严紧硬。在市委领导下，各级党委（党组）和纪委监委认真履行党章赋予的职责,坚持把纪律挺在前面,持之以恒正风肃纪反腐,推动反腐败斗争取得压倒性胜利并全面巩固。

驰而不息纠正"四风"。天津市制定实施《关于加强党的作风建设的规定》《天津市深化党的纪律检查体制改革实施方案》《关于深入贯彻和严格执行中央八项规定精神实施细则》,建立"四位一体"明察暗访机制,锲而不舍落实中央八项规定及其实施细则精神,紧盯重要节点,采取警示提醒、明察暗访、精准处置、通报曝光方式,大力整治滥发津补贴、违规收送礼品礼金等易发多发问题,私车公养、不吃公款吃老板等隐形变异问题,享乐奢靡之风得到有效遏制。持续大力整治形式主义官僚主义和不担当不作为问题,2017 年,市委出台《关于贯彻落实〈中共中央政治局贯彻落实中央八项规定实施细则〉精神的实施办法》,大兴调查研究之风,注重改进文风会风,严格规范出访出差,大力改进新闻报道,在全市深入开展不担当不作为问题专项治理。2018 年到 2020 年深入开展"不担当不作为问题专项治理三年行动";2018 年 10 月,在全市开展形式主义、官僚主义集中整治,与不担当不作为问题专项治理三年行动一体谋划、一体推进,累计查处人数超过 1.14 万人次;开展"大兴学习之风、深入调研之风、亲民之风、尚能之风"活动和"建立一张联系卡、蹲点一个单位、解决一个问题、开展一次主题党日活动、形成一份调研报告""五个一"活动,市委领导带头,围绕基层关注、群众期盼的热点重点难点问题直奔现场,开展暗访、突袭式调研;召开全市"讲担当、促作为、抓落实"动员会暨警示教育大会、市级机关处长大会等会议,引导广大党员干部勇于知重负重、担难担险、苦练事功、善于作为;2021 年 3 月,市委启动"讲担当促作为抓落实,持续深入治理形式主义官僚主义不担当不作为问题专项行动",聚焦重点、靶向施治,坚决治庸治懒治无为,取得阶段性成果,为"十四五"开好局、起好步,全面建设社会主义现代化大都市提供坚强作风保障。同时,出台《天津市干部干事创业容错免责操作规程》,建立健全容错免责机制,为敢于担当的干部撑腰鼓劲提供制度支撑。

零容忍惩治腐败。始终保持惩治腐败高压态势，坚持纪严于法、违纪必究，推动各级党组织严明党的纪律特别是政治纪律，严肃党内政治生活。坚持"一案双查"，抓好"案后整改"，不断加大对违纪违法行为惩治力度，营造风清气正的政治生态，始终坚持无禁区、全覆盖、零容忍，坚持重遏制、强高压、长震慑，巩固发展反腐败斗争压倒性态势。严肃查处国企、金融、土地、规划、政法、人防、供销社等重点领域腐败问题，一大批以权谋私、官商勾结、设租寻租的腐败分子受到严肃惩处。树立大抓基层的鲜明导向，坚持人民群众反对什么、痛恨什么，就坚决防范和纠正什么，先后开展漠视群众利益、扫黑除恶和民生领域腐败等专项整治，大力纠治群众身边腐败和不正之风。党的十八大至十九大期间，全市纪检监察机关共立案 8608 件，给予党纪政纪处分 7849 人，移送司法机关 253 人。市第十一次党代会以来，全市各级纪检监察机关共受理检举控告 127,198 件，处置问题线索 92,625 件，立案 27,435 件，年均增长 13%；处分 24,934 人，其中厅局级干部 500 人；移送检察机关 1092 人，挽回经济损失 49.9 亿元。聚焦党的十八大特别是十九大以来不收敛不收手、政治问题与经济问题交织的腐败案件，集中整治国企、金融、土地、政法等重点领域腐败，坚决纠治群众身边腐败和不正之风，做实以案为鉴、以案促改、以案促治，标本兼治综合效应充分彰显。打好反腐败国际追逃追赃硬仗，追回外逃人员 114 人，追回赃款 8.82 亿元，实现中央追逃办督办人员、"红通"人员和"天网行动"境内职务犯罪逃犯"三个清零"。

把监督挺在前面。加强对权力运行的监督，健全完善党委（党组）全面监督、纪检监察机关专责监督、党的工作部门职能监督、党的基层组织日常监督、党员民主监督相衔接的党内监督体系。制定纪律监督、监察监督、派驻监督、巡视监督统筹衔接工作意见等文件，实现力量整合、成果共享、工作接力。发挥党内监督带动作用，推动与人大监督、民主监督、行政监督、司法监督、审计监督、财会监督、统计监督、群众监督、舆论监督有机贯通、相互协调。强化日常监督,制定落实加强监督工作意见和统筹监督工作办法,采取个别谈话、专项检查、制发提示函和督办单等方式,把监督贯穿日常工作生活始终。认真落实中央《关于加强对"一把手"和领导班子监督的意见》,通过日常监督、专项检查、参加民主生活会等方式,深入了解"一把手"和领导班子践行"两个维护"、执行民主集中制、廉洁自律等情况,对存在违纪苗头等一般性问题的开展同志式谈心谈话,对严重违纪违法问题坚决查处。市第十一次党代会以来,全市纪检监察机关共约谈领导班子成员、重点岗位人员 31,745 人次,处分科级以上"一把手"1905 人。推动监督向基层延伸,出台《关于进一步加强基层监督工作的意见(试行)》,制定加强纪检监察工作联络站建设指导意见,每个乡镇(街道)纪检监察组织配备 3 至 5 名专职人员,全市建立联络站 5123 个,配备站长、监督员 2.5 万余名。深化运用监督执纪"四种形态",出台《关于运用监督执纪"四种形态"的实施办法(试行)》和《关于党委(党组)运用监督执纪"第一种形态"的意见》,市第十一次党代会以来,全市纪检监察机关运用"四种形态"批评教育帮助和处理党员干部 93,943 人次,第一至第四种形态分别占 72.5%、20.5%、3.9%、3.1%,抓早抓小、防微杜渐成为常态。

筑牢拒腐防变的制度防线和思想防线。深入学习宣传党中央各项法规制度,推动广大党员干部不断增强党章意识、纪律意识。市委认真贯彻新时代党的建设总要求,把党内法规制度建设作为党的各项建设特别是党的政治建设的重要抓手,认真贯彻落实《中共中央关于加强党内法规制度建设的意见》,对 1978 年至 2012 年间以中共天津市委文件、中共天津市委办公厅文件形式发布的 812 件党内法规和规范性文件进行全面清理,对 265 件予以废止,295 件宣布失效,252 件继续有效,其中 43 件进行修改。市委把党内法规制度建设和加大制度执行力作为党的各项建设特别是党的政治建设的重要抓手,制定出台《中共天津市委关于加强新时代党内法规制度建设的实施意见》,明确党内法规制度建设的重点任务。党的十八大以来制定修订《中共天津市委关于维护党中央集中统一领导的规定》《市委关于进一步做好习近平总书记重要指示批示贯彻落实工作的若干规定》等党内法规113部，并建立起贯彻执行、督查落实、政治监督、考核问责的闭环工作体系，有力保障了全面从严治党向纵深推进。将党内法规制度建设纳入全面从严治党主体责任考核和政治生态建设考核评价，作为党建工作述职述责的重要内容，推动各级党委（党组）切实履行党内法规制度建设主体责任、主要负责同志履行第一责任人责任。加强党内法规工作保障，优化党内法规工作机构和职能配置，党内法规工作队伍专业化水平不断提升，逐步形成全市上下贯通、协调统一的党内法规工作体系。坚持一体推进不敢腐、不能腐、不想腐，制定出台一体推进"三不腐"意见《关于运用典型违纪违法案件推进以案促教、以案促改、以案促建工作办法（试行）》等文件，构建标本兼治制度机制。用好"六书两报告两建议"，深入分析案件背后的责任缺失、管理漏洞等问题，督促立行立改、全面整改，建立健全制度机制。常态化开展警示教育，坚持分层分类、常态长效，建设市警示教育中心，打造警示教育大会及专题会、警示教育专题片、警示教育材料汇编、主题教育展览、典型案件通报"五位一体"体系，2017年以来市委先后7次召开警示教育大会，拍摄警示教育片15部，汇编警示教育材料32类，建成市警示教育中心，举办"利剑高悬、警钟长鸣"警示教育展和全面从严治党主题教育展，累计观展29万人次。通过查办违纪违法案件，推动相关部门围绕选人用人、审批监管、执法司法、项目建设、公共资源交易等深化体制机制改革，建立健全制度5352项，有效提升治理效能。出台受到处理或者处分党员帮扶回访工作办法，因人施策开展思想政治工作，对11,248名干部开展回访教育，提拔或进一步使用改正错误、表现优秀的领导干部，帮助受处分干部重新站起来。深化党风廉政宣传教育，制定清廉天津建设意见和加强新时代廉洁文化建设若干措施，统筹推进各清廉单元建设，精心打造"一区一品"廉政文化品牌和教育阵地，创作廉政题材文艺作品，弘扬崇廉尚洁社会风尚。

发挥巡视监督利剑作用。市委制定落实《中共天津市委关于加强巡察工作的意见》《中共天津市委贯彻〈中国共产党巡视工作条例〉的实施办法》《加强巡视问题整改工作的操作规范》，印发《十一届天津市委巡视工作规划》，市委常委会、市委书记专题会定期研究巡视工作。突出政治巡视，聚焦党的领导、党的建设、全面从严治党，不断加大巡视力度。加强巡视队伍建设，将市委巡视办列为市委工作机构序列。党的十八大至十九大的五年间，坚持常规巡视与专项巡视、巡视"回头看"、专题"机动式"巡视相结合，采取"一托二""一托三"等方式，完成对 276 个党组织巡视全覆盖、对 56 个党组织巡视"回头看"、对 22 个党组织"机动式"巡视，发现问题 7549 个，市纪委审查的案件中有 32.4% 来源于巡视移交的问题线索。推动巡视监督向基层延伸，建立 196 个巡察组，积极开展巡察工作，巡视巡察一体化格局初步形成。党的十九大以来，市委坚定不移深化政治巡视，将巡视整改和巡察工作纳入主体责任考核，强化分管市领导和主管部门整改督导责任，建立市领导出席巡视反馈会机制，统筹运用常规巡视、专项巡视等方式，组织开展 10 轮巡视，共巡视 212 个党组织，发现问题 9310 个，移交问题线索 5997 件，推动落实"巡视反馈问题整改、举一反三整改、推动改革促进发展整改"三级递进机制，完善整改情况报告、公开制度，扎实做好巡视"后半篇文章"，切实发挥发现问题、形成震慑、推动改革、促进发展作用。

深化纪检监察体制改革。持续深化纪检监察机关转职能、转方式、转作风，各级纪委书记、纪检监察组组长不再分管其他业务工作。推动查办案件以上级纪委监委领导为主具体化程序化，健全领导指挥、立案指导、处理决定把关、检查考核、请示报告等制度机制。深化派驻机构改革，认真落实中央关于加强市纪委派驻机构建设的意见，出台《关于深化天津市纪委监委派驻机构改革的实施意见》，市纪委设置 56 家派驻机构，16 个区设立派驻机构 118 家，实现市区两级党和国家机关派驻监督全覆盖，在全国率先完成市、区两级派驻机构改革任务。深化高校派驻机构改革和国有企业纪检监察体制改革，做实公安系统纪检监察体制改革，推动加强市级公立医院纪检组织建设。严格落实领导直接分管、监督检查室联系指导、派驻机构分片协作制度，派出机关的领导指导、监督管理和服务保障不断强化。落实党中央深化国家监察体制改革重大战略部署，2018 年，市区两级监察委员会组建挂牌，市区监察委员会与纪委合署办公，实现对所有行使公权力的公职人员监察全覆盖。

经过全市上下共同努力，全市党风廉政建设和反腐败斗争取得明显成效。党的纪律建设得到全面加强，不敢腐的目标初步实现，不能腐的制度日益完善，不想腐的堤坝正在构筑。党风政风持续向好，人民群众对反腐败工作的满意度明显提升，厚植了党执政的政治基础。改革发展正能量不断聚集，干事创业氛围更加浓厚，推动了全市经济社会健康发展。

新时代天津大事记

（2012 年 11 月—2022 年 12 月）

2012 年

11 月 9 日至 14 日　中国共产党第十八次全国代表大会在北京举行。大会的主题是：高举中国特色社会主义伟大旗帜，以邓小平理论、"三个代表"重要思想、科学发展观为指导，解放思想，改革开放，凝聚力量，攻坚克难，坚定不移沿着中国特色社会主义道路前进，为全面建成小康社会而奋斗。大会的主要议程是：听取和审议十七届中央委员会的报告；审议十七届中央纪律检查委员会的工作报告；审议通过《中国共产党章程（修正案）》；选举十八届中央委员会；选举十八届中央纪律检查委员会。会上，胡锦涛代表第十七届中央委员会作《坚定不移沿着中国特色社会主义道路前进 为全面建成小康社会而奋斗》的报告。大会选举出由 205 名委员、171 名候补委员组成的十八届中央委员会，选举出由 130 名委员组成的十八届中央纪律检查委员会委员。

11 月 15 日　党的十八届一中全会在北京举行。全会选举习近平为中央委员会总书记，决定习近平为中央军事委员会主席。

11 月 19 日　中共天津市委召开常委会扩大会议和全市领导干部会议，传达学习宣传党的十八大精神和习近平总书记在党的十八届一中全会上的重要讲话精神。

11 月 21 日　天津市召开干部会议。会议宣布中共中央关于天津市委主要领导调整的决定，张高丽不再兼任天津市委书记、常委、委员职务，孙春兰兼任天津市委委员、常委、书记。

11 月 23 日　中共天津市委常委会会议召开。会议要求，切实把学习贯彻党的十八大精神作为当前的首要政治任务,要把学习贯彻党的十八大精神与抓好当前改革发展稳定工作紧密结合起来,为做好明年工作打下坚实基础。

12月1日 天津市"营改增"试点正式启动。第一张现代物流业增值税专用发票在天津港开出,标志着本市交通运输业和部分现代服务业营业税改增值税试点正式上线启动。

12月7日 中共天津市委常委会扩大会议召开。会议审议通过《天津市科技小巨人发展三年(行动)计划(2013—2015年)》《关于进一步促进科技型中小企业发展的政策措施》。

12月11日 天津市出台支持科技企业创新创业政策新十条。

同日 天津市制定《天津市义务教育学校现代化建设标准(2013—2015年)》。

12月13日 中共天津市委常委会扩大会议召开。会议传达贯彻习近平总书记重要讲话和中央政治局八项规定精神。

12月25日 中共天津市委办公厅、市人民政府办公厅印发《关于贯彻落实〈十八届中央政治局关于改进工作作风、密切联系群众的八项规定〉的办法》(以下简称《办法》)。《办法》对进一步改进调查研究、精简会议活动和文件简报、规范出访活动、改进新闻报道、加强督促检查等方面做出具体规定。

12月26日至27日 中共天津市委十届二次全会召开。全会审议《中共天津市委常委会2012年工作报告》,审议通过《中共天津市委2013年工作要点》。

本年 全市常住人口1378万人,地区生产总值9043.02亿元,一般公共预算收入1760.02亿元,固定资产投资(不含农户)4344.34亿元,外贸进出口总额1156.23亿美元,城市居民家庭人均可支配收入26,568元,农村居民家庭人均可支配收入13,593元,新增就业47.3万人,参加城镇职工基本养老保险490.26万人,参加城乡居民养老保险102.60万人,参加城镇职工基本医疗保险479.07万人,参加城乡居民医疗保险502.23万人。

2013 年

1 月 7 日　东疆保税港区获批国家进口贸易促进创新示范区。

1 月 8 日　《天津市固体废物污染防治"十二五"规划》实施。

1 月 9 日　中共天津市委理论学习中心组进行集体学习，传达学习习近平总书记在新进中央委员、候补委员学习贯彻党的十八大精神研讨班开班式上的重要讲话和在广东考察工作时的重要讲话。

1 月 10 日　商务部公布国家级经济技术开发区综合发展水平评价结果，在参评的 90 个国家级开发区中，天津开发区的综合发展水平总指数排名第一，这是天津开发区自商务部开展此项评比以来连续获得的"十五连冠"。

1 月 11 日　天津市人民政府第 102 次常务会议批准新增示范小城镇试点，研究了示范工业园区拓展区建设、安全生产工作等，审议并原则通过《天津市应对气候变化和低碳经济发展"十二五"规划》等。

1 月 13 日　国内首座整体煤气化联合循环电站——华能天津 IGCC 示范电站在滨海新区临港经济区投产发电。

1 月 14 日　天津市人民政府召开国有企业改革发展座谈会。

1 月 15 日　《天津市海上搜救应急能力建设专项规划》颁布实施。这是我国首部省级应急能力建设专项规划。

1 月 16 日　天津市召开 2013 年 20 项民心工程动员部署会。会议强调，要多谋民生之利，多解民生之忧，让群众过上更加幸福美好生活。

1 月 18 日　国内首个国家级经济广播数字转化基地——中国经济广播节目全媒体数字转化基地签约落户滨海新区。

1 月 21 日　中共天津市委常委会会议召开。会议传达学习习近平总书记关于厉行勤俭节约，反对铺张浪费重要批示精神。

1 月 24 日　中共天津市委常委会会议召开。会议传达学习十八届中央纪委第二次全体会议和习近平总书记重要讲话精神。会议强调,要深刻认识,牢牢把握深入推进党风廉政建设和反腐败斗争的重大意义,坚持党要管党,从严治党,对反腐倡廉工作要经常抓,长期抓,更加科学有效地防治腐败,做到干部清正,政府清廉,政治清明。

1月25日至28日 天津市政协十三届委员会第一次会议召开。大会通过政协天津市第十三届委员会第一次会议政治决议、政协天津市第十三届委员会第一次会议关于常务委员会工作报告的决议、政协天津市第十三届委员会第一次会议提案审查委员会关于提案审查情况的报告。会议选举产生政协天津市第十三届委员会主席、副主席、秘书长和常务委员。

1月26日至31日 天津市第十六届人民代表大会第一次会议召开。会议通过天津市第十六届人民代表大会第一次会议关于政府工作报告的决议、关于天津市2012年国民经济和社会发展计划执行情况与2013年国民经济和社会发展计划的决议、关于天津市2012年预算执行情况及2013年预算的决议、关于天津市人民代表大会常务委员会工作报告的决议、关于天津市高级人民法院工作报告的决议、关于天津市人民检察院工作报告的决议。会议选举产生天津市第十六届人大常委会主任、副主任、秘书长、委员;天津市市长、副市长;天津市高级人民法院院长、天津市人民检察院检察长和天津市第十二届全国人民代表大会代表。

1月29日 水利部和天津市人民政府联合批复《天津市加快实施最严格水资源管理制度试点方案》,标志本市实行最严格水资源管理制度试点工作全面启动。

同日 天津市国际航行船舶进出口岸电子查验系统正式开通,标志本市口岸成为我国第一个实现国际航行船舶进出口岸电子查验的便利化口岸。

2月17日 天津市召开"促发展、惠民生、上水平"活动动员会暨新一批重大项目建设推动会。

3 月 12 日　天津市建成覆盖全市的空气质量监测网络,开展空气质量监测和评价工作。

3 月 23 日　《北京市天津市关于加强经济与社会发展合作协议》签约仪式在津举行,两市决定在区域规划合作、基础设施建设、产业合作等重点领域加强合作。

3 月 26 日　天津市科学技术奖励大会举行。2012 年度,本市有 16 项科技成果获国家科学技术奖,236 项科技成果获天津市科学技术奖。

4 月 1 日　中共天津市委常委会会议召开。会议研究制定 2013 年增加城市居民可支配收入工作措施。

4 月 4 日　中国邮轮旅游发展试验区落户滨海新区。

4 月 5 日　全国首家创新实验室——滨海创新实验室在天津市滨海新区轻纺经济区揭牌。

4 月 15 日　天津钢管集团股份有限公司在美国投资 10 亿美元建设的无缝钢管项目一期主厂房封顶。

5 月 6 日　天津市召开深化平安天津法治天津建设工作推动会。会议要求,深化平安天津、法治天津建设,为保持经济社会持续健康发展创造稳定环境,提供法治保障。

5 月 10 日至 14 日　2013 中国·天津投资贸易洽谈会暨 PECC 国际贸易投资博览会举行。

5 月 13 日　天津市生态市建设未来三年规划出台并正式实施。

5 月 14 日至 15 日　中共中央总书记、国家主席、中央军委主席习近平在天津考察。习近平考察了武清区南蔡村镇丁家瞿村、滨海新区、天津国际生物医药联合研究院、中新天津生态城、人力资源发展促进中心,在天津职业技能公共实训中心与高校毕业生、失业人员、农村富余劳动力代表进行座谈。考察期间,习近平听取了天津市委和市政府工作汇报,对天津近年来的工作给予充分肯定,提出要着力提高发展质量和效益、着力保障和改善民生、着力加强和改善党的领导,加快打造美丽天津的"三个着力"重要要求。习近平指出,加强和改善党的领导,是实现经济社会持续健康发展的根本保障。各级党委要改进领导经济工作的方式方法,善于为经济工作把握方向、谋划全局、提出战略、制定政策、推动立法、营造环境;要坚持从大局出发、从党和人民利益出发、从党性原则出发进行决策,努力提高决策能力和水平;要充分发挥党的政治优势,全面做细、做实、做好群众工作,充分激发人民群众的积极性、主动性、创造性。

5月15日　天津市第五家国家级经济技术开发区——北辰经济技术开发区挂牌。国家级新闻出版装备产业园落户北辰经济技术开发区。

5月15日至16日　中共天津市委先后召开常委会扩大会议和全市领导干部会议,传达学习贯彻习近平总书记在天津考察工作时的重要讲话。会议强调,学习好、宣传好、贯彻好习近平总书记重要讲话精神是全市当前和今后一个时期的头等重大任务。要把学习贯彻习近平总书记重要讲话精神与学习贯彻党的十八大精神结合起来,与学习贯彻习近平总书记的一系列重要讲话结合起来,深刻领会精神实质,按照习近平总书记的重要要求,紧紧围绕现中央对天津的定位,牢牢把握科学发展这个主题、加快转变经济发展方式这条主线,进一步完善发展的思路举措、目标任务,推动经济社会持续健康发展,在建设国际港口城市、北方经济中心和生态城市上不断迈出新步伐。

5月19日至21日　天津市党政代表团赴河北省学习考察。两地签署《天津市河北省深化经济与社会发展合作框架协议》。

5月21日至23日　天津市党政代表团赴山西学习考察。两地签署《天津市山西省进一步加强经济与社会发展合作框架协议》。

5月　《天津东疆保税港区国际船舶登记制度创新试点方案》正式获交通运输部批复同意,标志着天津市在全国率先实施国际船舶登记制度。

6月6日　由天津市人民政府与全国工商联、科技部、美国企业成长协会联合举办的第七届中国企业国际融资洽谈会——科技国际融资洽谈会开幕。来自 30 多个国家、地区的 2600 多家机构参加 120 余场活动,实现初步意向融资额 356 亿元。

6 月 25 日　由科技部、天津市人民政府等共同举办的"2013 年国际生物经济大会"在天津开幕。

6 月 27 日　中共天津市委党的群众路线教育实践活动领导小组召开第一次会议。会议研究了教育实践活动有关事项,听取党的群众路线教育实践活动专题调研和征求意见工作情况汇报,部署下一步工作。

7 月 3 日　天津市党的群众路线教育实践活动动员会召开。会议强调,要深刻认识开展教育实践活动的重大意义,把思想和行动高度统一到习近平总书记的重要讲话精神上来,全面贯彻落实中央的部署要求,高标准开展教育实践活动,以改进作风的实际成效取信于民,以优良作风凝聚全市人民力量,把天津工作提高到一个新水平。

8 月 1 日至 2 日　中共天津市委十届三次全会召开。全会审议通过《中共天津市委关于深入贯彻落实习近平总书记在津考察重要讲话精神加快建设美丽天津的决定》和《中国共产党天津市第十届委员会第三次全体会议决议》。

8 月 6 日　中共天津市委、市人民政府发布《美丽天津建设纲要》。

8 月 8 日　天津市妇女第十三次代表大会开幕。

8 月 20 日　天津市召开贯彻落实市委、市政府《关于全面推进绩效管理工作的意见》工作会议。

9 月 5 日　第二届中国天津国际直升机博览会开幕。

9 月 15 日至 17 日　第四届中国（天津滨海）国际生态城市论坛暨博览会举行。

9 月 16 日　天津市人民政府与国家开发银行《加快推进美丽天津建设战略合作备忘录》和《美丽天津建设系统性融资规划合作协议》签约。

9月27日　中共天津市委常委会会议召开。会议传达学习习近平总书记在河北省参加省委常委班子党的群众路线教育实践活动专题民主生活会时的重要讲话精神。

10月6日至15日　第六届东亚运动会在天津举办。

10月11日　首届津台企业家投资恳谈会在天津举行。

10月15日　第三届天津市道德模范颁奖仪式暨道德模范事迹报告会举行。

10月17日　天津市召开"美丽天津·一号工程"建设动员部署会议。市委、市政府决定实施清新空气、清水河道、清洁村庄、清洁社区、绿化美化"四清一绿"行动,下大力量解决当前环境污染方面的突出问题,明显改善全市生态环境和群众生产生活条件,建设美丽天津。

10月22日至28日　国家教育督导检查组对天津市义务教育均衡发展进行督导检查。本市滨海新区、河北区、河东区、红桥区、西青区、津南区、北辰区、武清区、蓟县、静海区、宁河县11个区县,通过国家教育督查检查组对"义务教育发展基本均衡县"评估认定。

10月29日　天津市人民政府召开第18次常务会议,审议通过《天津市促进中小企业发展条例(草案)》。

10月31日　中共天津市委常委会会议召开。会议传达学习习近平总书记在中央政治局常委会会议上关于化解产能过剩的重要讲话精神。

11月1日　中共天津市委常委会会议召开。会议传达学习习近平总书记对坚持和发展"枫桥经验"重要批示和纪念毛泽东同志批示"枫桥经验"50周年大会主要精神。

11月2日　天津市发布实施《重污染天气应急预案》。

11月3日至5日　由国土资源部、天津市人民政府、中国矿业联合会共同主办的2013中国国际矿业大会在天津举行。

12月1日　津秦高铁开通运营。

12 月 2 日　中共天津市委常委会会议召开。会议讨论并原则通过《关于进一步加快民营经济发展的意见》。

12 月 6 日　天津市召开民营经济发展工作会议。会议就进一步加快民营经济发展提出五点要求：一要坚持"两个都是、两个重要"，切实解决思想观念问题；二要发挥市场在资源配置中的决定性作用，切实解决公平竞争问题；三要进一步转变政府职能，切实解决管理服务能力现代化问题；四要不断增强核心竞争力，切实解决民营经济不大不强问题；五要加强党对民营经济发展的领导，切实解决体制机制问题。

12 月 25 日　天津港复式航道试通航，这是我国第一条人工开挖的可通航 30 万吨级大型油轮的复式航道。

12 月 26 日　天津市碳排放权交易启动。

12 月 27 日　中共中央政治局常委、国务院总理李克强在天津考察调研民生改善与改革发展情况，看望慰问群众。

12 月 28 日　2013 年中国最具幸福感城市调查推选活动评选结果揭晓。天津荣获"2013 中国最具幸福感城市"和"2013 年中国形象最佳城市"大奖。

12 月 28 日至 29 日　中共天津市委十届四次全会召开。全会审议通过《中共天津市委关于贯彻落实〈中共中央关于全面深化改革若干重大问题的决议〉的决定》和《中国共产党天津市第十届委员会第四次全体会议决议》。

本年　全市常住人口 1410 万人，地区生产总值 9045.44 亿元，一般公共预算收入 2079.07 亿元，固定资产投资（不含农户）4451.48 亿元，外贸进出口总额 1285.28 亿美元，居民家庭人均可支配收入 26,359 元，全年新注册民营企业 3.03 万户，就业增加 44.32 万人，参加城镇职工基本养老保险 520.67 万人，参加城乡居民养老保险 106.40 万人，参加城镇职工基本医疗保险 493.08 万人，参加城乡居民医疗保险 508.44 万人。

2014 年

1月1日 《天津市居住证管理暂行办法》试行。新制度实行"居住证＋积分入户＋员额总量"原则，即以居住证制度管理外来常住人口，以员额总量控制年度落户人口总量。

1月3日 中共天津市委常委会会议研究部署实施20项民心工程。会议强调，要用改革的思路、举措、办法推进20项民心工程，充分发挥市场在资源配置中的决定性作用。

1月7日 天津市召开科技型中小企业加快发展总结推动会。

1月8日 天津市印发并实施《天津市党政机关公务接待费管理办法》，就公务接待审批和开支标准、预算管理和费用核销、公开和报告制度、监督检查和责任追究作出明确规定。

1月11日 天津市召开农村工作会议。会议就推动农村改革发展做出部署：一要大力发展现代都市农业，二要深化农村重点领域改革，三是不断提高农民收入水平，四是加快美丽乡村建设。

1月26日 天津市召开党的群众路线教育实践活动第一批总结暨第二批部署会议。

1月28日 天津市召开结对帮扶困难村工作座谈会，深入贯彻中央农村工作会议精神，认真落实市委部署要求和全市农村工作会议精神，总结交流帮扶工作，深入研究进一步推动帮扶工作深入开展。

2月8日 天津市召开促发展惠民生上水平活动暨万企转型升级动员会。会议提出，实施《万企转型升级行动计划（2014—2016年）》，确保三年时间实现1.2万家中小企业转型升级。

2月14日 天津市十六届人大常委会第八次会议表决通过《天津市人民代表大会常务委员会关于批准划定永久性保护生态区域的决定》和《天津市人

民代表大会常务委员会关于修改〈天津市人口和计划生育条例〉的决定》。《天津市人口和计划生育条例》修订，标志着国家单独两孩政策在天津市正式落地。

2 月 18 日　北辰经济技术开发区装备制造、滨海高新区软件园软件和信息服务产业示范基地获批为国家新型工业化产业示范基地，本市国家新型工业化产业示范基地累计达 8 家。

2 月 20 日　天津市在国内率先制定、发布中药配方颗粒质量标准，对临床上常用的 100 个品种配方颗粒建立全面、严格的标准。

2 月 25 日　中共天津市委全面深化改革领导小组召开第一次会议，审议领导小组、专项小组工作规则和领导小组办公室细则，研究有关工作。

2 月 26 日　中共中央总书记、国家主席、中央军委主席习近平在北京主持召开京津冀协同发展工作座谈会，天津市委、市政府主要领导参加会议。

同日　经国务院批准，天津东丽经济开发区升级为国家级经济技术开发区。至此，天津市国家级经济技术开发区已达 6 个。

2 月 27 日　中共天津市委常委会扩大会议召开。会议传达学习习近平总书记在京津冀协同发展座谈会上的重要讲话精神。会议强调，要按照习近平总书记重要要求，在推动京津冀协同发展和京津联动发展中，立足比较优势，立足现代产业分工要求，立足区域优势互补原则，立足合作共赢理念，着力加强顶层设计。

2 月 28 日　天津市召开市容环境综合整治动员大会。

3 月 21 日　天津市召开深化国资国企改革推动会。会议确定本年度国资国企改革重点任务。以股权多元化改革为突破口，发展混合所有制经济。

3 月 26 日　中共天津市委常委会扩大会议召开。会议传达学习贯彻习近平总书记在调研指导兰考县党的群众路线教育实践活动时的重要讲话。会议强调，大力学习弘扬焦裕禄精神，扎实推进第二批教育实践活动。

3 月 28 日　中央第五巡视组巡视天津市工作动员会召开。

4月21日　中共天津市委召开推进海洋经济发展专题会。会议强调,抓住建设国家海洋经济科学发展示范区机遇,加快建设海洋强市。

同日　天津市—西藏昌都地区援藏工作座谈会在天津召开。双方就对口支援工作进行交流。

5月5日　天津市人民政府颁布施行《天津市行政许可管理办法》。

5月8日　天津市召开加快现代服务业发展工作会议。会议提出,加快建设与现代化大都市地位相适应的服务经济体系。

5月9日　天津市发布《现代服务业重点产业三年行动计划汇编（2014—2016年)》,大力发展金融、现代物流、电子商务等九大重点产业。

5月9日至13日　2014中国·天津投资贸易洽谈会暨PECC国际贸易投资博览会在津举办。天津企业收获55个项目,签约额314亿元。

5月13日　天津市人民政府与国家外专局共同签署《关于引进国外智力共建美丽天津合作协议》(以下简称《协议》)。《协议》提出,力争到2018年在推动产业结构调整,防止污染、保护生态等重点领域实施引智项目500个,引进国外高端专家1000人次。

5月15日　海关总署出台《京津冀区域海关通关一体化改革方案》,明确海关通关改革落实京津冀协同发展重大国家战略的时间表和路线图,提出京津冀将实现通关一体化。

5月20日　天津市滨海新区行政审批局成立。这是天津市加快转变政府职能,深化行政审批改革的标志性成果,通过体制创新,实现一个窗口流转,一颗印章管审批。

5月22日　中共天津市委常委会扩大会议召开。会议传达学习习近平总书记在参加兰考县委常委班子专题民主生活会时的重要讲话。会议强调,要经常抓、深入抓、持久抓作风建设,巩固和扩大教育实践活动成果。

5月26日　天津市发布《关于加快现代服务业发展的若干意见》。

5 月 29 日　国内最大、首个实现"零排放"的海水淡化项目——"海水淡化与工业制盐一体化项目"在南港工业区启动建设。

5 月 31 日至 6 月 27 日　2014 年全国职业院校技能大赛在天津主赛场和其他 12 个分赛区举办。

6 月 6 日至 8 日　第八届中国企业国际融资洽谈会在天津举办。会议期间实现融资意向额度达 352 亿元。

6 月 18 日至 20 日　第八届中国生物产业大会在天津举办。

6 月 19 日　"百强企业走进天津推动京津冀协同发展恳谈会"在天津举行。相关企业与天津市围绕落实重大国家战略、推动京津冀协同发展共商合作。

6 月 20 日　京津冀协同发展专家咨询委员会座谈会在天津召开。

7 月 1 日　天津、北京海关启动实施京津冀海关区域通关一体化改革，实施一体化通关后，三地海关都可以放行所在地区企业在这些口岸进出境货物。

7 月 2 日至 6 日　天津市举办第七届津台投资合作洽谈会。

7 月 3 日　天津市启动"创新创业活力天津——2014 海外学人回国创业周"，优先支持文创科技、创新金融等领域项目。

7 月 9 日至 11 日　第六届中国·天津华侨华人创业发展洽谈会在津举办。天津市与国务院侨办签署《国务院侨务办公室、天津市人民政府关于发挥侨务优势支持天津经济社会发展战略合作协议》。

7 月 16 日　天津市与北京市、河北省共同签订《京津冀体育协同发展议定书》，在体育领域开展全面合作。

7 月 18 日　中共天津市委十届五次全会召开。全会总结上半年工作，部署下半年任务，审议通过《中国共产党天津市第十届委员会第五次全体会议决议》。

7 月 20 日至 9 月 19 日　天津市举办第十三届运动会。

7 月 28 日　天津市发布《天津市海洋生态红线区报告》，划定天津海洋生态红线区，确定重点保护区禁止一切开发。

7月30日　天津市人民政府市场和质量监管委挂牌。标志着天津市在全国率先建立省级大市场大部门监管新体制,对食品药品特种设备等领域实现一个部门全程监管,是推进市场治理体系和治理能力现代化的重大举措。

8月1日　天津市《工业企业挥发性有机物排控标准》发布实施,是全国首个全面覆盖工业企业挥发性有机物排放的综合标准。

8月6日　天津市党政代表团赴北京学习考察,共商落实国家重大战略,推进京津冀协同发展和京津联动发展。

8月11日　天津市出台《天津市百户民营大企业大集团培育发展行动方案》,明确18条扶持政策和6项保障措施。

8月24日　河北省党政代表团来津考察,两省市召开工作交流座谈会,进一步深化合作,共同推进京津冀协同发展。两省市就落实重大国家战略,深化重点领域合作签署《加强生态环境建设合作框架》等4项协议和1个备忘录。

8月25日至26日　天津市党政代表团赴新疆维吾尔自治区学习考察,两区市召开对口支援工作座谈会,贯彻落实习近平总书记重要讲话精神和第二次中央新疆工作座谈会部署,进一步加强和推进对口支援工作。

8月28日　天津滨海国际机场2号航站楼启用。

9月1日　《天津市永久性保护生态区域管理规定》施行,本市永久性保护生态区域得到有效保护、管理和监督。

同日　《天津市城乡居民大病保险办法》施行,大病保险待遇按照“分段计算、累加给付”的原则确定。

9月3日　天津市启动科技型中小企业信用贷款风险补偿金机制,将风险补偿前置,鼓励银行加大对科技型中小企业支持力度,进一步缓解融资难问题。

9月9日　2014中国天津国际友好城市圆桌会议在天津召开。与会代表围绕共同关注的人口、交通、环境、资源等问题展开探讨,共同致力于加强城市环境保护,推进可持续发展,实现互利共赢。

9 月 10 日至 12 日　第八届夏季达沃斯论坛在津举办。中共中央政治局常委、国务院总理李克强出席。11 日，李克强在天津考察调研。

9 月 12 日　中共天津市委常委会扩大会议召开。会议传达学习习近平总书记在听取兰考县委和河南省委党的群众路线教育实践活动情况汇报时的重要讲话精神。

9 月 19 日　天津市京津冀协同发展领导小组召开第一次会议。

9 月 22 日至 24 日　"第二届中国—中东欧国家教育政策对话"在津举行。

10 月 1 日　《天津市加强市场监管体系建设的意见》《天津市市场主体信用信息公示管理暂行办法》正式实施。天津市市场主体信用信息公示系统上线运行。

10 月 4 日　天津港口岸新一轮对外开放计划获国务院批准。

10 月 10 日　天津市召开党的群众路线教育实践活动总结会。

10 月 13 日　国家知识产权局与天津市人民政府举行新一轮合作会商议定书签字仪式。

10 月 16 日　天津市召开服务群众联系社区推动会暨经验交流会。会议指出，要以改革为引领，以服务群众为出发点落脚点，加强创新社区治理，提升服务管理水平。

10 月 17 日至 18 日　天津市举办第二届全国民企贸易投资洽谈会。落实签约项目 138 个，总投资额 3044.2 亿元。

10 月 20 日　天津市召开楼宇经济发展工作现场推动会。

10 月 21 日至 23 日　中国国际矿业大会在天津举办。

10 月 30 日　天津市举办首届中国青年创新创业大赛天津赛区总决赛。

11 月 11 日　中共天津市委常委会会议召开。会议传达学习深化平安中国建设会议精神。会议强调，坚持以法治思维和法治方式推进平安建设，全面提高平安建设法治化和现代化水平。

同日　天津市召开加快发展现代都市型农业促进农民增收工作会议,制定出台《关于加快发展现代都市型农业促进农民增收的意见》和《关于支持500个困难村发展经济的实施方案》,加快发展现代都市型农业和农民增收致富。

11月30日至12月1日　中共天津市委十一届六次全会召开。全会审议通过《中共天津市委关于贯彻落实〈中共中央关于全面推进依法治国若干重大问题的决定〉的意见》和全会决议,对全面依法治市作出部署。

12月5日　天津市召开经济技术开发区建区30周年改革开放历程总结会。

12月22日　京津冀三地机场协同发展战略合作框架协议在北京签署。

12月25日　国务院批复同意天津建设国家自主创新示范区,推进科技创新、成果转化、创新创业等先行先试。

12月27日　南水北调中线一期工程天津段正式通水。

12月29日　天津市出台《关于实施百万技能人才培训福利计划的意见》,于2015年1月1日起施行。

本年　全市常住人口1429万人,地区生产总值10,640.62亿元,一般公共预算收入2390.35亿元,固定资产投资(不含农户)4589.31亿元,外贸进出口总额1339.12亿美元,居民家庭人均可支配收入28,832元,新注册民营企业54,580户,新增就业48.8万人,参加城镇职工基本养老保险545.44万人,参加城乡居民养老保险111.84万人,参加城镇职工基本医疗保险509.59万人,参加城乡居民医疗保险514.03万人。

2015 年

1月4日　天津市人民政府与阿里巴巴集团举行《战略合作框架协议》签字仪式。

1月8日　2014年度国家科学技术奖励大会在北京召开,天津市共有17

项科技成果获奖。其中,自然科学奖 1 项、技术发明奖 3 项、科技进步奖 13 奖。

1 月 12 日　天津市促发展、惠民生、上水平活动暨 2015 年 20 项民心工程动员会召开。会议强调,开展"促惠上"活动和实施 20 项民心工程是 2015 年市委、市政府的重点工作,是巩固和拓展群众路线教育实践活动成果的重要载体。

1 月 16 日　波士顿电池项目签约仪式在天津举行。该项目投资建设总产能达 8 亿瓦时的新能源电动汽车动力电池项目,将带动轮毂电机、电池隔膜、电池材料、电机电控项目聚集。

1 月 18 日　国内首座高震区水下沉管隧道——滨海新区中央大道海河隧道全面建成。海河隧道连接海河北岸于家堡金融区和南岸西沽地区,全长 4.2 千米,为双向六车道。

1 月 20 日　天津市人民政府印发《天津国家自主创新示范区"一区二十一园"规划方案》,全面落实天津国家自主创新示范区建设的各项任务,加快推进"一区二十一园"建设。

同日　恒天新能源汽车总部项目签约仪式在津举行。根据协议,恒天集团有限公司将在滨海高新区投资 10 亿元设立新能源汽车总部,建设新能源汽车整车研发、生产、销售基地。

1 月 21 日　天津市下发《关于减免养老和医疗机构行政事业性收费的通知》,确定于 2015 年 1 月 1 日起,对非营利性养老和医疗机构建设全额免征行政事业性收费,对营利性养老和医疗机构建设减半收取行政事业性收费,同时明确了收费项目、办理等事项。

2 月 1 日　《天津市养老服务促进条例》正式实施。

2 月 2 日　天津市印发《关于加快我市融资租赁业发展的实施意见》,促进融资租赁业持续稳定健康发展。

2 月 4 日　天津市召开促发展惠民生上水平活动现场推动会。以"助小微、促创新、促创业"为主题,着力破解中小微企业融资难、融资贵问题,各区县和企业机构交流通报工作进展情况,研究部署下一阶段工作。

2 月 20 日　天津市推进"现代物流业发展三年行动计划",提出天津将打造我国北方国际物流新平台,建成"一带一路"的北方桥头堡和京津冀城市群国际物流网络的战略核心。

2 月 25 日　中国(天津)自由贸易试验区推进工作领导小组召开第一次会议,强调要把制度创新贯穿自贸区建设全过程,更好地为国家试制度,为地方谋发展。

2 月 26 日　天津市召开国家自主创新示范区建设动员会暨科学技术奖励大会。会议强调,要坚定不移深入实施创新驱动发展战略,努力把自主创新示范区打造成为本市经济发展、科技创新的重要引擎。同日,天津国家自主创新示范区挂牌仪式在滨海高新区举行。

2 月 28 日　第四届全国文明城区、文明村镇、文明单位和未成年人思想道德建设工作先进评选结果揭晓。天津市河西区当选第四届全国文明城区,和平区继续保持全国文明城区荣誉称号。武清区泗村店镇等 17 个村镇、天津 8890 家庭服务网络中心等 75 个单位分别荣获第四届全国文明村镇、全国文明单位荣誉称号。滨海新区荣获第四届全国未成年人思想道德建设工作先进城区荣誉称号。

3 月 1 日　《天津市大气污染防治条例》实施。

3 月 20 日　天津、陕西对口协作正式启动,向陕西提供的首期 2.1 亿元资金支持的 50 多个重点项目在陕南水源区全部启动。

4 月 1 日　天津市正式施行《天津市津河等河道管理办法》,为加强津河等河道管理,巩固河道改造成果,保证河道设施完好,保持畅、洁、绿、美的河道景观,发挥河道排沥功能,提供有力的法律支撑。

4 月 21 日　中国(天津)自由贸易试验区挂牌仪式在天津自贸试验区管委会举行,我国北方第一个自由贸易试验区正式运行。仪式上,市领导同志为第一批入驻天津自由贸易试验区的 26 家金融机构颁发金融许可证。天津自贸试验区规划面积 119.9 平方千米,涵盖三个片区:天津港东疆港片区、天津机场片区和滨海新区中心商务区。

4 月 29 日　福耀汽车玻璃天津生产基地项目签约仪式在津举行。根据协议,福耀集团将在西青区投资建设全车套汽车玻璃研发生产基地,项目建成后将进一步完善本市汽车产业链,填补汽车关键部件空白。

4 月 30 日　天津市人民政府与深圳腾讯计算机系统有限公司《战略合作框架协议》签约仪式在津举行。根据协议,双方将依托腾讯丰富的数据基础、成熟的云计算能力和微信、QQ 等社交平台产品,整合各自优势资源,开展全方位、深层次战略合作。

4 月　中国空间技术研究院大型航天器 AIT 中心在天津建成并投入使用。空间站任务正式入驻该中心开展测试试验。

5 月 13 日　中共天津市委全面深化改革领导小组召开第八次会议,学习中央全面深化改革领导小组第十二次会议精神,研究部署重点改革任务。会议听取了国家有关部委《关于在部分区域系统推进全面创新改革试验的总体方案》的主要内容和相关情况的汇报,听取了《中国（天津）自由贸易试验区制度创新清单（第一批）》制定情况的汇报等。

5 月 18 日　海关总署出台《海关总署关于支持和促进中国（天津）自由贸易试验区建设发展的若干措施》,包括创新海关监管制度、拓展特殊监管区域功能、支持新兴贸易业态发展、支持优势产业发展等。

5 月 19 日　全市"三严三实"专题教育正式启动。

5 月 26 日　天津市党政代表团赴北京市学习考察,认真贯彻落实京津冀协同发展重大战略部署,学习北京市经济社会发展和改革创新经验做法,深化两市交流合作,进一步推进京津双城联动发展。

5 月 28 日　国家体育总局与天津市人民政府举行协同推进"全运惠民工

程"协议签字仪式。

6月17日 天津市党政代表团赴河北省学习考察,深入贯彻落实京津冀协同发展重大国家战略,认真学习借鉴改革发展先进经验做法,进一步加强各领域交流合作,促进津冀共同发展。

同日 由天津市人民政府、全国工商联、科技部和美国企业成长协会联合举办的第九届中国企业国际融资洽谈会——科技国际融资洽谈会开幕。超500家国内外投资基金、100多家各类金融机构、300多家中介机构、近1000家优秀企业前来参会交流,参会总人数近5000人。

6月24日 天津市人民政府与中国人寿保险(集团)公司签署全面战略合作协议。根据协议,中国人寿将把天津作为战略发展的重点地区,双方将围绕金融改革创新展开全面合作,在保险业务、债权投资、股权投资、投资基金、健康养老、不动产、医疗服务机构、互联网等新兴领域进行深入合作。

同日 《天津市推进智慧城市建设行动计划(2015—2017年)》出台。

7月2日 《天津市关于加快高新技术企业发展的实施意见》出台。

7月6日 中共天津市委召开"三严三实"专题教育区县委书记座谈会,学习贯彻习近平总书记会见全国优秀县委书记时的重要讲话精神,听取各区县开展"三严三实"专题教育进展情况汇报,推动专题教育深入扎实开展。

7月7日 天津市召开加快发展现代都市型农业和支持500个困难村发展经济工作推动会,强调要抓好"一村一策"经济发展方案落实,千方百计帮助农民增加收入。

7月13日至14日 中共天津市委十届七次全会召开。全会深入学习贯彻习近平总书记关于京津冀协同发展重要讲话精神,认真落实《京津冀协同发展规划纲要》,审议通过《天津市贯彻落实〈京津冀协同发展规划纲要〉实施方案》和全会决议。

9月16日 天津市召开农村基层党建暨结对帮扶困难村工作电视电话会

议，深入学习贯彻习近平总书记重要指示精神，全面落实全国农村基层党建工作座谈会精神，部署全市农村基层党建和结对帮扶困难村工作。会议宣布《市委组织部关于表彰结对帮扶困难村工作先进帮扶单位、先进乡镇（街道）、优秀驻村工作组、优秀技术帮扶组和优秀驻村干部、优秀技术帮扶工作者的决定》。

9 月 18 日　国家开发银行"开发性金融支持京津冀协同发展座谈会"在津举行，京津冀三地政府与国开行共同签署《开发性金融支持京津冀协同发展合作备忘录》。

9 月 22 日　天津市人民政府与中国农业发展银行签署落实《京津冀协同发展规划纲要》战略合作协议。根据协议，双方将本着"相互支持、互惠互利、共同发展、合作共赢"的原则，在新型城镇化、水利建设、农村路网建设、生态环境及人居环境建设、农业综合开发、农村流通体系建设等领域进行深入合作。

同日　《2015—2017 年棚户区改造配套基础设施工程建设三年计划》编制工作完成。

9 月 23 日　根据《国务院关于同意天津市调整部分行政区划的批复》，市委、市政府决定，撤销静海县、宁河县，设立静海区、宁河区，原行政区域和政府所在地不变。

10 月 3 日　天津市出台《贯彻市委十届七次全会精神推进京津冀现代农业协同发展的实施意见》，提出本市要加快建设菜篮子产品供给区、农业高新技术产业示范区和农产品物流中心区，实现优质农产品供应保障能力、农业科技水平、生态支撑能力和农民生活水平的显著提升。

10 月 30 日　中共天津市委常委会扩大会议召开。会议传达学习贯彻党的十八届五中全会精神，就贯彻落实好全会精神做出部署。

11 月 14 日　教育部批复同意在天津中德职业技术学院基础上，整合天津海河教育园区图书馆教育资源，建立天津中德应用技术大学。这是我国第一所应用技术教育本科层次大学。

11月26日　由天津市援建的西藏昌都市天津大桥项目竣工通车。这是天津市对口援助西藏昌都21年来单体工程最大项目，也是本市第七批援藏重点工程和天津市对口援助昌都市"十二五"规划重点项目。

12月1日　天津市人民政府办公厅印发《天津市建设全国先进制造业研发基地实施方案（2015—2020年）》。

12月3日至4日　中共天津市委十届八次全会召开。全会深入贯彻落实党的十八届五中全会精神，审议通过了《中共天津市委关于制定天津市国民经济和社会发展第十三个五年规划的建议》和全会决议。

12月29日　天津市召开经济工作会议。会议全面贯彻落实党的十八大和十八届三中、四中、五中全会，中央经济工作会议精神，深入学习贯彻习近平总书记系列重要讲话精神，总结2015年经济工作，分析当前经济形势，部署2016年经济工作。

本年　全市常住人口1439万人，地区生产总值10,879.51亿元，一般公共预算收入2667.11亿元，固定资产投资（不含农户）4472.29亿元，外贸进出口总额1143.47亿美元，居民家庭人均可支配收入31,291元，新登记各类市场主体14.32万户，新增就业48.85万人，幼儿园在园幼儿25.25万人，新增养老床位8369张，参加城镇职工基本医疗保险参保565.18万人，参加城乡居民养老保险参保121.10万人，参加城镇职工基本养老保险参保509.59万人，参加城乡居民医疗保险参保532.11万人。

2016年

1月1日　天津市全面实施二孩政策。全市统一实行一孩、二孩生育登记制度，育龄妇女生育第二个子女不需要办理再生育审批手续。

1月4日　天津市颁发首张食品经营许可证，标志着食品流通、餐饮服务、保健食品销售实现"三证合一"。

1 月 9 日　《天津日报》报道，《天津国家自主创新示范区发展规划纲要（2015—2020 年）》获得科技部等 14 个部委批复，天津国家自主创新示范区"一区二十一园"的发展格局正式确立。

1 月 15 日　国务院印发《关于同意在天津等 12 个城市设立跨境电子商务综合试验区的批复》，同意在天津市、上海市、重庆市、合肥市、郑州市、广州市、成都市、大连市、宁波市、青岛市、深圳市、苏州市 12 个城市设立跨境电子商务综合试验区。

1 月 30 日　天津女子排球队荣获 2015—2016 年度全国女子排球联赛冠军，成就全国联赛"十冠王"。

2 月 8 日　《"十三五"时期京津冀国民经济和社会发展规划》印发实施，这是全国第一个跨省市的区域"十三五"规划，明确了京津冀地区未来五年的发展目标。

2 月 24 日　由京津冀三地共同组建的"京津冀职业教育协同发展研究中心"正式成立，并落户天津。该中心的成立，标志着本市作为国家现代职业教育改革创新示范区的各项建设任务正式启动。

2 月　国务院印发《关于同意开展服务贸易创新发展试点的批复》，同意在天津、上海、海南、深圳、杭州、武汉、广州、成都、苏州、威海和哈尔滨新区、江北新区、两江新区、贵安新区、西咸新区等省市（区域）开展服务贸易创新发展试点，试点期为两年。

3 月 1 日　《天津市水污染防治条例》正式施行。

同日　天津市召开中心城区旧楼区居住功能综合提升改造工作总结会议，旧楼区提升改造任务圆满完成。本市连续四年将中心城区旧楼区提升改造列入 20 项民心工程，累计提升改造老旧小区 2186 个，340 万居民直接受益。

3 月 2 日　空中客车天津 A330 宽体机完成及交付中心项目奠基活动在空

港经济区的空客天津总装公司举行。

3月3日　天津市开展水污染防治百日行动专项执法检查,全面排查涉水污染物排放企业,源头管控工业废水排放,严厉打击违法排污企业。

3月30日　天津银行股份有限公司在香港联合交易所主板成功上市,是本市首家登陆香港资本市场的金融企业。

3月　由天津渤海职业技术学院建设的泰国鲁班工坊揭牌成立。这是我国在海外设立的首个鲁班工坊。

4月1日　首届天津市民艺术节开幕,重点打造"品牌驻万家""丹青绘盛世""文化志愿行""网络梦想秀""书香润津城"五大板块、30余项活动。

4月18日　中共天津市委常委会会议召开。会议讨论《关于在全市党员中开展"学党章党规、学系列讲话,做合格党员"学习教育的实施方案》和《中共天津市委常委会开展"两学一做"学习教育的安排意见》。

5月11日　天津市出台《推进供给侧结构性改革加快建设全国先进制造研发基地的实施意见》。

5月23日　天津市召开深化国有企业改革工作推动会,推进国有企业"四个一批"改革,做好"放、去、创、管",推动全市国有经济做优做强。会议印发《中共天津市委、天津市人民政府关于深化市属国有企业改革的实施意见》,以及《关于深化市属国有企业"四个一批"改革的支持政策》《关于市管企业推行职业经理人和市场化选聘经营管理者制度的意见(试行)》两个配套文件。

同日　天津市召开产业精准帮扶工作会议,对全市"500个困难村"实施一村一策精准帮扶。

6月25日　由天津大运载火箭基地总装完成的长征七号运载火箭,在海南文昌航天发射场点火升空。长征七号火箭顺利将有效载荷成功送入预定轨道,拉开了我国载人航天工程空间实验室任务的序幕。

6月28日　天津市印发《天津市建设北方国际航运核心区实施方案》。

同日　京津冀地区第一个海铁联运的综合性集装箱铁路枢纽——中铁天津集装箱中心站开通运营，天津铁路进港三线全线贯通投入使用。

6 月　国务院批复同意《京津冀系统推进全面创新改革试验方案》。批复指出，围绕促进京津冀协同发展，以促进创新资源合理配置、开放共享、高效利用为主线，以深化科技体制改革为动力，充分发挥北京全国科技创新中心的辐射带动作用，依托中关村国家自主创新示范区、北京市服务业扩大开放综合试点、天津国家自主创新示范区、中国（天津）自由贸易试验区和石（家庄）保（定）廊（坊）地区的国家级高新技术产业开发区及国家级经济技术开发区发展基础和政策先行先试经验，进一步促进京津冀三地创新链、产业链、资金链、政策链深度融合，建立健全区域创新体系，推动形成京津冀协同创新共同体，打造中国经济发展新的支撑带。

7 月 1 日　中共天津市委常委会召开会议，学习领会习近平总书记在庆祝中国共产党成立 95 周年大会上的重要讲话精神。

同日　天津市 2 名共产党员、2 名党务工作者和 5 个基层党组织，在中共中央召开的庆祝中国共产党成立 95 周年大会上受到表彰，分别被授予"全国优秀共产党员""全国优秀党务工作者""全国先进基层党组织"称号。

7 月 2 日至 6 日　"天津文化周"系列活动在莫斯科、圣彼得堡、伊尔库茨克举办，作为俄罗斯"中国文化节"的重要组成部分，津味文化感染俄罗斯民众。

7 月 7 日至 8 日　中共天津市委十届九次全会召开。全会深入学习贯彻习近平总书记系列重要讲话和全国科技创新大会精神，认真落实《国家创新驱动发展战略纲要》，审议通过了《中共天津市委、天津市人民政府关于贯彻落实〈国家创新驱动发展战略纲要〉的实施意见》。

7 月 8 日　天津市在全国率先启动覆盖养老机构床位、老年日间照料中心床位、养老机构社区延伸服务床位的省级综合责任保险。

7 月 29 日　《天津日报》报道，根据《国务院关于同意天津市调整部分行政区划的批复》，市委、市政府决定，撤销蓟县，设立蓟州区，原行政区域和政府所在地不变。

8月10日　天津义务教育"两免一补"政策实现全覆盖。

9月7日　《天津市教育综合改革方案（2016—2020年）》发布。《方案》共提出完善基础教育优质均衡发展机制、深化职业教育改革创新、促进高等教育高质量内涵发展、完善多层次多样化终身学习体系、深化招生考试制度改革等10个方面37项重点改革任务。

9月13日　天津市召开全市领导干部会议。会议宣布，中共中央决定，李鸿忠任天津市委委员、常委、书记。

9月14日　中共天津市委常委会会议召开。会议传达学习贯彻习近平总书记关于天津工作的重要指示精神。会议强调，要把习近平总书记系列重要讲话精神作为做好天津各项工作的指南和遵循，按照习近平总书记在天津考察时提出的"三个着力"重要要求，凝心聚力、接续奋斗，全力维护天津发展良好势头，推进全市经济社会持续健康发展。

9月15日　天津市人力社保局、市财政局印发通知，调整退休、退职人员基本养老金。这是首次企业与机关事业单位同步调整，惠及全市202.5万退休人员，月人均增幅6.7%，从2016年1月1日起执行。

9月28日　天津市与北京市签署《北京市人民政府、天津市人民政府加快建设天津滨海–中关村科技园合作协议》《共建天津滨海–中关村科技园协议》。根据协议，滨海–中关村科技园按照"创新引领、市场主导、政府推动、互利共赢"的原则，建设高端创新要素聚集、产业特色鲜明、可持续发展的国际一流科技研发和成果转化园区。

同日　国内多层次资本市场首个文化传媒行业板块在天津滨海柜台交易市场（天津OTC）第61届挂牌仪式上揭牌。

10月9日　中央第三巡视组向天津市委反馈巡视"回头看"情况。6月29

日至 8 月 29 日，中央第三巡视组对天津市开展了巡视"回头看"。

10 月 10 日　我国首台百亿亿次超算样机系统研制工作在天津启动。其中包含的"E 级计算机关键技术验证系统""面向 E 级高性能计算机的新型高性能互联网络技术研究""基于自主创新的石油地震勘探行业应用平台"三个子项目同时启动。

10 月 11 日　北京、天津、河北三省市审改办在津签署《京津冀行政审批制度改革协同发展战略合作共识》，标志着京津冀三省市审改工作在京津冀协同发展框架内的全面合作正式拉开帷幕，为全国审改工作和"放管服"改革起到示范引领作用。

10 月 15 日　北京市通州区、天津市武清区、河北省廊坊市三地人才一体化发展工作会议在天津举行，会上发布了《通武廊人才一体化发展示范区建设宣言》。

10 月 20 日　中共天津市委召开工作会议。会议深入学习贯彻习近平总书记系列重要讲话精神，特别是对天津工作提出的"三个着力"重要要求，贯彻落实京津冀协同发展重大国家战略，牢牢把握天津发展的历史性窗口期，把讲政治摆在首位，进一步统一思想、凝聚力量，以中央巡视"回头看"反馈整改为契机，推进全面从严治党，为实现天津经济社会更好发展提供坚强保证。

10 月 21 日　天津市召开中央第三巡视组巡视"回头看"反馈意见整改落实工作动员大会，聚焦问题突出重点，强化责任勇于担当，以巡视整改实效推动天津各项事业发展。会议宣布《中共天津市委关于中央第三巡视组开展巡视"回头看"情况反馈意见的整改落实方案》。

10 月 25 日　天津市建立居家养老服务平台，老年人可以足不出户，拨打"8890"获得 12 类 40 多项专属服务。

10 月 28 日　中共天津市委常委会扩大会议召开。会议传达学习贯彻党的十八届六中全会精神。会议强调，学习宣传贯彻好党的十八届六中全会精神，是当前和今后一个时期首要的政治任务。要把讲政治、讲忠诚落实在行动上，衷心拥护、坚决维护习近平总书记在全党的核心地位，坚决维护核心的权威，把《关于新形势下党内政治生活的若干准则》和《中国共产党党内监督条例》贯穿到全面从严治党的全过程和各方面，从根本上净化党内政治生态，推动管党治党从宽松软走向严紧硬，以政治定力和战略定力推动中央决策部署在天津落地生根。

11月21日 中共天津市委召开深入推进圈子文化和好人主义问题专项整治工作会议。会议强调，开展圈子文化、好人主义专项整治，是贯彻落实党的十八届六中全会精神、严肃党内政治生活、营造良好政治生态的具体行动。要加大全面从严治党力度，执制度治党之法器，把讲政治贯穿整改的各方面和全过程，以刮骨之勇、雷霆之力、穿石之功，坚决打赢这场政治硬仗。

同日 天津自贸区首发中欧班列从天津自贸区东疆片区发车，开往白俄罗斯明斯克。这是天津自贸区首条直通欧洲的货运班列。

11月22日 天津滨海-中关村科技园揭牌。天津滨海-中关村科技园规划面积10.3平方千米，来自北京的44家企业、45个项目集中签约滨海新区，总投资规模350亿元，24家企业签约天津滨海-中关村科技园。

同日 天津市滨海新区北大港湿地获批国家公园试点。

12月11日至12日 中共天津市委十届十次全会召开。全会审议通过《中国共产党天津市委员会工作规则》《中共天津市委关于牢固树立"四个意识"坚决贯彻落实党中央决策部署的意见》《中共天津市委关于落实全面从严治党主体责任和监督责任的意见》和全会决议。

12月28日至29日 中共天津市委十届十一次全会暨全市经济工作会议召开。会议总结2016年工作，部署2017年任务，讨论了市委常委会工作报告，审议通过《中国共产党天津市第十届委员会第十一次全体会议关于召开中国共产党天津市第十一次代表大会的决议》和全会决议。

本年 全市常住人口1443万人，地区生产总值11,477.20亿元，一般公共预算收入 2723.50 亿元；固定资产投资（不含农户）5007.41 亿元，外贸进出口总额 1026.51 亿美元，居民家庭人均可支配收入 34,074 元，新登记市场主体 1.36 万户，新增就业 48.9 万人，幼儿园在园幼儿 26.67 万人，老年日间照料服务中心达 1184 个、床位 7496 张，参加城镇职工基本养老保险 639.03 万人，参加城乡居民养老保险 134.47 万人，参加职工基本医疗保险 535.68 万人，参加居民基本医疗保险 531.10 万人。

2017 年

1 月 1 日 天津市在全市范围内统一城乡户口登记制度，取消农业户口和非农业户口性质区分，统一登记为居民户口。

1 月 5 日 天津市与中央企业落实京津冀协同发展战略恳谈会举行，20 个央企项目集中签约落户，涉及先进制造业、战略性新兴产业和现代服务业，投资总额 1217 亿元。

1 月 7 日 天津市发布《关于深化人才发展体制机制改革的实施意见》。

1 月 9 日 中共天津市委常委会扩大会议召开。会议传达学习习近平总书记在十八届中央纪委第七次全体会议上的重要讲话和中纪委全会精神。会议指出，要充分认识党的十八大以来以习近平同志为核心的党中央全面从严治党取得显著成效的伟大意义；准确把握党中央对党风廉政建设和反腐败斗争形势依然严峻复杂的科学判断；准确把握全面从严治党永远在路上的重要论断，增强政治定力和战略定力；准确把握全面从严治党的政治要求，增强"四个意识"，始终把讲政治摆首位。

1 月 10 日 天津市召开高校思想政治工作会议。会议强调，加强党对高校的全面领导，把思想政治工作贯穿教育各环节，实现全员育人、全程育人、全方位育人。

1月13日　天津市召开进一步深化国有企业改革工作会议。会议提出，要按照党中央、国务院《关于深化国有企业改革的指导意见》目标要求，明确"一二三"国企改革思路，全力推进各项工作落实。要以推进混合所有制改革为抓手，加快体制机制创新，增强国有经济实力活力竞争力，坚决打赢国企改革攻坚战。要进一步提高政治站位，站在巩固和扩大党执政物质基础和政治基础的高度，完成好国企改革的历史重任。

2月7日　中共天津市委印发《关于开展不作为不担当问题专项治理方案》。市委决定，自2017年2月初至12月底，在全市范围内开展不作为不担当问题专项治理。此次专项治理主要包括六项任务：一是自查自纠，立行立改；二是加强教育，强化管理；三是梳理线索，挂牌督办；四是严肃问责，注重实效；五是公开曝光，形成震慑；六是整改落实，建章立制。

2月14日　环保部、住建部与天津市人民政府签订《共同推进水体污染控制与治理科技重大专项合作备忘录》。

2月23日　中共天津市委常委会召开会议，审议通过《中共天津市委关于肃清黄兴国恶劣影响进一步净化政治生态的工作意见》。黄兴国系市委原代理书记，因严重违纪被开除党籍、公职，2017年9月被判处有期徒刑12年。

2月24日　天津市召开深入推进京津冀协同发展重大国家战略工作会议。

2月28日　天津市与甘肃省签署东西部扶贫协作框架协议，本市16个区对甘肃省25个国家级扶贫工作重点贫困县进行对口帮扶。

3月10日　中共天津市委、市人民政府决定设立海河产业基金，由市财政出资200亿元设立政府引导基金，以撬动5000亿元规模的社会资本，主要投向支柱产业与新兴产业，发展壮大先进制造业，助力实体经济稳健快速发展。4月8日，天津市海河产业基金揭牌成立。

3月15日　农业部与天津市人民政府签署合作框架协议座谈会在北京举行。双方签署了《农业部与天津市政府合作框架协议》，双方将深化农业供给侧结构性改革,加快推进京津冀农业协同发展,推动本市"四区两平台"建设。

3 月 19 日　天津市出台《天津市节能"十三五"规划》(以下简称《规划》)。《规划》提出,"十三五"时期,全市将实现节约能源 2100 万吨标准煤。

3 月 24 日　北京市、天津市、河北省三地口岸主管部门在津召开口岸合作座谈会,签署《京津冀口岸深化合作框架协议》。

3 月 30 日　天津市印发实施《中心城区老旧小区及远年住房改造工作方案》,共涉及 3069 个片区,127.58 万户居民受益。

同日　"津云"中央厨房在天津数字广播大厦正式启动运行,实现天津市"播、视、报、网"的全媒体融合,是全国首家实现全媒体融合的省级中央厨房。

4 月 1 日　中共天津市委常委会会议召开。会议传达学习中共中央、国务院关于设立河北雄安新区的通知精神。会议提出,坚决拥护以习近平同志为核心的党中央做出的重大决策部署,坚决拥护和全力支持雄安新区的规划建设。

4 月 7 日　中共天津市委常委会会议召开。会议传达学习习近平总书记 2 月 23 日、24 日考察京津冀协同发展工作时的重要讲话精神,传达学习习近平总书记关于省级党委和政府扶贫开发工作重要讲话精神。

4 月 17 日　天津市召开民营经济发展工作会议。会议提出,要进一步解放思想、更新理念,加快补齐天津发展短板,推动本市民营经济万木丛生、苗壮成长。

4 月 18 日　《天津市降低实体经济企业成本 2017 年第一批政策措施》印发,涵盖降低税费负担、降低企业人工成本、降低资金成本、降低能源资源成本、降低物流成本、降低创新创业成本、降低生产经营成本和管理费用八个方面,共 26 项政策措施。

4 月 27 日　中共天津市委常委会召开会议,审议通过《天津市关于全面推行河长制的实施意见》。

4 月 28 日　天津市召开推进"两学一做"学习教育常态化制度化工作部署会。同日,市委办公厅印发《关于开展"维护核心、铸就忠诚、担当作为、抓实支部"主题教育实践活动推进"两学一做"学习教育常态化制度化的实施方案》。

5月3日　《中共天津市委、天津市人民政府关于大力推进民营经济发展的意见》出台,提出25条具体措施。

5月4日　天津市人民政府首次举行宪法宣誓仪式。新任命的市政府副秘书长、组成部门副职领导干部,直属特设机构、直属机构及其他行政机构的30名正、副局级领导干部依法进行宪法宣誓。

5月11日　中共天津市委十届十二次全会召开。全会审议通过《中国共产党天津市第十届委员会第十二次全体会议关于召开中国共产党天津市第十一次代表大会的决议》。

5月15日　天津市城郊职业教育集团成立,是我国首个城郊职教集团。

5月22日至26日　中国共产党天津市第十一次代表大会召开。大会的主题是,更加紧密地团结在以习近平同志为核心的党中央周围,高举旗帜,维护核心,忠诚担当,创新竞进,为加快建设"一基地三区",全面建成高质量小康社会,建设社会主义现代化大都市而奋斗。市委书记李鸿忠作《高举旗帜维护核心忠诚担当创新竞进为全面建成高质量小康社会建设社会主义现代化大都市而奋斗》的报告。大会选举出新一届市委、市纪委,选举出本市出席党的十九大代表,通过《中国共产党天津市第十一次代表大会关于中共天津市第十届委员会报告的决议》《中国共产党天津市第十一次代表大会关于中共天津市第十届纪律检查委员会工作报告的决议》。26日,中共天津市委十一届一次全会召开。全会选举李鸿忠、王东峰、怀进鹏、段春华、张玉卓、盛茂林、程丽华、邓修明、赵飞、陈浙闽、冀国强、李毅为十一届市委常委;选举李鸿忠为中共天津市第十一届委员会书记,选举王东峰、怀进鹏为市委副书记。全会通过中共天津市第十一届纪律检查委员会第一次全体会议选举的市纪委书记、副书记、常务委员会委员。

5月24日　《天津市民文明公约》《天津市民行为守则》颁布实施。

同日　天津市印发《天津市新一轮中小企业创新转型行动计划(2017—

2020 年)》，提出利用 4 年时间，完成 1.2 万家中小企业创新转型，实现中小企业结构优化、产业升级、动能转换、提质增效。

6 月 21 日　天津市滨海高新技术产业开发区正式获批建设全国双创示范基地。

6 月 29 日　首届世界智能大会在天津开幕。

7 月 7 日　京津冀三地人才工作领导小组联合发布《京津冀人才一体化发展规划（2017—2030 年）》。

8 月 7 日　中共天津市委常委会扩大会议召开。会议传达学习习近平总书记在中央财经领导小组第十六次会议上的重要讲话和在中央政治局常委会会议上关于上半年经济形势的重要讲话精神。会议强调，要坚持稳中求进工作总基调，更好把握稳和进的关系，既要冷静看待经济形势变化，保持战略定力，又要担当尽责，积极作为，提高经济运行的质量和效益；要突出供给侧结构性改革这条主线，横下一条心，坚决落实"三去一降一补"五大任务，坚决根治"散乱污"企业；要念好市场大学，充分发挥市场在资源配置中的决定性作用；要防范政府债务风险，坚决防止无序举债，加强金融监管协调；要用改革的办法破解发展中的问题，加快推动国企混改等重点领域改革，推动改革实现更大突破。

8 月 18 日　天津市召开开展新一轮结对帮扶困难村工作会议，总结部署结对帮扶困难村工作。会议指出，为深入贯彻落实习近平总书记关于精准扶贫、精准脱贫的重要思想和要求，市委、市政府决定，利用三年时间，开展新一轮帮扶工作。

8 月 27 日至 9 月 8 日　中华人民共和国第十三届运动会在天津举行。中共中央总书记、国家主席、中央军委主席习近平出席开幕式并宣布运动会开幕。

9 月 1 日　《天津市地下空间开发利用总体规划（2017—2030 年）》方案编制完成，面向社会公示。

9 月 12 日　天津市出台《天津市受问责干部管理办法（试行）》。

9月14日至17日　第四届中国天津国际直升机博览会举办。

9月23日　中共中央总书记、国家主席、中央军委主席习近平给南开大学8名新入伍大学生回信,肯定了他们携笔从戎、报效国家的行为,勉励他们把热血挥洒在实现强军梦的伟大实践之中,书写绚烂、无悔的青春篇章。

9月27日　第十四届精神文明建设"五个一工程"表彰座谈会在北京召开。本市报送的电影故事片《战狼》、广播剧《太行山上的新愚公》、歌曲《爱国之恋》3部作品榜上有名,市委宣传部获组织工作奖。

10月18日至24日　中国共产党第十九次全国代表大会在北京举行。大会的主题是:不忘初心、牢记使命,高举中国特色社会主义伟大旗帜,决胜全面建成小康社会,夺取新时代中国特色社会主义伟大胜利,为实现中华民族伟大复兴的中国梦不懈奋斗。大会的主要议程是:听取和审查十八届中央委员会的报告;审查十八届中央纪律检查委员会的工作报告;审议通过《中国共产党章程(修正案)》;选举十九届中央委员会;选举十九届中央纪律检查委员会。会上,习近平代表第十八届中央委员会向大会作《决胜全面建成小康社会 夺取新时代中国特色社会主义伟大胜利》的报告。大会选举出由204名委员、172名候补委员组成的十九届中央委员会,选举出由133名委员组成的十九届中央纪律检查委员会。

10月25日　党的十九届一中全会在北京举行。全会选举习近平为中央委员会总书记,决定习近平为中央军事委员会主席。

10月26日　中共天津市委常委会扩大会议召开。会议传达学习党的十九大精神,传达学习习近平总书记在党的十九届一中全会上的重要讲话和习近平总书记在十九届中共中央政治局常委同中外记者见面时的重要讲话精神,研究部署全市学习宣传贯彻落实十九大精神工作。

10月31日　"南开大学习近平新时代中国特色社会主义思想研究院"揭牌成立。

11 月 1 日　中共天津市委常委会扩大会议召开。会议传达学习习近平总书记在瞻仰中共一大会址时的重要讲话精神。会议指出，要学习领会好、贯彻落实好党的十九大精神，坚持以习近平新时代中国特色社会主义思想武装头脑、指导实践、推动工作，初心不改、矢志不渝、一往无前，加快建设"五个现代化天津"，为夺取新时代中国特色社会主义伟大胜利而努力奋斗。

11 月 2 日　《天津市"一带一路"科技创新合作行动计划（2017—2020年）》印发。

11 月 6 日至 10 日　中共天津市委十一届二次全会召开。全会通过《中共天津市委关于深入学习宣传贯彻党的十九大精神　奋力推进习近平新时代中国特色社会主义思想在津沽大地生动实践的决定》和全会决议。

11 月 15 日　天津市出台《关于营造企业家创业发展良好环境的规定》（简称"津八条"）。

11 月 16 日　天津市召开企业家工作会议。会议强调，要认定落实《中共中央、国务院关于营造企业家健康成长环境弘扬优秀企业家精神更好发挥企业家作用的意见》，创造良好营商环境，提供优质服务。

11 月 22 日　中共天津市委办公厅印发《关于认真组织学习〈习近平谈治国理政〉第二卷的通知》。《通知》要求，充分认识《习近平谈治国理政》第二卷出版发行的重大意义，深刻领会和准确把握习近平新时代中国特色社会主义思想，切实组织好《习近平谈治国理政》第二卷的学习。

同日　天津市举行"放管服"及"证照分离"改革工作推动会议，部署在自贸试验区和滨海新区开展"证照分离"改革试点工作。

同日　天津市先进制造业产业技术研究院获准成立，构建"总院＋研发机构、服务机构"的架构模式，探索解决成果转化"最后一公里"瓶颈问题的体制机制。

12 月 11 日　中共天津市委常委会扩大会议召开。会议传达学习习近平总书记重要指示精神，认真查摆"四风"新表现，立说立行、坚决整改，驰而不息狠抓作风建设。

本年 全市常住人口 1410 万人，地区生产总值 12,450.56 亿元，一般公共预算收入 2310.36 亿元，固定资产投资（不含农户）5030.24 亿元，外贸进出口总额 1129.45 亿美元，居民家庭人均可支配收入 37,022 元，新登记民营市场主体 22.67 万户，新增就业 48.95 万人，新建改扩建和提升改造幼儿园 106 所；全市老年日间照料服务中心（站）1251 个、床位 9892 张，参加城镇职工基本养老保险 655.01 万人，参加城乡居民养老保险 156.81 万人，参加职工基本医疗保险 554.14 万人，参加居民基本医疗保险 534.31 万人。

2018 年

1月1日 天津市实现京津冀"同城出行、同城优惠"公共交通出行模式。

同日 《进一步推进中国（天津）自由贸易试验区外汇管理改革试点实施细则》印发，成为 2018 年金融支持天津自贸试验区发展建设的第一项重要举措。

1月3日 中共天津市委十一届三次全会暨全市经济工作会议召开。会议讨论市委常委会工作报告，审议通过《关于贯彻落实习近平新时代中国特色社会主义经济思想推动高质量发展的决议》。

1月4日 天津市召开市级深化国家监察体制改革试点工作人员转隶会议。会议指出，要提高政治站位，强化"四个意识"，以实际行动扎实推进监察体制改革。

1月5日 中远海运首例中俄国际班列正式启程，从天津港开往俄罗斯首都莫斯科，全程 7600 千米。

1月9日 中共天津市委常委会扩大会议召开。会议传达学习习近平总书记在学习贯彻党的十九大精神研讨班开班式上的重要讲话精神。会议强调，要高举中国特色社会主义伟大旗帜,深入贯彻落实习近平新时代中国特色社会主义思想和党的十九大精神,推进党的建设新的伟大工程,增强忧患意识,确保党中央重大决策部署在天津贯彻落实。

1月12日 《天津市全域创建文明城市三年行动计划（2018—2020 年）》印发。

1月13日 工信部批准全国第八批"国家新型工业化产业示范基地",中新天津生态城产业转移合作示范基地、滨海高新区华苑产业区新能源（储能电池）产业示范基地获批。

1月23日至27日 天津市政协十四届委员会第一次会议召开。会议通过政协天津市第十四届委员会第一次会议政治决议、政协天津市第十四届委员会第一次会议关于常务委员会工作报告的决议、政协天津市第十四届委员会第一次会议提案审查委员会关于提案审查情况的报告。会议选举产生政协天津市第十四届委员会主席、副主席、秘书长和常务委员。

1月24日至29日 天津市举行第十七届人民代表大会第一次会议。会议通过天津市第十七届人民代表大会第一次会议关于政府工作报告的决议、关于天津市 2017 年国民经济和社会发展计划执行情况与 2018 年国民经济和社会发展计划的决议、关于天津市 2017 年预算执行情况和 2018 年预算的决议、关于天津市人民代表大会常务委员会工作报告的决议、关于天津市高级人民法院工作报告的决议、关于天津市人民检察院工作报告的决议。会议选举产生天津市第十七届人大常委会主任、副主任、秘书长、委员；天津市市长、副市长；天津市监察委员会主任；天津市高级人民法院院长、天津市人民检察院检察长和天津市第十三届全国人民代表大会代表。

2月7日 天津市进城落户农民住房保障试点方案印发,按照"先试点,后推开"的原则,实施进城落户农民申请住房保障工作。

2月23日 天津市市级机关干部大会暨"双万双服促发展"活动动员会召

开,动员全市各级机关干部以奋发有为的精神状态,提气鼓劲、转变理念、改进作风、勇于担当,积极谋划推动高质量发展。

2月 《天津市进一步加快引育高端人才若干措施》出台,涉及人才引进、培养、平台建设、激励奖励、优化服务等方面,进一步营造引才、育才的良好环境。

本月 天津市人民政府印发《天津市加快推进智能科技产业发展总体行动计划》,推动构建全国一流的智能科技创新生态,打造"天津智港"。

本月 《关于充分调动干部积极性激励担当作为创新竞进的意见(试行)》印发,激励干部不忘初心、牢记使命,放手放胆干事,大力营造风清气正的政治生态和干事创业的强大气场。

3月19日 天津市滨海新区获评国家卫生区。

同日 天津工业大学联合天津职业技术师范大学、天津城建大学与巴基斯坦旁遮普省共建的"旁遮普天津技术大学"举行建校典礼,标志着天津市高校融入"一带一路"建设进入具体实施阶段。

3月27日 天津大学与中国运载火箭技术研究院共建的"人机混合智能创新联合实验室"成立,该实验室是中国运载火箭技术研究院落户天津的首个联合研究机构。

4月1日 天津市水稻产业技术体系创新团队成立,由市农作物研究所(首席科学家单位)、南开大学、天津大学、天津农学院、市原种场等23家单位组成。

4月2日 天津市与中国工程院签署共建"中国工程科技发展战略天津研究院"协议。

4月4日 2017年"津门工匠"命名大会召开,命名张黎明等10名同志为"津门工匠"。

4月10日 天津大学成立的"新工科教育中心"正式揭牌,为全球首个新工科教育教学研究、培训、交流基地。

4 月 12 日　全球首台无人驾驶电动卡车在天津港试运营。

4 月 13 日至 17 日　2018 中国·天津投资贸易洽谈会暨 PECC 国际贸易投资博览会在津举办。本届津洽会主题为"新机遇新天津、创合作促共赢"，签约项目投资总额 1011.15 亿元，商品贸易额 10.5 亿元，人才交流达成意向或签订协议 4500 人。

4 月 23 日　天津市发布《关于深化"互联网＋先进制造业"发展工业互联网的实施意见》。

5 月 4 日　天津市首家实施混合所有制改革的国有企业——天津市建筑材料集团（控股）有限公司在天津产权交易中心成功签约，北京金隅集团受让其 55% 股权。

5 月 14 日　天津市召开深入贯彻落实习近平总书记"三个着力"重要要求推进大会。会议强调，要高举习近平新时代中国特色社会主义思想伟大旗帜，深入贯彻落实"三个着力"重要要求，坚定不移沿着习近平总书记指引的方向奋勇前进，凝神聚气、忠诚担当、拼搏奋斗，推进习近平新时代中国特色社会主义思想在津沽大地扎实实践。

5 月 16 日　第二届世界智能大会在梅江会展中心开幕。大会发布《天津市关于加快推进智能科技产业发展的若干政策》和《天津市"海河英才"行动计划》，天津大学人工智能学院、南开大学人工智能学院同时揭牌成立。

6 月 6 日　中共天津市委常委会会议召开。会议传达学习中央政治局会议精神和习近平总书记在两院院士大会上的重要讲话精神，传达学习贯彻落实《中央巡视工作规划（2018—2022 年）》推进会精神，讨论《十一届天津市委巡视工作规划》，研究部署深化"维护核心、铸就忠诚、担当作为、抓实支部"主题教育实践活动有关工作。

6 月 8 日　中共中央总书记、国家主席、中央军委主席习近平同俄罗斯总统普京在天津共同观看中俄青少年冰球友谊赛。

6月28日　天津市召开深化"维护核心、铸就忠诚、担当作为、抓实支部"主题教育实践活动座谈会。会议要求，进一步提高政治站位，把主题教育实践活动与党中央将开展的"不忘初心、牢记使命"主题教育紧密结合起来，推进全面从严治党向基层延伸、向纵深发展。

7月1日　天津市进一步融合营业执照证照事项，全面实行"24证合一"，提高行政效率和服务效能，优化营商环境。

7月8日　天津市第十四届运动会在天津体育馆开幕。

7月　天津市农村承包土地确权登记颁证工作任务全面完成，应开展登记的2707个村，共登记承包地面积24.2万公顷，基本实现应确尽确，向农户颁发承包经营权证书59万份，占应发证书份数的99.4%。

8月3日　天津市召开深化"放管服"改革转变政府职能会议。会议指出，要以习近平新时代中国特色社会主义思想为指导，贯彻全国深化"放管服"改革转变政府职能电视电话会议精神，坚定不移把"放管服"改革推向纵深，为建设"五个现代化天津"、实现高质量发展注入新的强大动力。

8月5日　天津市38家三级医疗机构基本完成智慧门诊建设并上线运行，提供多渠道预约诊疗等便民惠民服务。

8月6日　农业农村部办公厅、财政部办公厅公布2018年农业产业强镇示范建设名单，天津市蓟州区出头岭镇获批。

9月6日　中共天津市委十一届四次全会召开。全会审议通过《天津市机构改革方案（送审稿）》，同意上报党中央审批；审议通过全会决议。全会要求，要突出党对一切工作的领导这一政治主题，正确处理机构改革的政治目标和效率目标的关系，按照系统化原理，优化协同高效科学设置机构职能，全面贯彻"先立后破、不立不破"的组织实施总原则，严格执行机构改革的有关具体政策规定和要求，确保按时限高质量完成各项改革任务。

同日　天津市发布生态保护红线，陆海统筹划定生态保护红线总面积

1393.79 平方千米（扣除重叠），形成"山水林湿海"系统保护格局。

9 月 14 日　《天津市深化服务贸易创新发展试点实施方案》印发，确立在深化试点 2 年内的发展目标。

9 月 19 日　2018 天津夏季达沃斯论坛在天津梅江会展中心开幕。本届论坛以"在第四次工业革命中打造创新型社会"为主题。

9 月 23 日　天津市首个"中国农民丰收节"在蓟州区开幕。

9 月 29 日　临港首个大型商业综合体中欧核心区综合服务中心项目开工。该项目总建筑面积 6.65 万平方米，是天津首个"装配式＋EPC 模式"的综合场所。

10 月 18 日　京津沪渝冀供销合作社在津签署战略合作协议，以服务"三农"为宗旨，促进"四市一省"供销合作经济结构转型，推动乡村振兴。

10 月 18 日至 20 日　2018 中国国际矿业大会召开。本届大会主题为"开放新格局，合作新模式"，来自 69 个国家和地区的万余名代表参会参展。

10 月 21 日　2018 天津（武清）马拉松赛举行。

11 月 1 日　天津国家会展中心项目在津南区启动建设。

11 月 6 日　天津市召开集中整治形式主义官僚主义部署推动会。

11 月 8 日　《天津市中心城区子牙河两岸地区城市设计》出台，规划建设为集历史、文化、生态、经济为一体的综合发展带，成为市民休闲健身的生态绿廊。

同日　京津冀—天津智能科技产业示范基地落户天津经济技术开发区。

11 月 19 日　天津市召开国有企业混改项目招商推介会，24 个一级市管企业混改项目集中亮相，吸引各类社会资本参与天津经济建设。这些项目涉及房地产开发、工业制造、建筑施工、商贸旅游、投融资服务、公共服务、金融、医药等多个行业和领域，合作方式包括产权转让、增资扩股等。

11 月 21 日　首部《中国城市创新竞争力发展报告（2018）》蓝皮书显示，在全国 274 个城市创新竞争力综合评价中，天津位列第四位。

11 月 26 日　中新生态城首次入选"2018 中国最具幸福感城市"，获评"中国最具幸福感生态城"。

11月29日　天津市召开推进实施乡村振兴战略暨农村人居环境整治三年行动工作部署会。

12月3日　天津市启动公共租赁住房项目房源登记工作。

12月11日　天津滨海-中关村协同创新示范基地正式成立,进一步链接北京乃至全球的技术、人才和科技资源,全力搭建科技创新平台和服务体系。

12月24日　天津市庆祝改革开放40周年大会举行。大会认真学习贯彻习近平总书记在庆祝改革开放40周年大会上的重要讲话精神,回顾天津改革开放40年来的历程,对新时代将改革开放进行到底进行再部署,动员全市干部群众肩负起改革开放先行区的职责使命,为建设"五个现代化天津"不懈奋斗。

12月28日　天津市港口统一收费管理服务平台上线运行,实现"一次缴费全港通行",是全国首个覆盖全港区、全业务、全流程的港口统一收费管理服务平台。

12月29日至30日　中共天津市委十一届五次全会暨经济工作会议召开。会议总结2018年工作,部署2019年任务,讨论了市委常委会工作报告,审议通过《中国共产党天津市第十一届委员会第五次全体会议决议》。

本年　全市常住人口1383万人,地区生产总值13,362.92亿元,一般公共预算收入2106.24亿元;固定资产投资(不含农户)4750.67亿元,外贸进出口总额1225.11亿美元,居民家庭人均可支配收入39,506元,新登记市场主体22.11万户,其中民营市场主体21.88万户,新增就业49万人,"海河英才"行动计划引进人才13.3万人,全市老年日间照料服务中心(站)1301个,幼儿园2223所,参加城镇职工基本养老保险683.16万人,参加城乡居民养老保险161.15万人,参加职工基本医疗保险575.26万人,参加居民基本医疗保险541.46万人。

2019 年

1 月 1 日　《天津市促进精神文明建设条例》施行。

1 月 12 日　天津市北水南调工程正式开工，将本市北部水源引调至静海区等南部缺水地区，以有效缓解南部地区农业、生态缺水现状，改善河道水生态环境。

1 月 15 日　中国出口非洲大陆首台盾构机"中铁 665 号"在中铁工程装备集团盾构再制造有限公司天津工厂成功下线。

1 月 17 日　中共中央总书记、国家主席、中央军委主席习近平到天津考察。在南开大学，习近平总书记指出，爱国主义是中华民族的民族心、民族魂，培养社会主义建设者和接班人，首先要培养学生的爱国情怀；高校党组织要把抓好学校党建工作和思想政治工作作为办学治校的基本功；专家型教师队伍是大学的核心竞争力，要把建设政治素质过硬、业务能力精湛、育人水平高超的高素质教师队伍作为大学建设的基础性工作，始终抓紧抓好；要加快一流大学和一流学科建设，加强基础研究，力争在原始创新和自主创新上出更多成果，勇攀世界科技高峰。勉励师生们把学习奋斗的具体目标同民族复兴的伟大目标结合起来，把小我融入大我，立志作出我们这一代人的历史贡献。在天津市和平区新兴街朝阳里社区，习近平总书记指出，社区工作是具体的，要坚持以人民为中心，摸准居民群众各种需求，及时为社区居民提供精准化精细化服务；各级党委和政府要高度重视，切实把广大退役军人合法权益维护好，把他们的工作和生活保障好；志愿服务是社会文明进步的重要标志，是广大志愿者奉献爱心的重要渠道。要为志愿服务搭建更多平台，更好发挥志愿服务在社会治理中的积极作用。在梁启超旧居，习近平总书记指出，要爱惜城市历史文化遗产，在保护中发展，在发展中保护。在天津港码头，习近平总书记强调，经济要发展，国家要强大，交通特别是海运首先要强起来。要志在万里，努力打造世界一流的智慧港口、绿色港口,更好服务京津冀协同发展和共建"一带一路";实体经济是大国的根基,经济不能脱实向虚。要扭住实体经济不放,继续不懈奋斗,扎扎实实攀登世界高峰。在天津滨海－中关村科技园,习近平总书记强调,自主创新是推动高质量发展、动能转换的迫切要求和重要支撑,必须创造条件、营造氛围,调动各方面创新积极性,让每一个有创新梦想的人都能专注创新,让每一份创新活力都能充分迸发。要深化科技园区体制机制创新,优化营商环境,吸引更多在京科技服务资源到园区投资或业务延伸,促进京津两市真正实现优势互补、强强联合。

1月28日 天津市与中国建设银行股份有限公司签署战略合作协议,在推动金融创新运营示范区建设、战略性新兴产业发展壮大、"数字天津"建设等方面开展全方位合作。

2月20日 天津市不作为不担当警示教育大会召开,进一步推进不作为不担当专项治理深入开展,为天津高质量发展提供坚强保障。

2月22日 《天津市推进高中阶段学校考试招生制度改革的实施意见》发布。

2月25日 天津市施行《关于促进市内六区高端服务业集聚发展的指导意见》。

2月26日 国家发展改革委在天津举办深化民营和小微企业金融服务现场交流会,介绍天津市"双万双服促发展"活动经验,实地考察服务企业现场。

2月27日 中共天津市委十一届六次全会召开,审议通过《中共天津市委关于认真学习贯彻习近平总书记视察天津重要指示和在京津冀协同发展座谈会上重要讲话精神的实施意见》和全会决议。

3月7日 第十五届中国(天津)国际装备制造业(工业)博览会开幕,来自全球20多个国家和地区的近1000个知名品牌同场展出。

3月18日 向滨海新区下放市级权力事项工作动员部署会议召开。会议指出,要认真贯彻习近平总书记视察天津重要指示和在京津冀协同发展座谈会上的重要讲话精神，落实市委部署要求，向滨海新区放权赋能，更好发挥新区龙头带动作用，真正实现"滨海事、滨海办"。

3 月 19 日　天津市农村工作会议召开。会议指出，要全面贯彻落实习近平总书记关于做好"三农"工作的重要论述，深刻把握乡村振兴战略的科学内涵，深刻把握"三农"工作的特殊重要性，坚持农业农村优先发展总方针，坚持"三农"工作重中之重地位，从京津冀协同发展大战略中谋划推动，实现产业振兴、人才振兴、文化振兴、生态振兴、组织振兴的乡村全面振兴。

3 月 25 日　中共天津市委中央巡视组反馈意见整改落实工作领导小组召开扩大会议，通报中央巡视"回头看"反馈意见整改落实监督检查情况，深入分析存在突出问题，对整改工作再认识、再动员，推动整改任务再落实。

3 月 27 日　天津市召开首届"新时代职工创新创业之星"命名表彰大会，对评选出的 20 名创新创业之星每人给予 10 万元奖励。

4 月 1 日　天津市正式启动"互联网＋护理服务"试点，首批 35 个服务项目上线，各区至少遴选 1 所医疗机构作为试点开展服务。

4 月 11 日　中共天津市委办公厅印发《关于解决形式主义突出问题为基层减负的若干措施》。

4 月 16 日　外交部和天津市人民政府在外交部南楼举行以"新时代的中国：活力天津走向世界"为主题的外交部天津全球推介活动。面向全世界零距离宣介新中国成立 70 年来天津发展建设取得的巨大成就，展现习近平新时代中国特色社会主义思想在津沽大地的扎实实践。

4 月 17 日　天津口岸区块链验证试点项目上线试运行，在全国首次实现区块链技术与跨境贸易中的交易、金融、物流、监管等各环节的深度融合，初步建立区块链跨境贸易生态体系，提升天津口岸贸易便利化水平。

4 月 18 日　2019 中国·天津投资贸易洽谈会暨 PECC 博览会在梅江会展中心开幕。本届津洽会以"全方位开放、多领域合作、高质量发展"为主题，来自 36 个国家和地区、26 个省区市的 81 个团组、2400 余家企业、13 万人次参展参会，151 个项目成功签约，合同协议额 690 亿元，现场商品销售额 1 亿元。

4 月 22 日　中共天津市委、天津市人民政府印发《关于全面深化新时代教师队伍建设改革的实施意见》，这是天津市首次对教师队伍建设提出改革意见。

5 月 1 日　坐落于天津市滨海新区的我国首座国家级综合性海洋博物馆试开馆。

5 月 16 日　中共中央总书记、国家主席、中央军委主席习近平向在天津举办的第三届世界智能大会发来贺信。指出："举办世界智能大会，旨在为世界智能科技领域搭建一个交流合作、共赢共享的平台。希望大家围绕'智能新时代：进展、策略和机遇'的主题，深化交流、增进共识、加强合作，推动新一代人工智能健康发展，更好造福世界各国人民。"

5 月 18 日　天津市市级夜间经济示范街区——五大道夜间经济示范街区、红桥区运河新天地夜市正式开街。

5 月 21 日　天津市在全国先期启动中小学校党组织领导下的校长负责制试点工作，首批 25 所中小学成为试点校。

6 月 3 日　《天津市促进数字经济发展行动方案（2019—2023 年）》发布。

6 月 14 日至 17 日　由天津市人民政府、国务院侨务办公室共同主办的 2019 中国·天津华侨华人创业发展洽谈会举办。本届洽谈会以"创新创业、共享共赢"为主题，围绕重大国家战略，统筹海外侨务资源优势，搭建涉侨经贸科技交易平台，营造良好营商环境。共达成合作意见 53 个，协议投资额 92.2 亿元人民币。

6 月 18 日至 20 日　天津市党政代表团赴甘肃省学习考察并召开两省市扶贫协作和对口支援工作对接会，进一步贯彻落实习近平总书记在全国两会期间参加甘肃代表团审议时的重要讲话和在解决"两不愁三保障"突出问题座谈会上的重要讲话精神，扎实推进东西部扶贫协作，助力打赢脱贫攻坚战。

7 月 8 日　天津市举办"新时代坚持和发展中国特色社会主义"研讨会，深入交流习近平新时代中国特色社会主义思想学习体会，来自全市社科界的 50 余名专家学者参加。

7 月 16 日　天津经济技术开发区法定机构改革动员部署会召开。

8 月 14 日　天津市在河西区召开推进居家养老试点工作现场会。会议强调，要把初心和使命体现于改善民生的实际行动，着眼于大多数中低收入老年人的养老需求，探索党政助力、市场化运营的可持续机制，切实解决好群众所急所需所盼。

8 月 25 日至 9 月 1 日　全国第十届残疾人运动会暨第七届特殊奥林匹克运动会在天津举行。本届残运会暨特奥会共设 43 个大项、45 个分项、1539 个小项。来自全国 31 个省区市的 35 个代表团参赛。

8 月 31 日至 9 月 1 日　2019 市场监督管理论坛在天津举办。期间，天津市召开质量工作会议，对推进"质量立市"战略进行部署。会议正式发布"天津品牌指数"，印发《关于进一步促进天津品牌建设的实施意见》，在全国率先制定《天津品牌指数及评价方法》地方标准。

9 月 1 日　《天津市优化营商环境条例》施行。

10 月 17 日　南开大学建校 100 周年纪念大会在南开大学体育中心举行。

10 月 18 日　天津市获批建设首批国家新一代人工智能创新发展试验区。

11 月 27 日至 28 日　中共天津市委十一届七次全会召开。全会审议通过《中共天津市委关于贯彻落实〈中共中央关于坚持和完善中国特色社会主义制度、推进国家治理体系和治理能力现代化若干重大问题的决定〉的实施意见》和全会决议。

12 月 1 日　天津市工业和信息化局、市财政局联合印发《天津市"专精特新"中小企业培育工程管理办法》。

12 月 6 日　天津市武清区获"四好农村路全国示范县"荣誉称号。

12 月 23 日　市级机关处长大会召开。会议激励动员全市处级领导干部，以高昂激情和干劲勇当贯彻落实党中央决策部署、为企业和群众服务的一线指挥员、战斗员,提振干事创业精气神,激发创新竞进动力,加快推动全市高质量发展。

12月24日 天津市市区棚户区改造"三年清零"工作提前一个月实现既定目标,完成市区147.33万平方米、6.24万户棚户区改造任务。

12月30日 中国(天津)自由贸易试验区在全国率先开展法定机构改革。设立专司制度创新的法定机构,即中国(天津)自由贸易试验区政策与产业创新发展局,隶属于天津自贸试验区管委会,不列入政府部门序列,推行全员聘任和岗位绩效工资体系,制定绩效考核评价办法。同日,中国(天津)自由贸易试验区行政审批局揭牌。滨海新区人民政府政务服务办公室加挂中国(天津)自由贸易试验区行政审批局牌子,成为全国首个自贸区级行政审批局。

同日 天津市宝坻潮白河国家湿地公园和武清永定河故道国家湿地公园通过国家验收,成为本市首批国家级湿地公园。

12月30日至31日 中共天津市委十一届八次全会暨经济工作会议召开。会议审议市委常委会工作报告和抓党建工作情况报告,审议通过《中国共产党天津市第十一届委员会第八次全体会议决议》。

12月31日 天津市大数据管理中心(天津市信息中心)正式挂牌。

本年 全市常住人口1385万人,地区生产总值14,055.46亿元,一般公共预算收入2410.41亿元,固定资产投资(不含农户)5410.22亿元,外贸进出口总额1066.45亿美元,居民家庭人均可支配收入42,404元,新登记市场主体26.70万户,新登记民营市场主体26.49万户,新增就业50.17万人,"海河英才"行动计划累计引进各类人才24.8万人,建成109个老年日间照料服务中心,新增幼儿园学位6万余个,参加城镇职工基本养老保险695.57万人,参加城乡居民养老保险164.49万人,参加职工基本医疗保险595.04万人,参加居民基本医疗保险541.94万人。

2020 年

1 月 10 日　天津市"不忘初心、牢记使命"主题教育总结大会召开。会议强调，要不断巩固拓展主题教育成果，把不忘初心、牢记使命作为永恒课题和终身课题持之以恒抓下去，一刻不松、驰而不息地推进全面从严治党，努力开创新时代党的建设新局面。

1 月 20 日　中共天津市委、天津市人民政府召开专题会议，传达学习贯彻习近平总书记对新型冠状病毒感染的肺炎疫情作出的重要指示，贯彻落实国务院常务会议、联防联控机制电视电话会议要求，部署全市防控工作。

1 月 24 日　天津市召开疫情防控视频会，要求全市启动重大突发公共卫生事件一级响应。

1 月 28 日　中共天津市委常委会扩大会议暨天津市新型冠状病毒感染的肺炎疫情防控工作领导小组和指挥部会议召开，传达学习贯彻习近平总书记重要指示精神和《中共中央关于加强党的领导、为打赢疫情防控阻击战提供坚强政治保证的通知》，决定调整充实天津市新型冠状病毒感染的肺炎疫情防控工作领导小组和指挥部，进一步加强对疫情防控工作的统一领导、统一指挥。

2 月 17 日　天津市防控领导小组召开会议专题研究支援湖北抗击疫情工作。

3 月 8 日　决战决胜脱贫攻坚动员部署会暨市委常委会扩大会议、市扶贫协作和支援合作工作领导小组会议召开。会议传达学习贯彻习近平总书记在决战决胜脱贫攻坚座谈会上的重要讲话精神，审议通过《天津市高质量推进对口支援和东西部扶贫协作助力如期完成脱贫攻坚任务 2020 年实施方案》和《关于做好 2020 年结对帮扶困难村工作指导意见》，对抓好贯彻落实作出部署。

3 月 14 日　天津市人民政府召开第 96 次常务会议，审议《天津市支持中小微企业和个体工商户克服疫情影响保持健康发展的若干措施》，研究制定阶段减免税费、促进就业稳岗、降低要素成本、强化金融支持、优化服务保障 5 方面 27 条措施，支持中小微企业和个体工商户克服疫情影响，提升企业渡过难关的信心和能力，保持健康发展。

3 月 17 日　天津市 7 支医疗队 732 人，圆满完成支援武汉疫情防控医疗救治任务，从武汉返回天津。

3 月 20 日　麒麟软件有限公司成立大会在天津举行，同期发布麒麟软件"遨天"行动计划，麒麟软件总部正式落户天津。

4 月 9 日　天津市召开东西部扶贫协作考核发现问题整改暨重点工作推动会，聚焦国务院扶贫办对东西部扶贫协作成效考核反馈的问题，部署整改落实任务，推动重点工作，助力受援地如期完成脱贫攻坚目标任务。

4 月 11 日　天津市与国家电网有限公司召开视频座谈会，开展"云签约"，进一步深化双方务实合作，以能源电力服务保障京津冀协同发展重大国家战略实施。双方签署《推进新型基础设施建设　打造能源革命先锋城市战略合作框架协议》。

4 月 28 日　天津市"津城献爱心、精准助脱贫"消费扶贫"云签约"活动举行，助力受援地区打赢脱贫攻坚战。

5 月 18 日　天津市人民政府召开第 105 次常务会议。会议审议《天津市推动天津港加快"公转铁""散改集"和海铁联运发展政策措施》。会议审议《天津市促进汽车消费的若干措施》。会议还研究了食品安全监督管理、支持民营企业改革发展、扶持高成长初创科技型企业等其他事项。

6 月 15 日至 16 日　天津市党政代表团赴甘肃省庆阳市学习考察，深入贯彻落实习近平总书记在决战决胜脱贫攻坚座谈会上重要讲话精神，深化两地扶贫协作，聚焦全面建成小康社会目标任务，推动甘肃省决战决胜脱贫攻坚。

7 月 14 日　天津市农村人居环境整治攻坚推进会召开。会议深入学习贯彻习近平生态文明思想和习近平总书记关于改善农村人居环境的重要指示精神，对全力推进农村人居环境整治攻坚进行部署，确保三年行动取得预期效果。

8 月 12 日　天津市京津冀协同发展领导小组会议暨全市安全生产工作和天津港建设世界一流港口领导小组会议召开。会议深入学习贯彻习近平总书记视察天津港时的重要指示精神，加快推进智慧港口、绿色港口建设，努力实现更高质量、更可持续、更加安全的发展；研究部署全市安全生产工作，牢牢守住天津港安全生产底线，坚决确保社会大局稳定。

8 月 20 日　天津市人民政府新闻办公室召开新闻发布会，就"和平夜话"实践活动开展情况进行介绍。自 7 月 1 日和平区启动开展"和平夜话"实践活动以来，截至目前，和平区已有 7100 余名党员干部参与，深入群众 59000 余次，与 26900 余名群众成为朋友，发现和解决群众难题 10000 余个。

9 月 17 日至 18 日　天津市党政代表团赴新疆和田地区学习考察，深入贯彻落实习近平总书记关于新疆工作重要指示要求和新时代党的治疆方略，全面落实决战决胜脱贫攻坚座谈会和第七次全国对口支援新疆工作会议精神，助力决胜脱贫攻坚战，深入扎实推动本市对口援疆工作。

10 月 9 日　中共天津市委常委会会议召开。会议学习贯彻习近平总书记关于巡视工作重要论述和十九届中央第六轮巡视工作动员部署会精神，对全力配合中央巡视组开展工作提出要求。会议指出，要站在做到"两个维护"的高度，深刻认识巡视是政治巡视、政治监督，必须以郑重严肃的态度接受"政治体检"，进一步提高政治站位，全力配合中央巡视组开展工作，以实际行动诠释对党绝对忠诚。

10 月 22 日　天津市抗击新冠肺炎疫情表彰大会举行，249 名劳动模范、50 个模范集体和 150 名优秀共产党员、101 个先进基层党组织受到表彰。会议强调，要深入贯彻落实习近平总书记在全国抗击新冠肺炎疫情表彰大会上的重要讲话精神，向英雄模范学习，大力弘扬伟大抗疫精神，勇担时代使命，不畏艰险，拼搏奋进，统筹推进疫情防控和经济社会发展，为决胜全面建成高质量小康社会、奋力开启全面建设社会主义现代化大都市新征程而努力奋斗。

10月30日 中共天津市委常委会扩大会议召开。会议传达学习贯彻党的十九届五中全会精神。会议强调，要认真学习领会党的十九届五中全会精神，切实增强"四个意识"、坚定"四个自信"、做到"两个维护"，把思想和行动高度统一到以习近平同志为核心的党中央决策部署上来，不折不扣抓好贯彻落实。

11月11日 天津2020·中国企业家大会召开，来自全国的500多位企业家代表参加会议。会议强调，要深入贯彻落实党的十九届五中全会精神和习近平总书记重要讲话精神，坚定不移贯彻新发展理念，真心真诚服务企业，倾心倾力改善营商环境，充分发挥企业在构建新发展格局中的主力军作用，努力在开启全面建设社会主义现代化国家新征程中展现新作为、闯出新天地、再创新辉煌。

11月26日至27日 中共天津市委十一届九次全会召开。全会坚持以习近平新时代中国特色社会主义思想为指导，全面贯彻落实党的十九大和十九届二中、三中、四中、五中全会精神，立足新发展阶段，贯彻新发展理念，构建新发展格局，加快推进京津冀协同发展，加快构建现代化经济体系，加快完善现代化大都市治理体系，奋力开启全面建设社会主义现代化大都市新征程。全会审议通过《中共天津市委关于制定天津市国民经济和社会发展第十四个五年规划和二〇三五年远景目标的建议》《天津市部分行政区域界线变更方案》和《中国共产党天津市第十一届委员会第九次全体会议决议》。

12月7日 天津市群众工作现场推进会在和平区召开。会议强调，要深入贯彻党的十九届五中全会精神，坚持以人民为中心的发展思想，进一步密切党同人民群众的血肉联系，用心用情用力服务百姓，扎实做好事关群众切身利益的民生实事，努力让人民群众的获得感成色更足、幸福感更可持续、安全感更有保障。

12月10日 天津市党员干部"讲担当、促作为、抓落实"动员会暨警示教育大会召开。会议以本市查处的形式主义官僚主义、不作为不担当问题反面典型为镜鉴,引导广大党员干部增强"四个意识"、坚定"四个自信"、坚决做到"两个维护",勇于知重负重、担难担险、苦练事功、善于作为,切实提高把握新发展阶段、贯彻新发展理念、构建新发展格局的能力水平,为全面建设社会主义现代化大都市汇聚磅礴力量。

12 月 14 日 《天津日报》报道,北辰区瑞景街道宝翠花都社区党总支书记、居委会主任林则银创新探索"五常五送"工作法,把温暖送到群众的心坎上。2019 年,宝翠花都社区被评为五星社区,"五常五送"工作法在全市推广。("五常五送"即常敲空巢老人门,嘘寒问暖送贴心;常串困难群众门,排忧解难送爱心;常叩重点人群门,沟通疏导送舒心;常守居民小区门,打防管控送安心;常开休闲文明门,和谐追梦送欢心。)

12 月 30 日至 31 日 中共天津市委十一届十次全会暨经济工作会议召开。全会审议通过市委常委会 2020 年工作报告和抓党建工作情况报告,对 2021 年经济工作作出部署。

本年 全市常住人口 1386.60 万人,地区生产总值 14,007.99 亿元,一般公共预算收入 1923.11 亿元,固定资产投资（不含农户）5575.08 亿元,外贸进出口总额 1059.31 亿美元,居民家庭人均可支配收入 43,854 元,新登记市场主体 25.62 万户,新增就业 37.09 万人,"海河英才"行动计划累计引进各类人才 35 万人,新增幼儿园学位 6.97 万个,全市老人家食堂达到 1696 个,老人日间照料服务中心（站）1257 个,参加城镇职工基本养老保险 730.83 万人,参加城乡居民养老保险 169.72 万人,参加城镇职工基本医疗保险 618.43 万人,参加城乡居民基本医疗保险 545.67 万人。

2021 年

1 月 8 日 加强滨海新区与中心城区中间地带规划管控建设绿色生态屏障

工作领导小组召开会议。会议指出，要站在服务京津冀协同发展大格局的高度，坚持系统化思维，着眼于大环境、大生态、大系统，构筑绿色发展底色、基底，着力提升区域生态功能，努力为建设京津冀东部绿色生态屏障贡献力量。

2月4日　中共天津市纪委十一届九次全会召开。会议强调，要认真贯彻落实习近平总书记在十九届中央纪委五次全会上的重要讲话精神，坚定政治方向，保持政治定力，不断提高政治判断力、政治领悟力、政治执行力，以系统施治、标本兼治的理念正风肃纪反腐，坚定不移推进全面从严治党向纵深发展。

2月10日　中共天津市委常委会召开2020年度民主生活会暨巡视整改专题民主生活会，结合市委常委会班子工作，联系个人思想和工作实际，进行自我检查、党性分析，严肃认真开展批评和自我批评。

2月19日　天津市"十四五"规划重点任务推动落实现场会在国家会展中心建设现场召开。会议强调，要鼓足干劲、提气提神，加快全市"十四五"重点任务建设，推动全年工作开好局、起好步。

2月20日　中央第十一巡视组反馈意见整改落实工作动员大会召开。会议强调，要以对党中央负责、对党和人民事业负责的精神抓好巡视整改，刀刃向内、刮骨疗毒，以巡促改、以改促进，切实做好巡视"后半篇文章"，向党中央、向全市人民交上一份合格答卷。

2月21日　《天津日报》报道，工业和信息化部印发通知，支持创建天津（滨海新区）、北京、杭州、广州、成都等5个国家人工智能创新应用先导区。

2月22日　中共天津市委常委会会议召开。会议深入学习贯彻习近平总书记在党史学习教育动员大会上的重要讲话精神和《中共中央关于在全党开展党史学习教育的通知》精神，研究部署贯彻落实和开展党史学习教育工作。3月1日，天津市党史学习教育动员部署会召开。会议要求，深入学习领会习近平总书记关于党史的重要论述，高标准高质量扎实开展党史学习教育，学史明理、学史增信、学史崇德、学史力行，做到学党史、悟思想、办实事、开新局，以优异成绩迎接中国共产党成立 100 周年。

3 月 1 日　天津市政法队伍教育整顿领导小组召开会议。会议传达贯彻中央决策部署，对全市政法队伍教育整顿提出明确要求。3 月 2 日，全市政法队伍教育整顿动员部署视频会议召开，进行全面动员、具体部署。

3 月 2 日　天津市农村工作会议暨巩固拓展脱贫攻坚成果同乡村振兴有效衔接工作会议、市委农村工作领导小组会议、市乡村振兴战略实施工作领导小组会议、市扶贫协作和支援合作工作领导小组会议合并召开。会议学习贯彻习近平总书记在中央农村工作会议和全国脱贫攻坚总结表彰大会上的重要讲话精神，研究部署新发展阶段全市"三农"工作，巩固拓展脱贫攻坚成果，全面推进乡村振兴。

4 月 6 日　中共天津市委常委会扩大会议暨市委全面依法治市委员会会议召开，讨论落实任务分工方案、《法治天津建设规划（2021—2025 年）》《天津市法治社会建设实施纲要（2021—2025 年）》。

4 月 15 日　中共天津市委党史学习教育领导小组召开会议，学习贯彻中央党史学习教育领导小组关于"我为群众办实事"实践活动工作部署，审议本市实施方案。会议要求，把"我为群众办实事"实践活动摆在突出位置抓实抓好，把学习党史同总结经验、坚定信念、推动工作结合起来，把党的初心使命、为民宗旨、群众观念落实到具体行动中，矢志不渝地服务人民、造福人民。

4 月 20 日　中国政府网发布《国务院关于同意在天津、上海、海南、重庆开展服务业扩大开放综合试点的批复》，本市成为继北京之后第二批开展服务业扩大开放综合试点之一，试点期为自批复之日起 3 年。天津市服务业扩大开放综合试点工作聚焦数字、金融、物流、贸易、信息服务、医疗健康、教育等领域，通过深化重点领域改革，提升天津服务业的国际竞争力和整体发展水平。

5 月 7 日　《天津市制造强市建设三年行动计划（2021—2023 年）》和《天津市产业链高质量发展三年行动方案（2021—2023 年）》印发实施。

5月24日　中共天津市委举办党员领导干部学习贯彻习近平总书记关于网络强国的重要思想专题研讨班,分析互联网领域风险挑战和网络舆情应对形势,就加强党对网信工作的集中统一领导,切实提升各级领导干部管网治网用网和网络舆情应对能力,做好新时代网络安全和信息化工作进行深入学习研讨。

6月2日　天津市脱贫攻坚总结表彰大会举行。会议指出,在打赢脱贫攻坚战的历史伟业中,天津市助力甘肃、新疆、西藏、青海、河北五省区50个贫困县如期摘帽,335万贫困人口全部脱贫,圆满完成党中央交办的光荣政治任务。在本市结对帮扶困难村工作中,市、区2095名驻村干部组成688个工作组,与基层干部群众共同奋战,推动1041个困难村全面实现"三美四全五均等"。

6月23日　中共天津市委、天津市人民政府安全生产工作专题会议暨市安全生产委员会会议以视频会形式召开,对做好当前全市安全生产工作进行再动员、再部署、再落实,为建党百年营造安全稳定的良好环境。

7月5日　天津市庆祝中国共产党成立100周年座谈会召开。会议深入学习贯彻习近平总书记"七一"重要讲话精神,座谈交流学习体会,推动全市学习贯彻工作往深里走、往实里走。

7月6日　天津市召开专题会议研究国土空间总体规划编制工作。会议听取天津市国土空间总体规划(2021—2035年)的编制情况汇报,提出修改完善意见建议。

7月12日　中共天津市委、天津市人民政府推进京津冀协同发展领导小组召开会议,深入学习贯彻习近平总书记关于京津冀协同发展重要讲话和重要指示批示精神,研究部署天津市全力服务北京非首都功能疏解和雄安新区建设工作,在推动协同发展中展现更大作为。

7月19日　商务部召开培育国际消费中心城市工作推进会。会议宣布,经国务院批准,在上海市、北京市、广州市、天津市、重庆市,率先开展国际消费中心城市培育建设。

7月21日　天津市全面推进生活垃圾分类工作会议召开。会议推动全市生活垃圾分类工作进一步加力、提速、升级，提高生活垃圾减量化、资源化、无害化水平，为建设美丽天津作出贡献。

8月3日　天津市全域创建文明城市推动会议召开。会议对开展全域创建文明城市三年行动作出部署。

8月23日　中共天津市委全面依法治市委员会会议暨法治政府建设工作推进会召开。会议强调，要坚决贯彻落实党中央部署要求，坚定不移走中国特色社会主义法治道路，纵深推进全面依法治市、法治政府建设各项任务，为全面建设社会主义现代化大都市提供坚强法治保障。

9月6日　全市"双减"工作会议召开。会议深入学习贯彻习近平总书记关于教育工作的重要指示精神，贯彻落实党中央对"双减"工作的部署要求，以更高工作标准和更大工作力度，扎实有力推进"双减"工作，促进学生全面发展和健康成长，努力办好人民满意的教育。

9月9日　中共天津市委常委会会议召开。会议讨论关于推进清廉天津建设的意见、关于加强对"一把手"和领导班子监督的若干措施、全市以案为鉴以案促改以案促治工作办法。会议强调，要注重把握清廉天津建设的全局性、协同性、系统性，坚持标本兼治，一体推动和实现政治清明、政府清廉、干部清正、社会清朗。

10月22日　中共天津市委常委会扩大会议暨市防控领导小组和指挥部会议召开。会议指出，全市疫情防控指挥体系要始终保持激活应急状态，严格落实"四早"要求，科学精准开展流调溯源，强化协同联动和信息共享，持续加强相关省区市协查工作，坚持"人""物"同防，加强集中隔离点管控，关注人员聚集场所，加强会议活动管理审批，持续推进疫苗接种，切实构筑免疫屏障。

11月12日　中共天津市委常委会召开扩大会议，传达学习贯彻党的十九届六中全会精神。11月19日，市委常委会召开扩大会议，研究部署全市深入学习宣传贯彻党的十九届六中全会精神各项措施。会议指出，全市各级党组织要把学习宣传贯彻党的十九届六中全会精神作为重大政治任务，深入学习领会习近平总书记重要讲话和《决议》精神，迅速兴起学习宣传贯彻党的十九届六中全会精神的热潮。

11月30日 中共天津市委十一届十一次全会召开。全会对深入学习宣传贯彻落实党的十九届六中全会精神作出全面部署，审议通过《中共天津市委关于深入学习宣传贯彻落实党的十九届六中全会精神的意见》《中国共产党天津市第十一届委员会第十一次全体会议关于召开中国共产党天津市第十二次代表大会的决议》和全会决议。

12月17日 天津市人民政府第174次常务会议召开。会议审议《天津市法治政府建设实施纲要（2021—2025年）》及任务分工方案，听取2021年度法治政府建设情况和有关区政府专题述法报告。会议还审议《天津市智慧城市建设"十四五"规划》《天津市生物医药产业链工作方案》和《天津市中医药产业链工作方案》。

12月30日至31日 中共天津市委十一届十二次全会暨经济工作会议召开。会议总结2021年工作，部署2022年任务，审议讨论市委常委会2021年工作报告和抓党建工作情况报告，审议通过《中国共产党天津市第十一届委员会第十二次全体会议决议》。

本年 全市常住人口1373万人，地区生产总值15,695.05亿元，一般公共预算收入2141.04亿元，固定资产投资（不含农户）5844.23亿元，外贸进出口总额1325.65亿美元，居民家庭人均可支配收入47,449元，新登记市场主体26.78万户，其中民营市场主体26.58万户，累计引进各类人才42.3万人，老年日间照料服务中心（站）1357个，新增中小学学位5.9万个，幼儿园2346所，参加城镇职工基本养老保险765.14万人，参加城乡居民养老保险171.96万人，参加城镇职工基本医疗保险637.64万人，参加城乡居民基本医疗保险537.38万人。

2022 年

1 月 6 日　天津市党史学习教育总结会议召开。会议指出，全市各级党组织认真贯彻落实党中央决策部署和习近平总书记重要指示要求，在中央指导组悉心指导下，按照"学史明理、学史增信、学史崇德、学史力行"的总要求，推动党史学习教育高站位、高标准、高质量开展，达到了"学党史、悟思想、办实事、开新局"的目的。

1 月 7 日　中共天津市委常委会会议暨市委党的建设工作领导小组（扩大）会议召开，听取市委各部委、部分市级国家机关党委、各区委主要负责同志抓基层党建工作述职并进行评议，坚持问题导向，进一步压实主体责任，着力提升基层党建工作标准化规范化水平，推动基层组织建设全面进步全面过硬，以优异成绩迎接党的二十大胜利召开。

1 月 8 日　天津市防控指挥部报告津南区两例新冠肺炎阳性病例，为国内首次发现本土传播奥密克戎变异株疫情。市领导迅即就处置工作提出要求，并第一时间赶赴市疫情防控指挥部，现场连线、调度部署疫情防控工作。同日，市领导深入津南区检查指导疫情防控工作，确保人民群众生命安全和身体健康，确保群众生产生活秩序正常和城市平稳有序运行。

1 月 14 日　中共天津市委组织部从 57 个市级机关中抽调 1000 名党员干部组成突击队，逆行迎战奥密克戎，筑牢守护人民群众安全健康的钢铁防线。1 月 18 日、19 日，又从市直机关和市属事业单位抽调 2300 名、2000 名党员干部集结支援津南抗疫。月底，津南区疫情已得到有效控制。

1 月 28 日　中共天津市委常委会召开党史学习教育专题民主生活会。会议以弘扬伟大建党精神，坚持党的百年奋斗历史经验，坚定历史自信，不忘初心使命，勇于担当作为，走好新的赶考之路为主题，深入查摆不足，进行党性分析，开展批评和自我批评。

2月8日 天津市重点项目现场办公会在滨海新区召开。会议强调，要深入学习贯彻习近平总书记关于统筹疫情防控和经济社会发展的重要讲话精神，高标准、高水平加快项目建设，奋力夺取疫情防控和经济社会发展双胜利，以优异成绩迎接党的二十大胜利召开。

2月18日 中共天津市委政法工作会议暨全市政法队伍教育整顿总结会议召开。会议强调，要深入学习贯彻习近平法治思想，按照中央政法工作会议和全国政法队伍教育整顿总结会要求，巩固深化政法队伍教育整顿成果，扎实推进全市政法工作取得新成效，坚决筑牢首都政治"护城河"，努力为党的二十大胜利召开创造安全稳定的政治社会环境。

2月24日 全市领导干部学习贯彻党的十九届六中全会精神和习近平总书记重要讲话精神专题读书班开班式暨年轻干部教育管理工作会议举行。

3月16日 天津市"迎盛会、铸忠诚、强担当、创业绩"主题学习宣传教育实践活动工作部署会议召开。会议指出，要突出"迎盛会"这条主线，着力强化政治统领，着力严肃党内政治生活，着力厚植为民情怀，着力激励干部担当作为，着力营造良好舆论氛围和社会环境，坚决筑牢首都政治"护城河"，凝聚一起向未来的磅礴伟力，以优异成绩迎接党的二十大胜利召开。

3月25日 天津市人民政府印发《天津市加快建立健全绿色低碳循环发展经济体系的实施方案》，全方位全过程推行绿色规划、绿色设计、绿色投资、绿色建设、绿色生产、绿色流通、绿色生活、绿色消费，加快建立健全绿色低碳循环发展的经济体系，确保实现碳达峰、碳中和目标，推动全市绿色发展迈上新台阶。

同日 天津市人民政府办公厅印发《关于助企纾困和支持市场主体发展的若干措施》。《若干措施》共计15条，围绕市场主体关心的税费减免、稳岗用工、金融支持等方面分类施策，进行精准扶持，帮助企业纾困解难，最大限度减少疫情对经济社会发展的影响。

4月1日　天津市规划委员会召开会议,审议"植物园链"专项规划和"设计之都"核心区相关方案。以外环绿道为纽带串联打造 11 个植物公园,形成城市"一环十一园"的"植物园链",是本市继"871"重大生态工程之后,进一步推动绿色发展的重要工程。

4月2日　天津市交通运输委印发《天津市公路"十四五"发展规划》。

4月3日　由 1512 名医护人员和管理人员组成天津市援沪医疗队驰援上海,开展新冠肺炎患者救治和疫情防控工作。5 月 29 日,天津市援沪医疗队平安凯旋。

4月15日　中共天津市委全面依法治市委员会召开扩大会议,以述职评议方式,专题听取各区党政主要负责同志、市级部门主要负责同志履行推进法治建设第一责任人职责情况。会议强调,坚持依法治市、依法执政、依法行政共同推进,法治天津、法治政府、法治社会一体建设,细化举措、强化落实、加强督察,努力打造法治建设先行区。

5月5日　中共天津市委组织部、市人力资源和社会保障局等八部门发布通知指出,天津市决定实施第四轮（2021—2025 年）高校毕业生"三支一扶"（支教、支农、支医和帮扶乡村振兴）计划。

6月13日　中共天津市委十一届十三次全会召开。全会审议通过《中国共产党天津市第十一届委员会第十三次全体会议关于召开中国共产党天津市第十二次代表大会的决议》。

6月16日至20日　中国共产党天津市第十二次代表大会召开。大会的主题是,高举中国特色社会主义伟大旗帜,全面贯彻习近平新时代中国特色社会主义思想,深入贯彻习近平总书记对天津工作"三个着力"重要要求和一系列重要指示批示精神,牢记领袖教导,紧跟核心奋斗,践行初心、担当使命,坚定不移沿着习近平总书记指引的方向阔步前进,奋力开创全面建设社会主义现代化大都市新局面。李鸿忠代表中共天津市第十一届委员会向大会作题为《坚定捍卫

"两个确立" 坚决做到"两个维护" 坚定不移沿着习近平总书记指引的方向阔步前进 奋力开创全面建设社会主义现代化大都市新局面》的报告。大会选举产生天津市出席中国共产党第二十次全国代表大会代表；选举产生中国共产党天津市第十二届委员会、中国共产党天津市第十二届纪律检查委员会；通过《中国共产党天津市第十二次代表大会关于中共天津市第十一届委员会报告的决议》和《中国共产党天津市第十二次代表大会关于中共天津市第十一届纪律检查委员会工作报告的决议》。

6月20日　中共天津市委十二届一次全会召开。全会选举产生中共天津市第十二届委员会常务委员会和书记、副书记。李鸿忠、张工、金湘军、李军、陈辐宽、刘桂平、冀国强、连茂君、王庭凯、周德睿、王旭、沈蕾、王力军当选为市委常委，李鸿忠当选为市委书记，张工、金湘军当选为市委副书记。全会通过中共天津市第十二届纪律检查委员会第一次全体会议选举结果的报告。

6月24日　第六届世界智能大会云开幕式暨创新发展高峰会在国家会展中心（天津）举行。

6月27日　中共天津市委理论学习中心组举行集体学习，紧密围绕开展"迎盛会、铸忠诚、强担当、创业绩"主题学习宣传教育实践活动工作，深入学习贯彻习近平新时代中国特色社会主义思想，深刻领会"两个确立"的决定性意义，进一步增强"四个意识"、坚定"四个自信"、做到"两个维护"，衷心拥戴核心、紧跟追随领袖，不断提高政治判断力、政治领悟力、政治执行力，推动市第十二次党代会精神落地落实，以实际行动迎接党的二十大胜利召开。

6月29日　以"碳中和·新经济"为主题的首届中新天津生态城经济论坛以线上、线下相结合的形式举行。

6月30日　天津市在市委党校举行庆祝中国共产党成立101周年专题党课。市委书记李鸿忠以"习近平总书记是把马克思主义基本原理同中华优秀传统文化相结合的光辉典范"为题作了专题党课报告。

7 月 11 日　中共天津市委推进全面从严治党向纵深发展工作专题会议召开，坚持以党的政治建设为统领，切实提升一体推进"三不腐"能力和水平。

7 月 20 日　《中共天津市委关于推进全面从严治党向纵深发展的意见》印发。

7 月 21 日　中共天津市委印发常委会加强自身建设的意见，强调要坚持以习近平新时代中国特色社会主义思想为指导，深刻领悟"两个确立"的决定性意义，增强"四个意识"、坚定"四个自信"、做到"两个维护"，着力建设对党绝对忠诚、理想信念坚定、勤勉敬业担当、为民务实清廉的坚强领导集体，以优异成绩迎接党的二十大胜利召开。

8 月 2 日　2022 亚布力中国企业家论坛·天津峰会在开幕。

同日　天津 2022·中国企业家大会在天津召开。

8 月 4 日　中共天津市委常委会召开扩大会议，传达学习贯彻习近平总书记在省部级主要领导干部"学习习近平总书记重要讲话精神，迎接党的二十大"专题研讨班上的重要讲话精神。

8 月 5 日　全市推进全面从严治党向纵深发展工作部署会议召开。

8 月 10 日至 12 日　天津市举办市管干部学习贯彻习近平经济思想专题研讨班。

8 月 12 日　天津市人民政府与中国有色矿业集团有限公司签署战略合作框架协议，双方将共建创新研究院（国际研发中心），共同推动科技创新、新材料产业发展、国际化业务开展等领域合作。

8 月 19 日至 20 日　世界职业技术教育发展大会在天津召开。大会以"后疫情时代职业技术教育发展：新变化、新方式、新技能"为主题开展了深入交流和广泛探讨。会议发布《天津倡议》。

8 月 22 日　天津市习近平新时代中国特色社会主义思想概论协同创新中心成立暨天津市思想政治理论课教师进修学院（习近平新时代中国特色社会主

义思想概论）首期暑期培训班开班仪式举办。

8月28日 2022年中国网络文明大会在天津开幕。

8月29日 2022年中国网络文明大会网络诚信建设高峰论坛举行。会上，首次发布我国网络诚信发展年度报告——《中国网络诚信发展报告2022》。

8月30日 中共天津市委举行"中国这十年·天津"主题新闻发布会。新闻发布会全面展示了新时代十年天津取得的辉煌成就，指出，天津取得的每一个新进步，津沽大地发生的每一点新变化，最根本在于习近平总书记掌舵领航，最根本在于习近平新时代中国特色社会主义思想科学指引。

8月31日 中共天津市委理论学习中心组举行集体学习，深入学习贯彻习近平总书记在省部级主要领导干部专题研讨班上的重要讲话精神。

9月13日 中共天津市委专题工作会议召开，深入学习贯彻习近平总书记在省部级主要领导干部专题研讨班上的重要讲话精神和党中央决策部署，全力落实"疫情要防住、经济要稳住、发展要安全"的重要要求，持续加大"迎盛会、铸忠诚、强担当、创业绩"主题学习宣传教育实践活动工作力度热度，以优异成绩迎接党的二十大胜利召开。

9月28日 由市委宣传部、市社科联、市中国特色社会主义理论体系研究中心共同主办的学习《习近平谈治国理政》第四卷和习近平总书记在省部级主要领导干部专题研讨班上重要讲话精神座谈会举行。

10月16日至22日 中国共产党第二十次全国代表大会在北京举行。大会的主题是：高举中国特色社会主义伟大旗帜，全面贯彻新时代中国特色社会主义思想，弘扬伟大建党精神，自信自强、守正创新，踔厉奋发、勇毅前行，为全面建设社会主义现代化国家、全面推进中华民族伟大复兴而团结奋斗。大会的主要议程是：听取和审查十九届中央委员会的报告；审查十九届中央纪律检查委员会的工作报告；审议通过《中国共产党章程（修正案）》；选举二十届中央委员会；选举二十届中央纪律检查委员会。会上，习近平代表第十九届中央委员会向大会作《高举中国特色社会主义伟大旗帜 为全面建设社会主义现代化国家而团结奋斗》的报告。大会选举出由 205 名委员、171 名候补委员组成的二十届中央委员会,选举出由 133 名委员组成的二十届中央纪律检查委员会。

10 月 23 日 党的二十届一中全会在北京举行。全会选举习近平为中央委员会总书记,决定习近平为中央军事委员会主席。

10 月 24 日 中共天津市委常委会召开扩大会议,传达学习党的二十大和党的二十届一中全会、十九届七中全会精神,研究部署本市学习宣传和贯彻落实工作。会议提出,要在全市迅速兴起学习宣传贯彻党的二十大精神热潮,把学习宣传党的二十大精神体现在力行上,切实转化为加快建设社会主义现代化大都市,高效统筹疫情防控和经济社会发展的实际行动,确保党的二十大的重大决策部署在津沽大地落地见效。

同日 中共天津市委召开天津市领导干部大会,传达学习贯彻党的二十大精神。会议强调,要高举习近平新时代中国特色社会主义思想伟大旗帜,深入学习宣传贯彻落实党的二十大精神,坚定捍卫"两个确立"、坚决做到"两个维护",不忘初心、牢记使命、踔厉奋发、勇毅前行,奋力开创全面建设社会主义现代化大都市新局面,为全面建设社会主义现代化国家、全面推进中华民族伟大复兴作出新的更大贡献。

10 月 31 日 中共天津市委书记、市委党校校长李鸿忠在市委党校主持召开学习宣传贯彻党的二十大精神座谈会。

11 月 1 日 中共天津市委常委会召开会议,传达学习贯彻习近平总书记在瞻仰延安革命纪念地时的重要讲话精神、在陕西延安和河南安阳考察时的重要讲话精神、在中央政治局第一次集体学习时的重要讲话精神,传达学习贯彻中央政治局会议精神,学习贯彻《中共中央关于认真学习宣传贯彻党的二十大精神的决定》;学习贯彻《十九届中央政治局贯彻执行中央八项规定情况报告》《关于党的十九大以来整治形式主义为基层减负工作情况的报告》;学习贯彻中办印发的《推进领导干部能上能下规定》；研究部署本市疫情防控工作。

11月2日 天津市召开学习宣传党的二十大精神工作部署会，传达学习中宣部"学习宣传贯彻党的二十大精神电视电话会议"精神，落实市委常委会扩大会议、全市领导干部大会要求，对我市学习宣传党的二十大精神作出部署安排。

11月7日 天津市学习贯彻党的二十大精神宣讲工作动员会召开，深入学习贯彻党的二十大精神，落实中央要求和市委部署，表彰先进、交流经验，对全市宣讲工作进行动员部署。

11月8日 中共天津市委市级机关工委印发《关于在市级机关兴起学习宣传贯彻落实党的二十大精神热潮的通知》。

11月11日 中共天津市委常委会召开会议，传达学习贯彻中共中央政治局常务委员会会议精神，研究部署我市贯彻落实措施；学习贯彻《中共中央政治局关于加强和维护党中央集中统一领导的若干规定》《中共中央政治局贯彻落实中央八项规定实施细则》。

11月14日 全市领导干部学习贯彻党的二十大精神专题培训班第一期开班式在市委党校举行。

11月24日至25日 中共天津市委十二届二次全会召开。全会全面贯彻党的二十大精神，坚持以习近平新时代中国特色社会主义思想为指导，对党的二十大精神学习宣传贯彻落实工作再部署、再动员、再推动。全会审议通过《中共天津市委关于深入学习宣传贯彻党的二十大精神奋力开创全面建设社会主义现代化大都市新局面的决定》和全会决议。

12月8日 天津市召开全市领导干部会议。会议宣布，中央决定，李鸿忠同志不再兼任天津市委书记、常委、委员职务，陈敏尔同志兼任天津市委委员、常委、书记。

后记

党的十八大以来,以习近平同志为核心的党中央对天津工作十分关心。2013年至今,习近平总书记先后4次视察天津,对天津工作提出"三个着力"重要要求,作出一系列重要指示批示,为天津发展指明了前进方向、提供了根本遵循,注入了强大政治动力、精神动力、工作动力。在以习近平同志为核心的党中央坚强领导下,天津市委团结带领全市各级党组织和广大党员干部群众高举旗帜、维护核心、忠诚担当、创新竞进,全面贯彻落实党的十八大、十九大、二十大精神,深入贯彻落实习近平总书记对天津工作提出的"三个着力"重要要求和一系列重要指示批示精神,坚定不移走高质量发展之路,以强烈的政治担当和历史主动,攻坚克难、爬坡过坎、砥砺奋进,解决了许多历史遗留、群众关切的问题,推进了许多固本培元、守正创新的工作,办了一些打基础、补短板、利长远的大事,推动经济社会发展发生了影响深远的重大变化,"一基地三区"功能定位更加凸显,"五个现代化天津"建设取得重大成就,如期全面建成高质量小康社会,奋力开创了全面建设社会主义现代化大都市新局面。

十年来,天津立足新发展阶段、贯彻新发展理念、构建新发展格局,全国先进制造研发基地核心竞争力持续增强,制造业立市战略深入实施,初步形成自主可控的信创产业体系链条,现代产业体系加快构建,经济社会发展全面步入高质量轨道;扎实推进京津冀协同发展,着眼国家发展大格局,融入国家发展大战略,围绕"一基地三区"功能定位,以强烈的机遇意识和主动精神,统筹推动,有序对接,加快构建"津城""滨城"双城发展格局,加快把战略势能转化为发展动能；以解放思想为先导，改革开放先行区建设实现新突破，天津的国际影响力不断增强；牢固树立以人民为中心发展思想，着力保障和改善民生，持续提升人民群众的获得感、幸福感、安全感；深入贯彻习近平生态文明思想，践行绿水青山就是金山银山的理念，大力实施"871"重大生态工程，坚决打好污染防治攻坚战，美丽天津建设迈出重大步伐；着力加强和改善党的领导，坚决扛起管党治党政治责任，以高质量党建引领高质量发展，全面从严治党向纵深推进，党的建设得到全面加强。

十年砥砺奋进，十年春华秋实。天津城乡面貌焕然一新，生态环境更加宜居，渤海明珠更加璀璨，人民群众的生活水平、精神面貌发生了翻天覆地的变化。党的十八大以来天津的一切发展进步，最根本在于习近平总书记作为党中央的核心、全党的核心掌舵领航，最根本在于习近平新时代中国特色社会主义思想科学指引。

习近平总书记在党的二十大报告中指出，新时代十年的伟大变革，在党史、新中国史、改革开放史、社会主义发展史、中华民族发展史上具有里程碑意义。为深入学习宣传贯彻党的二十大精神，深刻把握新时代十年伟大变革的里程碑意义，中共天津市委党校（市委党史研究室）组织编写《砥砺奋进新时代的天津》一书，全面反映党的十八大以来，市委团结带领全市人民推进习近平新时代中国特色社会主义思想在天津的扎实实践的奋斗历程，取得的重大成就和宝贵经验。

该书编写工作坚持以习近平新时代中国特色社会主义思想为指导，深入贯彻落实党的二十大精神和市第十二次党代会精神，以市委团结带领全市广大党员干部群众深入贯彻落实习近平总书记对天津工作提出的"三个着力"重要要求及一系列重要指示批示精神为主线，全面反映市委统筹推进"五位一体"总体布局、协调推进"四个全面"战略布局天津实施，扎实推进习近平新时代中国特色社会主义思想在天津的生动实践的奋斗历程、取得的重大成就和宝贵经验,激励引导全市党员干部群众深刻领悟"两个确立"的决定性意义,增强"四个意识",坚定"四个自信",坚决做到"两个维护",踔厉奋发、勇毅前行,不断开创全面建设社会主义现代化大都市新局面,为全面建设社会主义现代化国家、全面推进中华民族伟大复兴而团结奋斗。

市委党校(市委党史研究室)高度重视本书编写工作,常务副校长刘中审定书稿,副校长、市委党史研究室主任王永立统改书稿,地方党史研究处周巍、马兆亭统编书稿,承担本书写作的人员有:第一章,周巍;第二章、第三章,孟罡;第四章、第五章,马兆亭;第六章、第八章,曹冬梅;第七章、第九章,赵凤俊。新时代天津大事记由参编人员集体编写。

中共天津市委宣传部、天津市统计局、天津海河传媒集团、天津图书馆等单位对本书编写工作给予大力支持,帮助提供统计资料、照片资料和报刊查询便利,天津社会科学院出版社吴琼等同志为本书出版工作付出辛勤汗水,在此一并表示衷心感谢。

由于时间和水平所限,疏漏和不当之处敬请读者批评指正。

编 者

2022 年 12 月